北京物资学院学术专著出版资助基金项目

我国跨境证券发行人监管的法律协调模式及适用研究

WOGUO KUAJING ZHENGQUAN FAXINGREN JIANGUAN DE FALÜ
XIETIAO MOSHI JI SHIYONG YANJIU

王 淼 著

首都经济贸易大学出版社

Capital University of Economics and Business Press

·北 京·

图书在版编目(CIP)数据

我国跨境证券发行人监管的法律协调模式及适用研究 /
王淼著. -- 北京:首都经济贸易大学出版社,2024.1
ISBN 978-7-5638-3609-3

Ⅰ.①我… Ⅱ.①王… Ⅲ.①跨国公司—证券法—研
究—中国 Ⅳ.①D922.287.4

中国国家版本馆 CIP 数据核字(2023)第 233209 号

我国跨境证券发行人监管的法律协调模式及适用研究

王 淼 著

责任编辑	杨丹璇	
封面设计	风得信·阿东 FondesyDesign	
出版发行	首都经济贸易大学出版社	
地 址	北京市朝阳区红庙(邮编 100026)	
电 话	(010)65976483 65065761 65071505(传真)	
网 址	http://www.sjmcb.com	
E - mail	publish@ cueb.edu.cn	
经 销	全国新华书店	
照 排	北京砚祥志远激光照排技术有限公司	
印 刷	北京建宏印刷有限公司	
成品尺寸	170 毫米×240 毫米 1/16	
字 数	257 千字	
印 张	16.25	
版 次	2024 年 1 月第 1 版 2024 年 1 月第 1 次印刷	
书 号	ISBN 978-7-5638-3609-3	
定 价	68.00 元	

前　言

　　证券发行与上市市场的对外开放是我国经济高质量发展、资本市场双向开放的必然需求。近年来，我国进一步持续深入推进证券市场对外开放，取得了一系列重要成果，证券市场、机构、产品的全方位开放均取得新进展。然而，我国对于证券发行与上市的开放一直较为谨慎。"跨境证券发行人"这一主体进入我国市场发行和上市，是在 2018 年《关于开展创新企业境内发行股票或存托凭证试点的若干意见》中首次正式提出、2019 年底首次写入《中华人民共和国证券法》的，整体发展的时间还极为短暂，目前实践中被引入的仅为具有我国背景的红筹企业。

　　党的二十大报告强调要稳步扩大规则、规制、管理、标准等制度型开放，其本质就是要构建与高标准国际经贸规则相衔接的国内规则和制度体系。这就要求我国在日后继续扩大引入跨境证券发行人时，必须构建高质量的法律制度，以促进国际国内规则的协调和衔接，保障市场的有序运行，维护我国的经济秩序和投资者的利益。但是在构建跨境证券发行人监管法律制度时，我们又必须注意到，不同国家（地区）之间的证券监管法律制度存在差异，当证券市场国际化的程度日益提升、证券发行人寻求在多个国家（地区）发行上市时，这种差异更大。不同国家（地区）法律制度的复杂性将成为发行人跨境发行上市的一大障碍。因此，在构建相关法律制度时，必须首先解决我国与不同国家（地区）的法律协调问题。法律协调的不到位，一方面将增加市场开放的障碍和难度，另一方面也危害我国境内市场的安全稳定。

　　尽管在本研究关注的跨境证券发行人监管中，各国（地区）的法律规定内容庞杂、数量巨大、差异众多，但其法律协调并非无章可循。本书主要的创新点和核心观点是：跨境证券发行人监管的法律协调可以被清晰地分为国民待遇、豁免、一体化、等效四种模式，供立法者和监管者在进行法律协调时选用。确定法律协调模式，将为我国跨境证券发行人监管的法律协调提供有效指引。

本书总体上采用总—分—总的结构。本书共分为八章。第一、二、三章是本书的总论部分，明确了研究的基本问题和研究对象，奠定了本书的理论基础。第四章至第七章是本书的分论部分，具体研究了国民待遇、豁免、一体化、等效四种法律协调模式在我国的适用性与优化适用路径。第八章为本书的结论与展望部分。具体来说，本书除绪论外各章的主要观点与内容如下：

第二章是本书研究的逻辑起点，主要界定了本书研究的"跨境证券发行人"的范围，在跨境证券发行人监管的视角下研究了"法律冲突"与"法律协调"的问题。本章的主要内容与观点是：在我国跨境证券发行人监管中，市场准入、公司治理、信息披露这几大事项的规定都可能与其他国家（地区）的规定产生潜在的法律冲突，并且这些法律冲突以公法性质的冲突为主，需要通过法律协调的方式解决。我国在相关的法律协调上已经进行了一些努力，可以在此基础上进一步推进法律协调。但是需要注意，不同监管事项的法律协调有各自的特殊要求，应当将这一考量纳入法律协调的过程中。

第三章主要研究了本书的核心研究对象——"法律协调模式"的基本问题，这是本书的重要理论基础。本章明确了跨境证券发行人监管的法律协调模式分为国民待遇模式、豁免模式、一体化模式、等效模式四种，并对各模式的特点与优缺点进行了初步分析。本章还明确了我国监管机构在确定跨境证券发行人监管的法律协调模式时所要考量的因素，认为我国需要综合考量证券市场与证券法律的发展水平、法律冲突的解决、安全目标与效率目标的平衡、经济与证券市场发展的需求几大要素。这些要素的考量将贯穿本书研究的始终。

第四章至第七章是本书的分论部分，各章内部采取的研究思路基本一致。其中，每章第一节是该章逻辑的起点，作为提出问题的部分，首先明确我国适用相应法律协调模式的法律基础、市场环境和现存问题。每章第二节、第三节是分析问题部分，结合国际适用法律协调模式的实践及其历史变化，对每一法律协调模式的适用性进行比较分析和价值分析，确认各法律协调模式的适用可能给我国带来的影响。每章第四节是解决问题的部分，结合我国的现实情况，确定我国适用该法律协调模式的具体监管事项范围，明确优化适用相应法律协调模式的具体路径，实现解决问题的最终目标。具体来说：

第四章研究了国民待遇模式在我国的适用问题。本章首先探讨了我国适用国民待遇模式的基础与问题。虽然我国已经有了一定适用国民待遇模式的基础，但在现有的市场环境下，考虑到国民待遇模式的自身特点，我国完全对跨境证券发行人采用国民待遇模式并不是最合适的选择。本章接下来对国民待遇模式的适用进行了比较分析与价值分析，主要梳理了各国（地区）对各监管事项适用国民待遇模式的历史进程和具体实践，发现国民待遇模式虽然有利于金融安全目标的实现，但是其作用的发挥也受到一定条件的限制，受监管事项本身的特点和历史条件的影响尤为明显。若某一事项与他国（地区）规定差异过大或具有强烈的国别属性，则不适宜采用国民待遇模式。在前述分析基础上，本章提出了我国适用国民待遇模式的具体路径。对于我国来说，可以考虑对国民待遇模式的适用范围进行一定限制，主要在市场准入这一门槛性问题上坚持国民待遇模式，并允许跨境证券发行人进入我国多层次资本市场，在有多种较为灵活准入标准的基础上采用国民待遇模式。

第五章研究了豁免模式在我国的适用问题。我国已经在市场准入、信息披露等问题上对跨境证券发行人规定了一定豁免，具有了适用豁免模式的法律基础。但在现有的市场开放规模有限、步调较为谨慎的条件下，豁免模式的适用力度和范围可能过大。本章接下来梳理了各国（地区）对各监管事项适用豁免模式的历史进程和具体实践，发现豁免模式具有降低法律成本的实践价值，但可能加大市场风险，导致其适用受到很多限制，更加适合作为一种补充性的法律协调模式进行局部适用。对于我国来说，在当前应当限制豁免模式的适用范围，使其主要适用于程序性事项，作为其他法律协调模式的补充而存在。

第六章研究了一体化模式在我国的适用问题。对于我国来说，现有的立法与监管实践已经体现了在信息披露中适用一体化模式的趋势，我国已经具有了适用一体化模式的法律基础。但我国对一体化模式的适用还存在适用方式不明、适用路径需要优化等问题。接下来，本章通过比较分析梳理了一体化模式的发展及其在各国（地区）适用的历史进程和具体实践，发现国际组织、监管机构、学者都对一体化模式有着较高的评价，在公司治理、信息披露等问题上都存在国际组织推动各国（地区）规则一体化的努力，各国（地区）在适用一体化模式的过程中也较为积极。这是因为一体化模式体现了各国（地区）及国际组织对法律协调的普遍期待，具有可以实现确定性和灵活性相统一的优势。但一体化模式不能用来解决所有问题，其实现也不能一蹴而就，信息披露是最适用一体化模式的事项。在这样的情况下，为了继续发挥一体化模式的优势，我国还需要进一步扩大一体化模式在信息披露中的适用，明确一体化模式的实现路径，并以一体化模式为契机，优化我国的信息披露规定，实现制度型开放所要求的"构建与高标准国际经贸规则相衔接的国内规则和制度体系"的目标。

第七章研究了等效模式在我国的适用问题。等效模式属于较新的一种法律协调模式，特殊性较强。我国对于公司治理问题虽然已经有了一些适用等效模式的立法基础，但真正的实践还比较少，法律上的具体认定标准和程序性配合机制也处于缺失状态。针对这些问题，本章从总体标准、具体标准、配合机制几个方面对等效模式的自身特点和国际适用实践进行了系统梳理，发现等效模式具有降低法律成本、保证市场稳定、灵活性较强等多方面优点，但需要较高的立法技术和较多的配合机制，因此该模式适用的难度较大。而公司治理事项的法律协调需求恰好与等效模式的特点相契合，是最适用等效模式的事项。对于我国来说，在现有的法律基础上，我国应认可等效模式的积极作用，继续探索在公司治理事项上适用等效模式，建立认定标准和程序性配合机制，发挥等效模式的优势。

第八章是本书的结论部分。本章总结了前文的研究内容，提出在跨境证券发行人监管法律协调模式的确定上，总体应当以监管事项为纲，综合考量各项法律与监管目标。同时，适用法律协调模式需要整体性与局部性、阶段性与长期性相结合。具体来说，现阶段对跨境证券发行人应在市场准入问题上适用国民待遇模式，在公司治理问题上适用等效模式，在信息披露问题上适用一体化模式。豁免模式可以作为前述各模式特别是国民待遇模式的补充，但是其适用应当极其谨慎。在确定了各监管事项适用的法律协调模式后，还要在实践中不断探索各法律协调模式适用的优化路径。并且，总体上确定各监管事项适用的法律协调模式，主要是为了发挥各协调模式的指引作用，为法律协调指明大的方向。而在具体的实践中，不应排斥在局部根据监管事项的具体特点适用不同的法律协调模式。本章最后对各法律协调模式未来在国际上及我国的适用趋势进行了展望。

　　本书针对我国现阶段的实际情况，确定了我国监管跨境证券发行人时应对其适用的法律协调模式及其优化路径。在引入跨境证券发行人后，我国面临的现实状况和国际环境还会不断变化，但本书采用的研究方法、研究思路以及提出的考量因素仍然可以在新情况下继续适用。

目　录

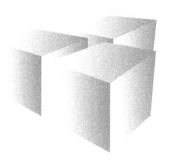

第一章　绪论

第一节 研究背景

一、我国证券市场国际化水平提升

自 20 世纪 90 年代以来，我国证券市场的开放程度日益加深，国际化水平不断提高。20 世纪 90 年代初，我国推出了境内上市外资股，即 B 股。2002 年底，我国引入合格境外机构投资者制度（QFII），合格境外机构投资者开始有限度地投资于 A 股市场。2004 年起，上海国际金融中心建设稳步推进。2006 年后，《中华人民共和国证券法》（以下简称《证券法》）开始允许证券公司在经过证监会批准的情况下在境外进行设立、收购和参股证券经营机构等活动。2007 年，我国开始实行合格境内机构投资者（QDII）制度①。

近年来，我国还建立了内地股票市场与香港市场的互联互通机制。2014 年，"沪港通"开始实行，允许上海和香港两地投资者通过当地证券公司或经纪商买卖规定范围内的对方交易所上市股票。2016 年 12 月 5 日起，深港股票市场交易互联互通机制，即"深港通"开始实行。2019 年 6 月，上海与伦敦证券市场互联互通的"沪伦通"也正式开启。近年来，我国持续深入推进证券市场对外开放。我国资本市场在市场、机构、产品全方位开放均取得新进展。例如，在 2021 年，我国监管部门已经全面放开证券、期货和基金管理公司外资股比限制，外资机构在经营范围和监管要求上均实现国民待遇。2021 年，我国 A 股市场的外资净流入达到了 3 846 亿元②。

目前，在证券交易和证券服务方面，我国都在对国际市场进行逐步的开放。但是相比之下，在证券发行上市这一领域，跨境证券发行人在我国境内市场直接进行发行上市的范围还非常有限。

---

① 李文华. 中国证券市场国际化：市场基础与推进策略 [J]. 南方金融，2015（12）：31-32.
② 邢萌. 资本市场高水平双向开放有序推进　年内北向资金累计净流入 428 亿元 [N]. 证券日报，2022-01-24（A2）.

二、我国已开始引入以红筹企业为代表的跨境证券发行人

目前，我国已经在法律法规层面允许跨境证券发行人进入我国市场。在实践上，我国以注册地在境外、主要经营活动在境内的"红筹企业"① 为开端进行了引进跨境证券发行人的试点工作。在全面实施股票发行注册制的背景下，上海证券交易所、深圳证券交易所等机构也在其股票上市规则中专门规定了针对红筹企业的上市条件。不过，虽然我国引进跨境证券发行人在理论上已经不存在争议，在法律上也已经不存在障碍，但在法规、规章与实践层面，目前我国市场上的跨境证券发行人还仅限于具有我国背景的特定红筹企业，范围极其有限，距真正全面允许跨境证券发行人在我国发行上市还有很长的距离。

实际上，对于允许跨境证券发行人在我国市场上直接发行证券及上市的问题，我国监管部门已经进行了十余年的讨论。2011 年，我国《国民经济和社会发展第十二个五年规划纲要》提出要加快多层次金融市场体系建设，探索建立国际板市场。所谓国际板，就是要在我国 A 股市场上设立单独的板块，允许跨境证券发行人在我国公开发行和上市。2012 年，国家发改委、商务部等八部委联合发布的《关于加快培育国际合作和竞争优势的指导意见》指出，要"研究允许境外机构在境内发行股票、债券、基金等"。2015 年公布的《中华人民共和国证券法（修订草案）》（以下简称《证券法（修订草案）》）中，第一次明确提出允许与中国有合作机制的国家和地区的跨境证券发行人在中国公开发行证券②。

2018 年 3 月 22 日，证监会发布了《关于开展创新企业境内发行股票或存托凭证试点的若干意见》（以下简称《存托凭证试点意见》），并于 2018 年 6 月 7 日发布了《存托凭证发行与交易管理办法（试行）》（以下简称《存托凭证管理办法》），首次允许符合条件的红筹企业通过发行存托凭证的方式在我国境内公开发行和上市。这可以视为在我国证券市场引进跨境证券发行人的开端。《存托凭证管理办法》于 2023 年 2 月进行了最新修订，进一步契合全

---

① 根据《关于开展创新企业境内发行股票或存托凭证试点的若干意见》，"红筹企业"是指注册地在境外、主要经营活动在境内的企业，本书对"红筹企业"也采用这一定义。

② 参见《中华人民共和国证券法（修订草案）》第 102 条。

面注册制要求。2020 年 3 月，我国新修订生效的《证券法》明确规定了存托凭证这一证券形式，第一次从国家立法层面允许我国证券市场上引入注册地位于境外的"跨境上市公司"。这进一步加快了我国资本市场对外开放的步伐。

在我国证券市场上引入跨境证券发行人是推动我国资本市场国际化的重要步骤。我国的证券市场必将在引进境外优质上市公司的过程中加强与国际市场的联系，在市场运作机制、监管方式、服务体系等方面更加规范，逐渐与国际标准和国际惯例接轨①；我国的资本市场将在引入跨境证券发行人的推动下进一步形成多层次的完整体系，更加健康、协调地发展，在由蓝筹板和国际板构成的"大市值板"作为资本市场中流砥柱的基础上满足各类投资者的投资需求②；我国境内的企业也将在境外优质上市公司的示范效应下，进一步规范自身的公司治理结构，提高信息披露水平，这对市场建设和投资者保护都具有重要的意义。

2018 年以来，我国就引入跨境上市公司发布的一系列法律及规范性文件表明，现阶段我国需要引入的是已经达到一定规模、能够服务于国家战略、隶属于特定行业的创新型企业。虽然现阶段的试点工作以注册在境外、经营主要在境内的红筹企业回归为主，但我国《证券法》《存托凭证管理办法》等法律法规均表明，对跨境证券发行人的判断标准是注册地。在未来条件成熟之后，我国资本市场引入的跨境证券发行人将不仅限于红筹企业。当开放程度进一步扩大后，市场风险也将进一步加大，需要通过监管等手段加以应对③。因此，如何设计跨境证券发行人的监管机制，以在全面引入跨境证券发行人时对其进行有效监管，是一个值得深入探讨的问题。

三、我国对跨境证券发行人的监管法律制度需要完善

虽然我国引入跨境证券发行人的实践已经开启，但这一过程中面临的障

---

① 董登新．国际板推出的现实意义与时机选择：新市场、新机会为投资者提供多样化选择［J］.西部论丛，2010（8）：61.
② 董登新．国际板推出的现实意义与时机选择：新市场、新机会为投资者提供多样化选择［J］.西部论丛，2010（8）：61.
③ 王淼．我国跨境上市公司监管的法律协调模式研究：以公司治理为视角［J］.金融监管研究，2021（9）：87.

碍也不可忽视。在这些问题没有得到妥善解决的情况下允许跨境证券发行人在我国公开发行和上市，将危害我国资本市场的健康稳定。一方面，我国的证券市场本身不够成熟，监管法律不够完善，如果在此种情况下引入跨境证券发行人，可能无法有效地对来我国发行上市的跨境证券发行人实施有效监管，无法有效保护我国投资者的利益[①]。另一方面，引入跨境证券发行人必须解决一系列的立法技术问题，比如法律冲突如何调和、跨境证券发行人在我国市场上是否应遵守与境内证券发行人相同的监管标准[②]，而到目前为止，我国在此方面的立法还非常有限。

若要在我国证券市场上顺利引入跨境证券发行人，真正发挥这一举措的预期作用，相关法律的制定和配套制度的建设是极为重要的一环。一方面，在设计法律制度的思路上要注重全面性和协调性，既要填补现有法律的空白，又要明确跨境证券发行人在我国发行上市时享有的权利和应遵守的义务，避免法律冲突的发生。另一方面，法律制度应体现明晰的价值取向，即如何平衡增加市场对跨境证券发行人的吸引力与保护境内市场和投资者这两大目标。

这也意味着，我国需要从制度型开放的视角解决跨境证券发行人监管法律制度的构建和完善问题。2018年中央经济工作会议首次提出了制度型开放的目标。相比以往的开放目标，制度型开放更加聚焦于法律制度与规则问题。其一方面要求在法律规则与制度层面主动与国际规则对接，另一方面要求以此促进我国法律法规的优化完善。在制度型开放思维的引领下构建我国的跨境证券发行监管法律制度，要着重解决以下问题：①市场准入制度问题，即跨境证券发行人要满足何种标准才能在我国公开发行和上市，这种标准是否应与适用于我国证券发行人的标准一致。②市场监管制度问题，即在跨境证券发行人进入我国市场后，应在事中事后监管的过程中对其设立何种法律和监管规定、采取何种监管措施；面对我国与其他国家（地区）不同的法律和监管规定时，如何化解法律冲突带来的影响，并以此为动力优化我国的相关规定。③投资者保护制度问题，即在引入跨境证券发行人的背景下，如何解

---

① 王亚楠. 国际板市场中完善投资者保护制度之构建 [J]. 武汉商业服务学院学报，2012，26（4）：37-38.

② 冯果，袁康. 国际板背景下证券法制的困境与变革 [J]. 法学杂志，2013（4）：50.

决我国投资者所面临的信息不对称、参与路径断裂等问题①，使得投资于跨境证券发行人和境内证券发行人的投资者可以受到平等的保护，享受到公平的待遇。

四、我国完善监管制度的前提是进行法律协调并确定其"模式"

要解决上述监管法律制度的完善问题，首先需要关注的是我国与他国（地区）的法律协调问题。在传统货物贸易领域的非歧视原则下，一国（地区）应对来自另一国（地区）的产品实行国民待遇。但是在金融监管领域的法律制定问题上，尤其是本研究关注的跨境证券发行问题中，其"国民待遇"的含义与贸易领域有所不同，也不适合直接全面适用国民待遇②。一方面，对于证券发行过程中所强调的信息披露等问题，如果全面适用国民待遇，就需要一国（地区）发行人按照另一国（地区）的法律规定重新准备相关文件，这反而加重了跨境证券发行人的负担，违背了国民待遇原则的初衷；另一方面，适用国民待遇虽然免去了一国（地区）监管者审核其他国家（地区）法律规定与本国（地区）法律规定是否达到相同效果的过程，但在法律实施的过程中，必须借助监管合作机制，以实现对在全球范围内经营的企业的检查和评价③。

这就意味着，在对跨境证券发行人进行监管时，不能简单地将适用于我国证券发行人的法律制度和措施全盘适用于跨境证券发行人。而直接完全适用跨境证券发行人注册地的法律，则是置我国投资者的利益于不顾的行为，也是不合理的。因此，确定跨境证券发行人在何种情况下应适用何种法律规定，以达到我国法律、发行人注册地法律、相关国际规则之间的协调，是合

---

① 冯果，袁康．国际板背景下证券法制的困境与变革［J］．法学杂志，2013（4）：50-53.

② 根据国际证监会组织的定义，在跨境金融证券监管领域的"国民待遇"特指住所地或经营地在境外的实体，在市场准入、持续监管要求等方面享受与境内实体相同的待遇，而不管其注册地的法律体系、监管制度如何。参见：IOSCO task force on cross-border regulation［EB/OL］．（2015-09-17）［2023-06-14］．https：//www.iosco.org/library/pubdocs/pdf/IOSCOPD507.pdf.这一定义关注的是适用于来自不同国家（地区）主体法律的一致性，本研究也将采纳这一定义。

③ IOSCO. IOSCO task force on cross-border regulation［EB/OL］．（2015-09-17）［2023-06-14］．https：//www.iosco.org/library/pubdocs/pdf/IOSCOPD507.pdf.

理设计跨境证券发行人监管法律制度的前提。

解决法律协调问题的前提是确定我国监管跨境证券发行人所适用的法律协调模式，即面对我国法律与发行人注册地法律之间的差异时，应通过何种"模式"化解法律冲突。这是因为我国历史上从未在证券市场上引入跨境上市公司，相应的法律协调规则也基本处于空白状态。对此，需要首先明确使用何种"模式"处理跨境上市公司治理法律协调的问题，才能引领法律规则的设计①。

适用何种法律协调模式，也可以体现我国对跨境证券发行人监管的严格程度，体现我国立法的价值取向，为解决上述的市场准入问题、市场监管困局和投资者保护问题提供指引。对这一问题的讨论，应贯穿跨境证券发行人从市场准入到持续监管的全阶段。在制定相关法律规定和措施时，应在解决境内外法律冲突、保护境内投资者利益、增加本国市场吸引力、促进本国经济发展几大目标之间进行权衡。

第二节　学术史梳理与研究现状

一、跨境证券发行人监管法律协调问题研究的发展

本书的研究对象隶属于"跨境证券发行人监管的法律协调"这一主题。对于这部分问题，外国研究的历史较长且研究较为成熟，我国一些文献也有所涉及。

从研究的时间跨度来看，我国对于跨境证券发行人监管协调的研究最早开始于20世纪90年代末，但初期的研究较为分散且深度有限，主要局限于对国际证监会组织（International Organization of Securities Commissions，IOSCO）、世界贸易组织等国际组织框架下的国际证券监管合作机制进行介绍②。我国第

---

① 王淼. 我国跨境上市公司监管的法律协调模式研究：以公司治理为视角 [J]. 金融监管研究，2021（9）：83.

② 主要研究成果包括：刘敢生. 论国际证券监管的合作与协调 [J]. 法学评论，1997（6）：80-85. 马思萍，龚怀林. 论国际证券市场的监管及其合作 [J]. 南京社会科学，2002（9）：71-76. 傅艳. 证券监管机构国际协作现状与趋势分析 [J]. 世界经济，2003，26（1）：37-41.

一次集中研究的高峰出现在 2007 年左右，第二次在 2012—2015 年，主要伴随着"国际板"建设规划的提出。学者们集中研究了我国引入跨境证券发行人时如何从市场准入①、投资者保护②、信息披露③等角度解决实体法规定的冲突，实现保护境内投资者与增加我国市场吸引力两个目标的平衡④，与本研究主题较为贴合。2020 年后，我国相关主题的研究数量再一次呈现上升态势，这一阶段，学者们不仅以《证券法》明确允许引入跨境证券发行人为背景，继续深入关注我国与他国（地区）实体监管标准的协调，还关注了中国存托凭证的信息披露、投资者保护、优化监管合作机制等具体法律问题。可见，我国相关研究一直与政策、法律、市场的发展密切相关。

美欧等市场对跨境证券发行人开放较早，相关研究也比我国开始得要早，并且其研究进展与市场发展进程密切相关。从 20 世纪 80 年代起，国外相关研究数量开始显著增加，又以 20 世纪 90 年代初及 21 世纪初两个时间段最为集中，这也体现了学术研究与法律政策变化密切相关的特点。20 世纪 90 年代初正是美国等国家对跨境证券发行人的态度总体从豁免转向国民待遇的时间段。而 2002 年美国实施了《公众公司会计改革与投资者保护法案》（即《萨班斯法案》），引起了是否应对跨境证券发行人的公司治理问题适用国民待遇的集中讨论，这是引起 21 世纪初相关文献大量增加的关键因素。

但是，在跨境证券发行人监管法律协调的问题上，国内外大部分文献都还只关注具体监管事项和具体法律规定，缺少对法律协调"模式"的提炼。涉及"模式"问题的论文主要集中于"国民待遇"与"豁免"的取舍，对于其他模式关注不足。但从文献的具体内容看，对于不同模式的探讨已经分散在各种文献中。已有文献将跨境证券发行人监管的法律协调模式分为四种：

---

① 曹明. 中国国际板投资者利益保护机制分析 [J]. 厦门理工学院学报，2012，20（3）：94-98.

② 张长健. 未雨绸缪抑或亡羊补牢：证券市场国际板投资者权益保护法律机制研究 [J]. 兰州商学院学报，2012（3）：120-126.

③ 马其家，刘慧娟，王淼. 我国国际板上市公司持续信息披露监管制度研究 [J]. 法律适用，2014（4）：50-53.

④ 蒋辉宇. 跨国证券融资法律监管目标的合理选择 [J]. 法学，2013（2）：81-89.

国民待遇模式、豁免模式、一体化模式和等效模式。其中，对国民待遇与豁免两种模式的取舍、配合的探讨开始得较早①且持续至今；而一体化模式与等效模式则相对独立，随着欧盟、美国、IOSCO 相关实践的发展而产生，相关研究也集中出现于 20 世纪 90 年代末之后。

二、关于我国引入跨境证券发行人的作用与法律问题

本研究的主要出发点是在我国视角下研究引入跨境证券发行人时的法律协调模式选择与适用问题，因此，必须首先明确我国的现实国情，明确我国引入跨境证券发行人的目标与问题，才能使法律协调模式的研究为之服务。我国已有的研究十分注重对我国现实情况的分析。在 2012 年之前，我国学者对于跨境证券发行人法律问题的关注并不多。可以说我国学者对于这一问题的关注是随着证券市场国际板概念的提出和我国证券市场开放的不断扩大而增加的。这些文献涉及的内容主要包括以下几个方面：探讨我国引入跨境证券发行人的作用；明确我国引入跨境证券发行人面临的问题和解决路径；介绍其他国家（地区）的经验教训。

（一）我国引入跨境证券发行人的趋势与作用

根据《存托凭证管理办法》以及 2020 年《证券法》，我国已经正式从法律层面允许跨境证券发行人进入我国市场。在此之前，学界已经对我国引入跨境证券发行人的趋势和阶段进行了多年讨论。学者认为，我国引入跨境证券发行人的合适时机是：A 股市场整体市盈率与国际主要市场市盈率基本接轨；我国整个证券监管的法律制度尤其是投资者利益保护制度与国际基本接轨；国际板与主板、中小企业板和创业板等资本市场其他板块协调发展，各自已有明确的定位②。我国资本市场的发展已经对跨境证券发行人

---

① 例如：LONGSTRETH B. A look at the SEC's adaptation to global market pressures [J]. Columbia journal of transnational law, 1995, 33（2）：319-336. COFFEE J. Future as history：the prospects for global convergence in corporate governance and its implications [J]. Northwestern University law review, 1999, 93（3）：641-708.

② 曹明. 中国国际板投资者利益保护机制分析 [J]. 厦门理工学院学报, 2012, 20（3）：94-98.

形成了强大的吸引力，资本市场的对外开放将会持续扩大①。我国证券融资市场的对外开放已经由论证构想阶段步入监管规则、制度的实质设计与制定阶段②。

学者们也对引入跨境证券发行人的好处进行了较为全面的分析。第一，引入跨境证券发行人有利于我国市场的发展。中国资本市场对外开放是推动经济高质量发展的重要环节，是发挥资本市场服务实体经济作用的重要抓手③。第二，引入跨境证券发行人有利于我国证券法治的发展。我国可以证券市场的开放和国际化为契机，优化我国的法律规定，进一步推动证券市场法治化、现代化发展④。这也有利于促进我国多层次资本市场的形成⑤，有利于推进我国资本市场的估值体系回归合理化⑥，有利于使跨境证券发行人对我国本土发行人形成良好示范，构建更加优化的公司治理制度⑦。第三，有利于推动我国证券市场的国际化，加强我国证券市场与国际市场的联系。引入跨境证券发行人从内部来看回应了我国证券市场发展的内在要求，从外部来看回应了外国投资者和融资者等主体进入我国市场的需求⑧。第四，有利于维护我国投资者的利益。我国居民对于金融资产的投资需求越来越旺盛，引入跨境证券发行人后，有利于缓解境内股票市场行业结构不合理、投资品种单一、市场供给滞后等状况，更好地满足投资者需求⑨。

---

① 马其家，涂晟. 跨境上市首次信息披露国际准则的适用：兼论我国证券市场国际板相关制度的构建 [J]. 江西社会科学，2016（2）：136-142.
② 蒋辉宇. 美国跨境股票融资信息披露监管法律制度及经验启示 [J]. 东北师大学报（哲学社会科学版），2018（5）：89.
③ 聂庆平，李广川，董辰珂. 新时代中国资本市场：创新发展、治理与开放 [M]. 北京：中信出版集团，2021.
④ 侯娅玲. 我国证券市场国际化的改革与出路 [J]. 甘肃社会科学，2016（2）：156.
⑤ 董登新. 国际板推出的现实意义与时机选择：新市场、新机会为投资者提供多样化选择 [J]. 西部论丛，2010（8）：61.
⑥ 曹明. 中国国际板投资者利益保护机制分析 [J]. 厦门理工学院学报，2012，20（3）：94.
⑦ 王亚楠. 国际板市场中完善投资者保护制度之构建 [J]. 武汉商业服务学院学报，2012，26（4）：37.
⑧ 侯娅玲. 我国证券市场国际化的改革与出路 [J]. 甘肃社会科学，2016（2）：156.
⑨ 胡翔，杨炯. 推出国际板的必要性和可行性 [J]. 中国证券期货，2012（7）：10-11.

（二）引入跨境证券发行人的法律问题与解决方案

在支持引进跨境证券发行人的基础上，很多学者关注我国在此过程中可能面临的障碍，特别是法律制度方面的问题。主要关注的问题包括：现行国际规范是以发达国家利益为前提的产物，较少考虑到发展中国家的利益。如果仅仅被动接受国际规范，会给自身金融安全带来挑战①。学界虽已基本对跨境证券发行人监管的合适程度达成共识，但监管理念在落地时，如何能够更有效地协调各方监管与法律适用，以有效地进行事中事后监管，也是一个需要关注和研究的重要问题②。在此过程中，我国资本市场发展中的起步晚、监管制度不完善等问题在跨境证券发行人监管中必须得到考量③。特别是在投资者保护方面，我国投资者将面临信息不对称、参与路径断裂、资产境外控制、权利救济方面等一系列问题④。

针对可能存在的问题，很多学者研究了解决问题的途径，特别是相关法律制度的构建问题。在监管理念方面，对于跨境证券发行人监管标准的制定，应坚持"以我为主"，不能照搬国际标准，应当更加关注我国市场发展的情况和需求⑤。在具体制度方面，学者们关注了跨境证券发行人的准入资格和准入门槛问题⑥、跨境证券发行人在我国上市的首次信息披露及持续信息披露问题⑦、跨境证券发行人视角下的投资者利益保护机制问题⑧、上市公司的退市

---

① 聂庆平，李广川，董辰珂. 新时代中国资本市场：创新发展、治理与开放 [M]. 北京：中信出版集团，2021.

② 宋澜. 新《证券法》下境外发行人参照适用上市公司规则的原理及径路：兼论保障"股东权益相当"的难易 [J]. 财经法学，2020（3）：139.

③ 马其家，涂晟. 跨境上市首次信息披露国际准则的适用：兼论我国证券市场国际板相关制度的构建 [J]. 江西社会科学，2016（2）：136-142.

④ 冯果，袁康. 国际板背景下证券法制的困境与变革 [J]. 法学杂志，2013（4）：49.

⑤ 聂庆平，李广川，董辰珂. 新时代中国资本市场：创新发展、治理与开放 [M]. 北京：中信出版集团，2021.

⑥ 曲冬梅. 国际板上市标准的定位：以境外交易所上市标准为例 [J]. 法学，2011（6）：110. 曹明. 中国国际板投资者利益保护机制分析 [J]. 厦门理工学院学报，2012，20（3）：94-98.

⑦ 蒋辉宇. 论我国融资参与型存托凭证信息披露模式的合理选择与制度完善：兼评《存托凭证发行与交易管理办法（试行）》中的信息披露规则 [J]. 政治与法律，2019（1）：152-161. 马其家，刘慧娟，王淼. 我国国际板上市公司持续信息披露监管制度研究 [J]. 法律适用，2014（4）：50.

⑧ 王小丽. 论国际板市场投资者保护法律机制的构建 [J]. 现代经济探讨，2010（7）：68.

标准构建问题①、证券监管的国际合作机制问题②等。

（三）跨境证券发行人监管的国际经验教训及我国借鉴

在讨论跨境证券发行人监管法律问题的过程中，借鉴外国（地区）经验、吸取外国（地区）教训也是必不可少的一个路径。对外国（地区）经验教训的比较研究是我国学者研究这一问题时常用的方法。聂庆平等学者梳理阐释了韩国、越南、马来西亚、墨西哥等国家的资本市场开放进程，从新兴经济体角度总结其盲目套用成熟市场规则、外资大进大出等的弊端和教训③。马其家等学者探索了巴西作为新兴市场的证券监管改革路径④。陈露分析了日本国际板建设失败的原因及其带给中国的启示，认为除了泡沫破灭后的长期经济萧条使得需求不足之外，发行标准过于严苛、上市维持成本过高也是日本证券市场对跨境证券发行人失去吸引力的重要原因⑤。刘进军对新加坡证券市场"外国板"的相应规则进行了探讨，并且总结了新加坡证券市场对于跨境证券发行人的态度⑥。钱康宁等讨论了美国、德国、日本、俄罗斯、韩国、印度、墨西哥等多国的证券市场国际板建设经验和教训并指出，跨境证券发行人在境内发行上市的标准不宜过于严格，必须因地制宜⑦。

三、关于跨境证券发行人监管法律协调的基本模式

国内外对于跨境证券发行人监管法律协调模式的研究主要涉及跨境证券发行人监管法律协调模式的主要类型及其评价，以及各国（地区）监管机构选择监管法律协调模式时所要考虑的因素。

---

① 苏小勇．国际板上市与退市标准问题：兼论国际板上市规则相关规定的完善 [J]．西南金融，2012（3）：60.
② 李仁真，杨凌．监管尊从：跨境证券监管合作新机制 [J]．证券市场导报，2021（7）：2-11.崔孝和．跨境证券监管协作机制的中美比较 [J]．上海金融，2019（1）：69-77.
③ 聂庆平，李广川，董辰珂．新时代中国资本市场：创新发展、治理与开放 [M]．北京：中信出版集团，2021.
④ 马其家，涂晟，李敏．论巴西证券监管改革对我国监管转型的借鉴 [J]．河北法学，2015，33（7）：43-52.
⑤ 陈露．日本国际板失败原因及对中国的启示 [J]．中国金融，2010（13）：56.
⑥ 刘进军．新加坡证券市场外国板规则探析 [J]．中国律师，2013（2）：85.
⑦ 钱康宁，蒋健蓉．国际板的国际"经"：海外国际板市场发展对我国的五点启示 [J]．银行家，2011（12）：66.

（一）研究国民待遇模式与豁免模式的文献

国民待遇与豁免是两个相对的概念，在已有研究中经常成对出现，相关研究最常讨论的主题是如何在国民待遇和豁免之间进行权衡。在这一问题上，国外文献关注较多，而我国文献关注较少。

1. 跨境证券监管视角下国民待遇的特殊性

IOSCO 在 2015 年 9 月发布的报告中对跨境证券监管中的国民待遇模式进行了专门讨论。报告在指出国民待遇原则含义、特点的基础上，对在跨境证券监管中实施国民待遇原则的优劣势进行了分析。报告指出，国民待遇是指住所地或经营地在境外的实体，在市场准入、持续监管要求等方面享受与境内实体相同的待遇，而不管其自身住所地或经营地的法律体系、监管制度如何。报告没有最终说明在对跨境证券发行人待遇的选择上，一国（地区）监管者应对跨境证券发行人适用国民待遇模式、豁免模式抑或其他模式，而是通过成本收益分析，对国民待遇这一模式存在的优势和可能带来的问题进行了细致的说明①。在货物贸易领域，国民待遇这一基本原则已经得到世界各国（地区）的承认，是开展贸易的一项基本准则。然而，在金融监管领域直接适用国民待遇原则缺乏合理性。在讨论是否对跨境证券发行人适用国民待遇模式时，学界不乏用货物贸易与跨境证券发行进行对比的情况，而得出的结论却大不相同。以美国为例，一部分学者指出，美国在历史上一直支持货物、服务和资本的自由流动，一直支持国际贸易领域的国民待遇原则，而对于跨境证券活动的监管则不同。在跨境证券监管中，适用国民待遇模式表面上是最简便的做法，因为它不需要对境内的规则进行任何改变。但是，国民待遇不能消除跨境证券活动的结构性壁垒②。对货物贸易的监管仅涉及境外公司在美国的加工、生产或销售的一个或几个环节，而对于跨境证券发行的监管，尤其是对跨境证券发行人公司治理的监管，则涉及公司最根本的结构问题，

---

① IOSCO. IOSCO task force on cross-border regulation ［EB/OL］. （2015-09-17）［2023-06-14］. https：//www. iosco. org/library/pubdocs/pdf/IOSCOPD507. pdf.

② KARMEL R. Barriers to foreign issuer entry into U. S. markets ［J］. Law & policy in international business，1993，24（4）：1236.

应该由公司的注册地而非上市地决定①。

另一些学者从货物贸易与跨境证券发行进行对比的视角对该问题进行分析，得出的结论却恰恰相反。例如，有观点认为，美国证券监管的主要目标是保护境内投资者。在面对跨境证券发行人时，本国投资者本身就处于信息劣势地位，必须由充足准确的信息披露来保护。高风险、不合格的公司在美国发行证券对经济带来的不利影响要远大于境外公司生产的不合格产品对美国经济的影响。因此，既然在货物贸易领域都对境外产品适用国民待遇，那么在证券跨境发行领域更应对跨境证券发行人适用国民待遇②。由此可见，学界对于在跨境证券监管中是否应对跨境证券发行人适用国民待遇并没有形成一致观点。

2. 国民待遇模式与豁免模式的权衡

确定对跨境证券发行人适用国民待遇还是豁免、给予多大程度的豁免，往往是综合衡量多种因素的结果，而其中最重要的目标是在便利跨境证券发行人进入市场的同时保护境内投资者，同时要保证境内市场在国际上的竞争力③。以美国为例，有观点认为，美国证监会（United States Securities and Exchange Commission，SEC）在这个问题上面临着选择的困境。如果对于跨境证券发行人的监管过于严格，则美国市场对它们的吸引力将会降低。跨境证券发行人如果进入不了美国市场，就满足不了美国投资者对于外国资本的需要。但是如果过度地适用豁免，又不利于对本国投资者的保护④。还有学者指出，美国严格而复杂的监管以及高水平的信息披露要求的确可能会降低美国对跨境证券发行人的吸引力，但不能仅因为上述原因就放弃对跨境证券发行人的国民待遇要求、给予较多的豁免。在权衡国民待遇与豁免模式的过程中

---

① TANEDA K. Sarbanes－Oxley, foreign issuers and United States securities regulation［J］. Columbia business law review, 2003, 2: 759.

② SHIN S. The effect of the Sarbanes－Oxley act of 2002 on foreign issuers listed on the U. S. capital markets［J］. New York University journal of law & business, 2007, 3（2）: 743.

③ KUNG F. The rationalization of regulatory internationalization［J］. Law and policy in international business, 2002, 33（3）: 480.

④ LONGSTRETH B. A look at the SEC's adaptation to global market pressures［J］. Columbia journal of transnational law, 1995, 33（2）: 320.

必须慎重考虑以下几个因素。首先，如果降低对跨境证券发行人的监管标准，将会严重地阻碍保护投资者目标的实现。其次，如果对跨境证券发行人降低信息披露标准，本国的投资者可能就无法获得充足的信息。这样投资者不论在判断跨境证券发行人资质还是在比较境内外证券发行人时都会产生困扰。最后，一味地为跨境证券发行人降低标准也会造成境内外证券发行人的不平等①。

与上述列明众多考虑因素的文献相对，美国学界也有很多观点鲜明的文献，明确指出应在国民待遇模式和豁免模式之间选择其一，而不应给予权衡的空间。其中，主张对跨境证券发行人适用国民待遇而不给予豁免的代表性文献是约翰·科菲（John Coffee）于1999年发表的论文②，该文献提出了著名的"约束理论"，即证券发行人选择到美国发行上市不是为了规避监管，而是为了遵守更高的监管标准，进而提升自身的声誉和投资者的信心。尤其是对于来自欠发达国家（地区）的发行人，遵守美国的严格标准也有利于其本国标准的发展。这表明作者不支持对跨境证券发行人适用豁免。这一理论日后在相关问题讨论中也经常被引用，作为反对豁免的重要理由。与上述文献的观点相反，还有学者认为应该对跨境证券发行人实行豁免。对于美国来说，其对跨境证券发行人的豁免程度并不大，现行的信息披露体系总体上没有给予跨境证券发行人比境内证券发行人更低的标准，没有为跨境证券发行人有效地提供进入美国市场所需要的宽松政策，不能使跨境证券发行人降低发行成本。这使美国证券市场在监管竞争中丧失了优势③。

相比国外文献，我国极少有学者专门以"国民待遇模式与豁免模式的选择"为主题探讨我国对跨境证券发行人的监管问题。其中具有代表性的文献仅有一篇，即吕炳斌于2009年发表的论文《证券市场国际化中的外国发行人

① OBI E. Foreign issuer access to U. S. capital markets: an illustration of the regulatory dilemma and an examination of the securities and exchange commission's response [J]. Law and business review of the Americans, 2006, 12 (3): 411.

② COFFEE J. Future as history: the prospects for global convergence in corporate governance and its implications [J]. Northwestern University law review, 1999, 93 (3): 641-708.

③ CHANG K. Reforming U. S. disclosure rules in global securities markets [J]. Annual review of banking & financial law, 2003, 22: 241.

待遇研究》。该文献对美国对跨境证券发行人待遇问题进行了历史考察，认为美国对跨境证券发行人的法律和监管政策倾向从 1933 年到 2003 年经历了几次明显变化，并且从最初的一视同仁经过一定变化后又回到了一视同仁。作者认为，这种变化是与美国证券市场的发展密切相关的。在我国的现实背景下，若要引入跨境证券发行人，也必须从我国的市场发展现状出发，对跨境证券发行人一律不适用豁免和较为宽松的标准①。

从上述研究国民待遇模式与豁免模式的文献可以看出，学者已经对国民待遇与豁免模式的基本理论作了较为深入的研究。虽然学者之间的观点差异很大，但大多数的分析都涉及保护本国（地区）市场及投资者利益与吸引跨境证券发行人两大目标的权衡，且注重强调法律协调模式选择应与当时、当地的情况相符。因此，已有的分析角度和分析方法可以被运用到对我国情况的研究当中，起到有益的作用。但相对来说，我国关于国民待遇与豁免模式的选择的文献极少，这是后人的研究需要补充的地方，也是本研究关注的重点之一。

（二）研究等效模式的文献

与国民待遇模式、豁免模式方面文献众多的情况形成对比的是，外文文献中提及等效模式的很少。这可能是由于各国（地区）倾向于在国民待遇模式、豁免模式、一体化模式之间进行选择，学界对于等效模式的兴趣较低。相比之下，中国在 2007 年左右出现了众多研究等效模式的文献，这主要是因为欧盟在 2007 年开展了对会计准则等效问题的认定，并将我国的会计准则认定为与欧盟会计准则等效，进而使等效模式在我国产生了现实意义。

1. 国外文献

国外研究表明，等效模式要求等效的基本内涵是：当跨境证券发行人注册地的某些法律规定与上市地的相关规定足够类似或者能产生相同效果时，上市地就会豁免该发行人遵守这些上市地法律规定的义务。等效主要要求两种规则在功能上可以互相替代②。等效模式具有降低法律冲突、提升市场竞争

---

① 吕炳斌. 证券市场国际化中的外国发行人待遇研究 [J]. 现代经济探讨, 2009 (7): 73.

② WEI T. The equivalence approach to securities regulation [J]. Northwestern journal of international law & business, 2007, 27 (2): 299.

力、避免监管套利等优势①，但成本较高，存在监管效果一致性认定困难等潜在风险②。进一步来说，等效模式将降低市场参与者需要遵守多种可能冲突的法律规定的风险，提升跨境交易的效率。等效在一定程度上促进了监管标准的统一，增加了市场之间对于金融服务的竞争，本国（地区）投资者可以以更优惠的价格获得更多元化的服务。此外，等效模式为监管者和金融机构都带来了大量的成本节约。但等效模式的实施仍面临着一系列的挑战。首先，最大的问题就是监管结果的不确定性，因为在等效模式下提前客观地认定一国（地区）法律机制的效果是否与本国（地区）法律的监管效果相同是比较困难的。另外，由于经济形势时常变化，在一定时期内需要采取的措施可能在另一个时期会起反效果。因此根据他国（地区）具体法律的变化来及时调整等效的认定也十分必要③。

2. 国内文献

相对于外国文献更加注重理论上的分析，国内文献的分析则主要集中于我国的实践。在早期，我国学者主要的研究对象是欧盟认定我国会计准则等效的实践，在 2010 年前后系统梳理了欧盟等效认定的标准和具体认定程序，并为我国应对措施的探讨提供了启示④。2018 年我国开始通过存托凭证方式引入跨境证券发行人，等效模式的精神内核也蕴含在此规定中。国内也出现了针对该规定中的等效标准进行讨论的文献。国际上的理论研究加上我国的实践研究恰好构成了对我国等效模式问题的完整研究框架，可以为接下来的研究打下基础。

---

① TAFARA E, PETERSON R. A blueprint for cross - border access to U. S. investors: a new international framework [J]. Harvard international law journal, 2007, 48（1）: 62. LINDENFELD J. The CFTC's substituted compliance approach: an attempt to bring about global harmony and stability in the derivatives market [J]. Journal of international business and law, 2015, 14（1）: 125-150.

② COFFEE J. Extraterritorial financial regulation: why E. T. can't come home [J]. Cornell law review, 2015, 99（6）: 1259-1302.

③ VO L. Substituted compliance: an alternative to national treatment for cross-border transactions and international financial entities [J]. Georgetown journal of law & public policy, 2015, 13（1）: 96.

④ 例如：方拥军. 透视国际趋同背景下的欧盟等效会计标准认可 [J]. 经济经纬, 2008（1）: 90. 李宗彦. 会计准则等效：会计准则国际协调的新路径 [J]. 财会月刊, 2009（30）: 104. 王俊杰. 欧洲会计准则等效机制与我国的应对 [J]. 石家庄经济学院学报, 2012, 35（1）: 81.

（三）研究一体化模式的文献

20 世纪 90 年代后，随着证券市场国际化的发展以及国际组织的努力推动，一体化模式在实践中得到了越来越多的运用，在理论上也受到了中外学者的广泛关注。在促进跨境证券发行人监管协调的语境下，与其他法律协调模式受到较多争议不同，绝大多数学者对一体化模式都持支持态度。不过，学者们对于一体化模式的认识是理性客观的，并不认为一体化模式能够解决法律协调中的一切问题。

1. 国外文献

国外研究表明，与监管竞争相比，监管的协调和一体化将有更大的好处。适用一体化模式可以同时降低跨境证券发行人和投资者面临的成本。但一体化模式并不是万能的：一方面，即使各国（地区）把统一的标准纳入本国（地区）法律当中，其解释和执行在各国（地区）间还是会出现差异；另一方面，一份无效率的统一标准可能会比同样无效率的境内标准危害更大，因为它会涉及多个市场的利益①。如果法律能够实现完全的协调和一体化，就能解决国际金融监管中的法律冲突问题。但是，完全的一体化模式不仅是不可能的，也是不可取的②。一方面，虽然一体化模式可能提升效率，但并不能保证最优监管标准的实现。另一方面，一体化模式还可能扼杀监管创新。另外，一体化模式在政治上是否能真正实行也是一个问题，完全的一体化会要求各国（地区）向超国家监管机构放弃一定主权，这很可能也是行不通的。

2. 国内文献

虽然我国尚未全面允许跨境证券发行人到我国公开发行与上市，但早在 21 世纪初，我国就出现了探讨监管规则国际趋同（即一体化模式）的文献，且大多集中在公司治理、会计准则、信息披露问题上。可见，引入跨境证券发行人并不是实现我国法律制度与国际法律制度接轨的必要条件，

①　GEIGER U. The case for the harmonization of securities disclosure rules in the global market ［J］. Columbia business law review, 1997, 2：300.

②　TRACHTMAN J. Trade in financial services under GATS, NAFTA and the EC：a regulatory jurisdiction analysis ［J］. Columbia journal of transnational law, 1995, 34（1）：93.

市场尚未对跨境证券发行人开放，不意味着我国没有积极借鉴国际的相关立法经验。在某种程度上来说，我国法律的国际化比市场的国际化走得更远。我国学者在这方面的典型研究观点包括：国际证券监管合作与一体化将会降低跨境证券发行人遵守多种监管制度的成本，促进国际证券市场的良性竞争①；高水平的国际监管规则将推动全球证券市场的发展与成熟，如适用 IOSCO 等国际标准，不仅新兴的证券市场得到发展，成熟证券市场对重大问题的反应也得以协调，新兴市场与成熟市场之间的监管差距可以逐渐弥合②；就境外企业信息披露的具体内容而言，我国证券监管机构可以研究国际成熟资本市场针对跨境证券信息披露监管的新趋势和新要求。在相关制度制定时，可在信息披露要求中纳入 IOSCO 信息披露规则的部分要求③。

（四） 研究法律协调模式选择考量因素的文献

一国（地区）监管机构对跨境证券发行人监管法律协调模式的选择往往是衡量多种因素的结果。从国外文献来看，众多文献都在行文过程中表明实现"增强本国市场吸引力"与"保护境内投资者利益"两大目标的平衡在协调模式选择中的重要性④。但由于一些国外文献，尤其是美国文献，在分析考量因素时对各利益集团的态度分析过多，因此对考量因素选择理论发展的作用有所减损。

而相比之下，中国学者对于安全目标与效率目标的强调更适合于构建法律协调模式选择考量因素的理论。学者们指出，所谓的增强市场吸引力与保护投资者利益两大目标，实际上就是市场监管的安全目标与效率目标。由于安全目标与效率目标存在冲突，我国对跨境证券发行人的监管法律制度应尽

---

① 邱永红. 竞争抑或合作？：晚近美国国际证券监管大辩论述评 [J]. 国际经济法学刊，2005，12（4）：274-289.

② 韩龙. 国际金融法前沿问题 [M]. 北京：清华大学出版社，2010：253.

③ 蒋辉宇. 美国跨境股票融资信息披露监管法律制度及经验启示 [J]. 东北师大学报（哲学社会科学版），2018（5）：90.

④ SEE S S. The effect of the Sarbanes-Oxley act of 2002 on foreign issuers listed on the U. S. capital markets [J]. New York University journal of law & business，2007，3（2）：743. KUNG F. The rationalization of regulatory internationalization [J]. Law and policy in international business，2002，33（3）：480.

可能在保护投资者利益和降低境外企业融资成本之间取得平衡①。安全与效率是证券市场上密不可分的一对矛盾。在我国引入跨境证券发行人的过程中，也必须妥善处理这一对矛盾，这对我国市场的健康运行有至关重要的意义。在建立相关法律制度的过程当中，首先要着眼于安全目标，切实维护我国证券市场的稳定发展。接下来，还必须解决效率目标的问题，应考虑如何降低跨境证券发行人在我国发行与上市的成本，以提升我国证券市场对优质跨境证券发行人的吸引力②。各国（地区）对跨境证券发行人监管法律的制定都需要兼顾保护投资者利益与降低企业成本两大目标。成熟的证券市场应该是安全与效率兼顾并在不同时期各有侧重的③。

虽然大多数文献在考虑协调模式选择时只提出了平衡安全目标与效率目标，但本研究认为，缓解各国家（地区）之间的法律冲突以促进资本的自由流动，选择恰当的协调模式以促进一国（地区）的证券市场与经济发展，也都是选择跨境证券发行人监管法律协调模式的重要因素，本研究将在后文进一步阐明。

四、关于各法律协调模式在各监管事项中的适用

在国内外已有的研究中，相关的讨论并不局限于对各个法律协调模式的理论探讨，其研究经常结合具体的监管事项展开。结合具体监管事项探讨跨境证券发行人监管法律协调问题有几个好处：一是可以梳理相关监管事项中法律协调模式的历史发展，便于开展历史分析，确定在当时当地的情况下对某一事项适用特定协调模式的原因；二是可以更加明显地体现各个监管事项的不同特点，以及其对适用不同监管法律协调模式的需求。

（一）市场准入中法律协调模式的适用

外国文献较少涉及跨境证券发行人市场准入制度的协调模式问题，但是这一问题实际上关乎跨境证券发行人进入一国（地区）市场的门槛，对于我国这样从未向跨境证券发行人开放的市场有重要意义。一些文献关注到了市

---

① 苑德军．国际板监管的具体目标及监管原则［J］．银行家，2011（8）：85.
② 冯果，袁康．国际板背景下证券法制的困境与变革［J］．法学杂志，2013（4）：49.
③ 蒋辉宇．跨国证券融资法律监管目标的合理选择［J］．法学，2013（2）：86.

场准入中的上市条件问题。有文献从交易所上市条件的角度探讨了跨境证券发行人监管的法律问题，指出各国（地区）交易所对于跨境证券发行人上市条件的规定可以分为低端、中端和高端三种模式。制定跨境证券发行人的上市条件要同时考虑和衡量境内投资者和跨境拟上市公司两大因素。另外，只有在设定上市条件的同时制定配套的后续监管要求和监管措施，才能防范风险，促进证券市场的长期稳定发展①。有文献指出跨境证券发行人在我国上市的条件未来可能是动态变化的，取决于各目标的综合协调。在初期，由于我国证券市场对跨境证券发行人具有较强的吸引力，可以提出某些较高条件，以增强整体跨境证券发行人的品质②。

（二）公司治理法律协调模式的适用

公司治理的监管法律协调是一个争议极大的领域，其中一个重要原因就是在各跨境证券发行人已经习惯于在公司治理上享受豁免的时候，美国通过《萨班斯法案》加强了公司治理中的国民待遇。美国曾有大量文献对这一问题进行集中探讨。约翰·科菲（John Coffee）在其 2002 年发表的论文中认为美国不应再给予跨境证券发行人公司治理方面的豁免，主要理由有三点。第一，到 2002 年，美国上市公司中的跨境证券发行人比例已经达到 17%，而且其中很多公司的主要证券交易市场都在美国，此时对它们施加公司治理的要求会产生巨大的影响。第二，对证券市场进行监管的重要目的是保护投资者，对于境内证券发行人和跨境证券发行人采取不同标准意味着对投资于境内外证券发行人的投资者保护程度不同，这是不公平的。第三，随着经济的发展，境外证券市场也在逐步提高自身的标准。如果美国给予跨境证券发行人豁免，还有可能导致跨境证券发行人为了规避本国（地区）监管而来美国发行上市，增加美国市场的风险③。

也有学者提出了相反的观点。种田建二（Kenji Taneda）2003 年讨论《萨

---

① 曲冬梅. 国际板上市标准的定位：以境外交易所上市标准为例 [J]. 法学，2011（6）：110.

② 苏小勇. 国际板上市与退市标准问题：兼论国际板上市规则相关规定的完善 [J]. 西南金融，2012（3）：60.

③ COFFEE J. Racing towards the top? The impact of cross-listings and stock market competition on international corporate governance [J]. Columbia law review, 2002, 102 (7)：1823.

班斯法案》关于跨境证券发行人监管法律协调模式问题的文献是比较有代表性的。通过对以往文献和美国现实情况的分析，种田建二认为，针对公司治理问题，对跨境证券发行人应适用豁免模式，而对于信息披露等问题，则应对跨境证券发行人适用国民待遇。原因在于，公司治理问题在法律体系中具有特殊性，其他方面的监管只是公司整个经营过程的一部分，而对公司治理结构的要求则是根本性的，关系到很多重要的政治经济问题①。

虽然针对《萨班斯法案》适用国民待遇模式的做法，学界以批评和反对的观点为主，但这种批评早期仅限于理论层面，缺乏实际数据的支持。几年之后，美国有学者开始尝试运用实证数据分析美国在公司治理上对跨境证券发行人适用国民待遇模式的影响。有学者使用数据证明，《萨班斯法案》对国民待遇模式的适用在总体上并未影响跨境证券发行人到美国发行上市的意愿，这是因为各跨境证券发行人进行了成本效益分析，认为遵守高标准所增加的成本并没有超过其到美国发行上市所带来的收益。另外，美国证券法的规定本身就严于世界上大多数国家（地区），对跨境证券发行人适用国民待遇还会引起"竞争最优"效应，使各国（地区）增加了借鉴美国标准提升本国（地区）标准的机会，有利于整个国际标准的提高和统一②。还有学者通过定量分析得出，小型公司更容易因为《萨班斯法案》造成发行上市成本增加而放弃美国市场，而大型公司并没有受到太大影响③。

相对于国外文献对公司治理监管法律协调中国民待遇模式的关注，我国的文献则更多地探讨各国（地区）公司治理规则能否实现国际趋同（即一体化）的问题。研究指出，对于公司治理法律协调模式的选择，其影响因素有很多，比如法律与文化传统、公司资本结构与制度、市场有效性等④。各国（地区）的公司治理制度也在一定程度上趋同。然而，由于路径依赖和制度互

① TANEDA K. Sarbanes-Oxley, foreign issuers and United States securities regulation [J]. Columbia business law review, 2003, 2: 715-760.

② SHIN S. The effect of the Sarbanes-Oxley act of 2002 on foreign issuers listed on the U. S. capital markets [J]. New York University journal of law & business, 2007, 3 (2): 743.

③ WOO C. United States securities regulation and foreign private issuers: lessons from the Sarbanes-Oxley act [J]. American business law journal, 2011, 48 (1): 176.

④ 鲍睿. 公司治理模式的国际比较与借鉴 [J]. 财会月刊, 2008 (3): 81.

补性的存在，各国（地区）的公司治理制度不可能完全趋同①。

（三）信息披露制度法律协调模式的适用

信息披露制度是国外文献极为关注的一个事项，无论是在初期对国民待遇与豁免模式的讨论，还是在证券市场国际化程度提升后，对等效模式和一体化模式的讨论大多以信息披露制度为样本。美国学者经常以信息披露规则为中心，指出美国针对境内外证券发行人监管规则的差异，讨论对跨境证券发行人监管法律的协调问题②。此外，多位学者都在其论文中对美国综合信息披露体系以及专门针对跨境证券发行人制定的 F 系列表格的适用条件和内容进行了说明③，并以此为基础分析适用相应法律协调模式的原因和影响。还有学者关注了美国在其非财务信息披露中引入 IOSCO 标准的实践④。

在跨境证券发行人信息披露监管的法律协调中，最容易引起争议的是会计准则的选择问题。从时间上来看，上述研究非财务信息披露规则和财务信息披露规则的文献大多集中于 1995 年左右以及 21 世纪初，这与美国当时针对跨境证券发行人的新规则密集出台有着直接关系。有学者认为，虽然在会计准则方面，美国也给予跨境证券发行人一定的选择空间，但总体来看对其适用的还是国民待遇。这样的标准过于严格。美国的会计准则不一定就优于境外的会计准则，因此跨境证券发行人进行财务信息披露时只要遵守本国（地区）的会计准则即可⑤。也有学者对此持不同的观点，认为选择对跨境证券发行人适用美国会计准则并不是因为美国准则优于境外准则，而是因为统

---

① 李明辉. 公司治理制度变迁与国际趋同：一个分析框架 ［J］. 东北大学学报（社会科学版），2009，11（6）：501.

② SHERBET E. Bridging the GAAP：accounting standards for foreign SEC registrants ［J］. The international lawyer，1995，29（4）：896.

③ GREENE E，RAM E. Securities law developments affecting foreign private issuers ［J］. International financial law review，1983，2：4-14. GREENE E，BRAVERMAN D，SPERBER S. Hegemony or deference：U. S. disclosure requirements in the international capital markets ［J］. Business lawyer，1995，50（2）：413-445. FOX M. Retaining mandatory securities disclosure：why issuer choice is not investor empowerment ［J］. Virginia law review，1999，85（7）：1335-1420.

④ HICKS W. Harmonization of disclosure standards for cross－border share offerings：approaching an international passport to capital markets ［J］. Indiana journal of global legal studies，2002，9（2）：365.

⑤ GREENE E，BRAVERMAN D，SPERBER S. Hegemony or deference：U. S. disclosure requirements in the international capital markets ［J］. Business lawyer，1995，50（2）：413-445.

一的会计标准比多种的、不可比较的会计标准更加便于理解和对比①。

相比于美国，我国对会计准则协调模式的研究主要集中在国际趋同（即一体化）上，这是因为我国的会计准则较早地实现了与国际接轨，引起了学界的关注。有学者在 2010 年即指出，我国使用的会计准则实际上已经实现了与国际准则的趋同，应坚持我国会计准则与国际会计准则的持续趋同与互动。总体来看，对于如何实现我国会计准则与国际会计准则的趋同有两种看法。当然，与国际准则的趋同并不代表我国规定要与国际准则完全一致，或者直接将国际准则照搬过来用于我国实践中。我国应当坚持"趋同不等于等同、趋同应当互动"，在与国际准则趋同的过程中综合考量我国的法律传统、社会需要和经济发展状况②。

五、对已有研究的评价及本研究的开展方向

（一）对已有研究的评价

前述国内外文献的研究较为全面地关注到了跨境证券发行人监管的四种法律协调模式。研究的内容包括对这四种模式的分析与评价、在具体监管事项中的适用性、在实践中的适用路径。特别地，我国文献专门分析了我国的法律协调现状与需求以及国际经验和我国的借鉴路径，起到了连接外国理论与我国实践的作用。因此从总体上来看，已有国内外文献可以为本研究的展开提供研究方法、研究思路、研究内容上的指引，有较强的借鉴意义。

但是，已有文献也有一些不可忽视的问题，这些问题正是本研究后续需要重点关注的。对这些问题的关注也是本研究可能的创新所在。具体来说：

第一，已有的文献缺乏系统性，往往仅关注某一个监管事项或者一个法律协调模式，几乎没有文献能够对各法律协调模式在不同监管事项中的适用路径进行全面研究，使得现有研究无法构建出完整的理论体系，无法提供全面的实践指引。由于讨论跨境证券发行人监管法律协调模式的文献以论文为

①　COFFEE J. Racing towards the top? The impact of cross-listings and stock market competition on international corporate governance [J]. Columbia law review, 2002, 102 (7)：1827.

②　刘玉廷. 我国会计准则国际趋同走向纵深发展阶段：《中国企业会计准则与国际财务报告准则持续趋同路线图》解读 [J]. 财务与会计, 2010 (6)：8.

主，因此这些文献大多针对一个监管事项、一个法律协调模式进行讨论，造成研究集中于一个事项而忽视其他事项的现象。例如，美国学者研究法律协调模式问题时大多以信息披露为样本。这样的研究只能体现披露单个事项的特点，在解决各个事项所面临的个性化问题时，效果就会大打折扣。我国学者在研究法律协调模式问题时则过分集中于会计准则的协调问题。会计准则领域的法律协调在我国已经较为成熟，而其他在实践中存在更多问题的领域却较少为已有研究所涉及。

第二，已有文献跟随热点法律政策的特征明显，造成在某些年份对于一些问题的讨论十分热烈，而这一时期过去之后，这些问题就几乎无人问津。但实际上，其中的问题虽然经过多年讨论，却并没有被解决。当下的现实情况已经发生变化，前人所做研究的时效性已经降低，而相关问题却因为不属于"热点"而不被继续研究，使得有参考意义的文献数量减少。例如，关于对跨境证券发行人的公司治理事项是否应适用国民待遇的问题，美国的探讨集中于2003年前后，之后就大幅减少。而对于跨境证券发行人监管的法律问题，我国的研究集中于2010—2012年，在证券市场国际板建设的语境下展开。这一时期之后，相关研究的数量也明显下降，然而，相关研究的减少并不代表问题已经获得解决。自2018年起，我国证券市场正式向跨境证券发行人开放，但在2018年之后，相关法律问题并未得到特别充分的关注，导致目前展开研究的国内基础资料并不充足，以往的研究也逐渐不契合我国当前的法律与市场情况。

第三，相关文献基本只体现了对我国具体制度建设的关切，而对于法律协调特别是法律协调"模式"这一关键问题关注不够。总体来看，我国学界对于我国引进跨境证券发行人及存在的问题认识比较客观，可以作为本研究的基础，帮助笔者在研究过程中准确地认识我国法律与市场状况，坚持正确的价值判断。但当把已有研究置于跨境证券发行人监管的法律协调这一语境下时，可以发现国内现有文献或着重分析我国法律与他国（地区）法律的差异，或仅探讨如何完善我国现有的法律制度，而对于在此过程中如何进行"法律协调"、采用何种"模式"进行法律协调这一重要前提性问题则少有关注。

第四，目前可获得的国外文献多以美国、欧盟等地的制度作为研究对象，其得出的结论也是美国、欧盟应当对跨境证券发行人适用的法律协调模式。

这些研究的结果不能直接适用于我国的立法与实践，必须将其研究所得出的基本理念和基本结论加以凝练，并且将其中适合我国情况的内容识别出来，才能有效加以运用。

（二）本研究的开展方向

通过分析可以看出，上述文献可以为本研究的开展提供一些基础资料和研究思路，但是要真正完成预定的研究目标，还在很大程度上有赖于一手资料，以扩展研究覆盖时间的长度和内容的广度。针对已有文献的尚待完善之处，本研究需要重点从以下方面进行展开：

第一，注重研究的系统性。在研究的总论部分，要对跨境证券发行人监管法律协调的基本模式、各种法律协调模式的特点、适用各法律协调模式所需要考量的基本因素进行明确，为研究奠定理论基础。在研究的分论部分，要以法律协调模式的不同类型为纲，具体分析其在我国适用的基础、问题和完善路径，力求通过研究形成较为完整的理论体系和研究结论，避免以往研究呈现的碎片化特点。

第二，对于法律协调模式的研究要与我国的实际情况一致，必须真正结合我国现有的法律基础与市场状况，立足我国市场，解决我国问题。因此，在研究中要避免以往文献仅针对某一特定时期的监管规则进行评述的"追热点"式研究，而要在综合全面分析我国现实情况的基础上，得出更具可持续性、可操作性的研究结论。

第三，真正聚焦到"法律协调模式"这一核心问题上，紧紧围绕设定的研究对象展开研究。

第三节　研究对象与思路方法

一、研究对象及研究主要关注的问题

（一）研究对象

本书研究的对象是跨境证券发行人监管的法律协调模式。具体来说，就是在跨境证券发行人通过公开发行或上市的方式进入我国市场时，我国针对

现实情况、根据各监管事项的特点，应该采取何种"模式"来恰当处理我国法律与跨境证券发行人注册地法律的差异，以实现法律协调。法律协调的"模式"问题是具体法律协调规定上一层级的问题，将引领法律协调具体规则的制定，直接影响我国法律规则与其他国家（地区）法律规则的协调程度，进而影响我国市场的安全稳定和吸引力。

（二）研究主要关注的问题

为了对上述对象进行深入和有效的研究，以期在关注我国具体市场发展情况和法律基础的前提下，合理确定现阶段我国引入跨境证券发行人时需要采用的法律协调模式，本书的研究将重点关注和解决以下问题：

第一，跨境证券发行人监管法律协调模式的基础问题，包括具体的法律协调模式类型、各类法律协调模式的特点、确定法律协调模式时需要考虑的因素以及各法律协调模式与不同监管事项的适配性等。

第二，我国选择适用各法律协调模式时面临的市场环境、法律基础和需要解决的问题。这一问题关注的是我国在适用各法律协调模式时面临的"现状与问题"。由于本研究的目的是解决我国如何有效适用各法律协调模式的问题，因此关注该问题能够对我国已有的基础和面临的问题进行准确的梳理和分析，后续能够有的放矢地解决我国问题。

第三，国际上适用各种法律协调模式的已有实践，以及基于已有实践的比较分析和价值分析。虽然我国尚无太多对跨境证券发行人监管法律协调模式进行适用的实践，但国际上的经验、教训均已比较充足。对该问题的关注旨在通过对已有实践的比较分析，进一步明确各法律协调模式将为一国（地区）法律制度与市场带来的影响。本研究从正反两个方面分析有效适用法律协调模式需要满足的条件，分析适用各法律协调模式的价值与难点，为我国选择适用各法律协调模式提供借鉴和思路。

第四，我国在跨境证券发行人监管中适用各种法律协调模式的具体方案。对该问题的研究将实现本研究的最终目的。本研究将密切关注我国的市场、法律现状和发展目标，并密切结合前文已经研究的考量因素、模式与监管事项适配性等理论，提出适合我国现阶段发展现状与目标的具体法律协调模式适用方案，具体明确我国在市场准入、公司治理、信息披露等各监管事项中应当适用何种、如何适用相应的法律协调模式，以实现法律协调的各项目标。

二、研究思路

本研究将以我国问题的解决为立足点，结合国际实践，探讨我国在引入跨境证券发行人时应对跨境证券发行人适用何种法律协调模式，才能契合我国证券市场的发展现状，满足保护我国投资者利益和促进市场稳定发展的需要。为了实现这一目的，本研究将以跨境证券发行人监管法律协调模式的不同类型构建整体框架：首先，明确我国适用每一法律协调模式的法律基础、市场环境和现存问题；其次，结合国际适用法律协调模式的实践及其历史变化，对每一法律协调模式的适用性进行比较分析和价值分析，分析每一种法律协调模式在国际上适用的趋势、原因、影响，基于国际经验教训总结每种法律协调模式适用的价值与难点，确认各法律协调模式的适用可能对我国带来的影响；最后，结合我国的现实情况，确定我国适用该法律协调模式的具体监管事项范围，明确优化适用相应法律协调模式的具体路径，实现解决我国问题的最终目标。

三、研究方法

本研究主要综合采用了比较分析法、历史研究法、成本效益分析法，以实现研究的目标。

(一) 比较分析法

比较分析法的运用贯穿了本研究主体部分的始终。在对每一种法律协调模式的探讨中，本研究力求寻找最具代表性国家（地区）的法律规定作为分析对象。通过对美国、英国、欧盟等地监管跨境证券发行人的具体法律条文的梳理，确定这些规定具体属于适用何种法律协调模式。在此基础上，本研究深入研究各国（地区）对某一监管事项适用特定协调模式的原因、影响及社会评价。在对所有比较分析的结果进行整合的基础上，本研究从正反两方面分析各国（地区）有效适用法律协调模式需要满足的条件，分析适用法律协调模式的趋势、价值、难点，为我国选择适用各法律协调模式提供借鉴。

（二）历史分析法

本研究充分认识了法律协调模式的历史性，关注了各国（地区）随历史阶段和市场需求发展不断调整法律协调模式的过程。在运用历史分析法的过程中，本研究重点关注美国对跨境证券发行人监管规定的发展变化，尤其关注公司治理、信息披露等随时间发展产生较大变化的问题，探讨不同时期的规定与当时的市场发展程度、市场国际化水平等因素的关系；根据不同时期的立法材料，探讨了立法者选择当时规定方式的政策考量。

（三）成本效益分析法

成本效益分析法在本研究中主要用于确定每一法律协调模式在各监管事项中的适用性，该分析方法同样贯穿整个研究。适用某一法律协调模式时，能否实现成本和收益的平衡，实现较高的社会效益，是确定该法律协调模式适用性的重要依据。本研究在运用成本效益分析法时，不仅关注收益层面的问题，即采用某一法律协调模式带来的好处，也重点关注成本层面的问题，即要实现理想效果所需要花费的成本；不仅分析立法、司法、执法主体面临的成本与收益，也关注被监管主体（即发行人、相关主体、投资者）面临的成本收益；不仅关注单个主体因采用某一法律协调模式而获得的法律效益，更关注社会的法律效益是否因此获得提升。

第四节　主要研究内容

本书的研究总体上采用总—分—总的结构。除绪论部分，本研究的主要内容如下：

第一部分是研究的总论部分，包括本书的第二至三章，本部分主要对"跨境证券发行人监管的法律协调"和"法律协调模式"两大基本问题进行明确，是本书的理论基础。第二章明确了跨境证券发行人的监管及其法律协调的基本问题。首先将本书的研究范围确定为"来自境外的发行人在我国市场公开发行证券和上市的行为"，并确定以市场准入、公司治理、信息披露三个监管事项作为主要研究对象，明确了在这些事项上的潜在法律冲突、协调需要以及我国为了化解这些法律冲突已经做出的努力。第三章明确了法律协调"模式"的基本问题：明确跨境证券发行人监管的法律协调模式包括国民待遇模式、豁免模式、等效模式、一体化模式四种，并对各模式的特点与优缺点进行了初步分析；明确了我国在确定跨境证券发行人监管的法律协调模式时所要考虑的因素。

第二部分是本书的分论部分，包括本书的第四至七章。这几章分别分析了国民待遇模式、豁免模式、一体化模式、等效模式在我国各监管事项中的适用性。各章内部采取的研究思路基本一致。其中，每章第一节是该章逻辑的起点，作为提出问题的部分，首先明确我国适用相应法律协调模式的法律基础、市场环境和现存问题。每章第二节、第三节是分析问题部分，结合国际适用法律协调模式的实践及其历史变化，对每一法律协调模式的适用性进行比较分析和价值分析，确认各法律协调模式可能对我国的影响。每章第四节是解决问题部分，结合我国的现实情况，确定我国适用该法律协调模式的具体事项范围，明确优化适用相应法律协调模式的具体路径，实现解决我国问题的最终目标。

第三部分为本书的结论和展望部分，包括本书的第八章。本章进一步总结前文研究内容，提出在跨境证券发行人监管法律协调模式的确定上，总体上应当以监管事项为纲，并综合考量各项法律与监管目标，同时适用法律协调模式需要整体性与局部性、阶段性与长期性相结合。本章最后对各法律协调模式未来在国际上及我国的适用趋势进行了展望。

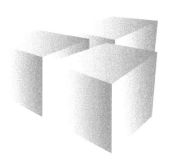

第二章 跨境证券发行人监管视角下的法律冲突与法律协调

第一节 跨境证券发行人的基础问题

本节的任务是阐释和明确跨境证券发行人的基础问题，并且明确本研究的对象。本节首先将要完成对跨境证券发行人的界定，明确跨境证券发行人的法律地位；接下来探讨证券发行人选择跨境发行证券并进行后续上市等行为的动因，以便加深对证券市场吸引力影响因素的理解；接着具体说明证券发行人跨境发行证券行为的不同类型及程序；最后在上述内容的基础上，明确本研究的具体对象范围。本节将从总体上为后文的探讨及我国引进跨境证券发行人法律问题的研究打下基础。

一、跨境证券发行人的含义

证券发行人是指发行证券进行融资的公司。若发行人选择公开发行证券，后续常常还会选择继续在市场上通过上市、挂牌等方式进行交易。而"跨境证券发行人"通常指不具有某一国家的国籍，但是选择在该国进行证券发行行为的公司。

原则上，证券发行人的国籍根据证券发行人的注册地确定，只要证券发行人的注册地不在本国境内，即为"国外证券发行人"。在一国存在多个法域的情况下，如在我国存在中国内地（大陆）、中国香港地区、中国澳门地区、中国台湾地区多个法域，这一概念被扩大为"跨境证券发行人"。但是，各国（地区）在确定某一证券发行人是否属于跨境证券发行人时，一般都会在注册地原则的基础上进行一定修正，防止实质上属于境内证券发行人的公司注册为境外公司以规避本国（地区）法律。

例如，美国对于跨境证券发行人的认定原则是以设立地标准为主，附加股权及其他辅助标准①。在美国境内发行证券和上市的境外企业被称为"外国私人发行人"。对外国私人发行人的认定不只取决于公司的注册地。如果一家公司的成立地在美国境内，不管其股东、资产或者管理机构在何地，其都不

---

① 邱润根. 论我国证券市场国际板法律制度之构建 [J]. 东方法学, 2012 (3): 69.

能被认定为外国私人发行人。但一家公司即使设立在美国境外，如果具备使之充分类似于美国公司的特征，也不会被视为外国私人发行人。具体来说，根据美国 1933 年证券法 405 规则以及 1934 年证券交易法 3b-4 规则的要求，在以下两种情况下，发行人可被认定为外国私人发行人。第一，美国居民持有的该发行人流通股不超过 50%。第二，虽然美国居民持有该发行人流通股超过 50%，但未发生以下三种情况之一：董事或高管中的大部分人是美国居民；发行人 50% 以上的资产在美国境内；发行人的主要管理活动在美国境内①。

相比之下，欧盟各国对于跨境证券发行人的认定仍然使用各自的标准，情况显得更加复杂。但是，欧盟在协调与规范成员国之间招股说明书相关事宜的《股票公开发行或上市交易时发布招股说明书指令》（以下简称《招股说明书指令》）以及持续信息披露问题的《协调关于证券获准在受监管市场交易的发行人的信息透明度要求指令》（以下简称《透明度指令》）中，将在欧盟证券市场发行上市的跨境证券发行人分为两种，一种是来自欧盟成员国的发行人，另一种是来自非欧盟成员国的"第三国发行人"。其中，第三国发行人是指在欧盟成员国以外的第三国注册并在欧盟成员国发行证券的公司②。这实际上是在把欧盟证券市场视为一个整体的基础上，适用注册地标准对来自欧盟以外的证券发行人进行认定。由于欧盟内部成员国之间的互相认可制度（或称为"护照"制度）在国内外已经被广泛讨论，因此本研究不将其作为关注的重点。本研究主要关注欧盟在作为一个整体的情况下对于第三国发行人监管的法律协调模式问题。

证券的跨境发行主要涉及两个法域，即证券发行人的注册地与证券的发行地。发行证券是一个法律行为，从目前的实践来看，对跨境证券发行人适用行为地法律，即证券发行地法律，是各国（地区）普遍遵守的规则③。作

---

① SEC. Accessing the U. S. capital markets: a brief overview for foreign private issuers [EB/OL]. (2013-02-13) [2023-06-14]. https://www.sec.gov/divisions/corpfin/internatl/foreign-private-issuers-overview.shtml.

② See Directive 2003/71/EC, Directive 2004/109/EC.

③ 唐应茂. 国际金融法：跨境融资和法律规制 [M]. 北京：北京大学出版社，2015：6.

为较早设立和开放证券市场的地区，美国和欧盟没有在市场上为跨境证券发行人设立单独的板块，但是都为它们制定了单独的法律。例如，美国在证券信息披露上对境内外证券发行人分别适用 S 系列表格和 F 系列表格，二者内容有所差异；欧盟在《招股说明书指令》和《透明度指令》中也对第三国发行人的报告义务进行了单独的规定。可以看出，美国、欧盟的证券市场从建立之初就是国际化的、开放的，在总体上对来自境外的证券发行人与境内证券发行人一视同仁，并不限制其在境内融资，这与我国证券市场从一开始的封闭到之后的逐步开放有所区别。

根据我国现行《公司法》的规定，我国对于"境外公司"的认定采用的是登记地标准，而对于本国公司的认定则采用登记地主义与准据法主义相结合的标准①。若将现行境外公司的认定标准直接作为认定跨境证券发行人的标准，则跨境证券发行人不仅包括注册地、经营管理中心都位于境外，与中国境内没有实质联系的境外公司，还包括虽在境外注册，但主要资产、业务等都位于中国境内的红筹企业。是否应吸引红筹股回归，以及是否应将国际板市场作为便利红筹股回归的手段都是我国学界在讨论引入跨境证券发行人时非常关注的问题。目前，我国证监会已经通过《存托凭证试点意见》在制度上尝试允许特定红筹企业在境内发行存托凭证并上市，但相关实践还极为有限。笔者认为，红筹企业是我国市场上重要的跨境证券发行人，但从长远来看，我国要实现资本市场更高程度的开放，还应该更多地吸引红筹企业以外的跨境证券发行人。若在跨境证券发行人的认定中仍沿用完全的注册地标准，会造成红筹企业仅因注册地在境外就与境内公司适用不同的法律，实际上是不公平的，也容易催生将我国公司故意注册为境外公司、规避我国法律的现象。

因此，我国在制定跨境证券发行人的认定标准时，也可以借鉴美国的做法，在坚持以登记地标准为主的前提下，引入本国居民持股比例、董事高管国籍、管理中心及主要资产所在地等标准，进行综合判断。红筹企业在这样的认定标准下，也仅应作为跨境证券发行人的种类之一出现。

① 邱润根.论我国证券市场国际板法律制度之构建［J］.东方法学，2012（3）：69.

二、证券发行人选择跨境发行的动因

选择跨境发行证券会给发行人带来一系列的成本，包括为了遵守发行上市地要求而重新准备材料的成本、对当地市场和投资者情况不熟悉造成的额外支出，以及可能在违法时面临比其在境内发行更严重的责任等。可以看出其中大部分的成本都源于法律风险。然而，尽管跨境公开发行证券会给发行人带来额外成本和不确定性，但仍有众多发行人选择在境外发行证券及在境外交易所上市。这归根到底是因为跨境发行证券会给发行人带来巨大的收益，发行人在进行成本收益分析后发现跨境发行证券以及后续行为带来的收益远超其成本。

本部分对证券发行人跨境公开发行证券和后续跨境上市等活动的动因进行分析，不仅保证了跨境证券发行人理论的完整性，更为下文分析跨境证券发行人监管的法律协调模式打下基础。这是因为，本国（地区）证券市场对跨境证券发行人的吸引力是一国（地区）立法机构和监管者在制定相关法律法规、确定监管法律协调模式时需要考虑的重要因素。法律的协调程度越低，在很多情况下就意味着跨境证券发行人承担的责任越大，尤其当注册地法律规定本身比较严格或比较具有特点时。同时，若除了法律的协调程度之外还有其他因素能够保证本国（地区）证券市场对跨境证券发行人具有较大吸引力，则立法机构在选择法律协调的模式、范围、路径时就有更大的空间。

吸引证券发行人跨境发行证券的原因多种多样，有学者从与国家特性相关的原因、与市场特性相关的原因等角度出发，将证券发行人进行跨境发行和上市等行为的动因细分为十几个因素①。总结国内外学者的相关论述可以看出，证券发行人选择跨境发行证券主要基于以下原因：

（1）获得融资与流动性。融资是证券发行人寻求跨境发行的最直接原因。而证券发行人进行融资，必须考虑流动性的问题，即发行的证券能否以较低的成本和较快的速度进行交易。大量的实证证据表明，如果境外证券市场比

---

① 崔丰慧，陈学胜.企业上市地选择与证券交易所境外上市资源竞争 [J].上海金融学院学报，2016（3）：65-67.

本国（地区）市场具有更高的流动性，证券发行人更倾向于在境外的市场发行和上市①。在某一资本市场能够为证券发行人提供最优制度的前提下，在该市场融资意味着证券发行人可以接触到更加广阔的资金池，其证券潜在地具有更大的流动性②。美国市场拥有大量的投资者和投资需求，股市的流动性很强，这也是美国市场成为最具吸引力的境外发行市场的最重要原因。

（2）约束理论，即通过跨境证券发行提升声誉与投资者信心。在较早讨论跨境证券发行人监管法律协调模式的文献中，大部分学者都认为必须使一国（地区）法律更加宽松，才能提升对跨境证券发行人的吸引力。而后在1999年，约翰·科菲（John Coffee）教授提出了著名的"约束理论"，成为证券发行人选择跨境发行上市的重要解释。"约束理论"认为，跨境证券发行人选择到美国公开发行和上市不是为了规避监管，而是为了通过遵守美国更高的监管标准，来提升自身的声誉和投资者的信心③。在监管标准较高的国家（地区）发行证券，代表证券发行人自愿遵守严格法律制度的约束，这将向投资者表明证券发行人具有较高的资质，提升其声誉，也使融资过程变得更加顺利。例如，跨境证券发行人选择在美国公开发行证券和上市，表明该发行人需要遵守美国严格的信息披露标准，承诺提供信息的准确性和完整性；在违反美国证券法的情况下，还将受到美国的证券责任制度，尤其是集体诉讼制度的约束。另外，在美国上市的证券发行人还要受到一系列中介机构的监督和评价，美国的证券承销商、会计师、审计师、证券分析师都将对跨境证券发行人财务信息披露的真实性、完整性进行独立的审查，也增加了跨境证券发行人承诺的可信度④。

（3）广告效应。优质的证券发行人若在境外向投资者公开发行证券，尤其是在国际金融中心进行股票的挂牌、交易，就会有大量媒体每天报道其开

---

① PERINO M. American corporate reform abroad: Sarbanes-Oxley and the foreign private issuer [J]. European business organization law review, 2003, 4 (2): 236.

② ROMANO R. Empowering investors: a market approach to securities regulation [J]. The Yale law journal, 1998, 107 (8): 2366.

③ COFFEE J. Future as history: the prospects for global convergence in corporate governance and its implications [J]. Northwestern University law review, 1999, 93 (3): 691.

④ PERINO M. American corporate reform abroad: sarbanes-oxley and the foreign private issuer [J]. European business organization law review, 2003, 4 (2): 237.

盘价、收盘价，大量的中介机构与分析师将对这些证券的行情进行分析①。这将极大提升其在国际上的知名度。

（4）跨境证券发行人的个性化需求。除了以上三个通行的原因之外，很多证券发行人选择在境外发行证券还会出于行业特点、融资本地化等考虑。例如，从 20 世纪 90 年代开始，互联网企业更倾向于到美国公开发行证券和上市。这是因为这些企业在境内价值受到了低估，而当时美国对互联网和高科技企业的估值较高②。证券发行人选择到境外公开发行和上市，有时也出于实现业务市场和融资市场匹配的目的。特别是对于中国这样对贸易和投资都已实现很大程度的开放、吸引了大量境外公司的国家来说，开放证券市场意味着在跨国公司的产品、服务、投资早已进入我国市场，实现了决策本地化的情况下，终于将实现融资决策和投资者关系的本地化③。另外，跨国公司若在中国公开发行证券和上市，其融得的人民币资金可以直接用于在中国的生产和经营，避免了将本国货币转换为人民币时面临的汇率、税收等风险④。

在世界经济和资本市场高度国际化的今天，越来越多的证券发行人具有了跨境发行的需求。并且，跨境发行证券并不是一个一次性的行为。很多证券发行人基于其发展战略或者资金需求等原因，常会选择同时或者先后在多个国家（地区）的证券市场进行发行和上市。证券发行人选择在不同的国家（地区）发行上市，一般基于以上的某一个原因或者某几个原因的综合考虑。例如，发行人选择在美国公开发行和上市的大部分原因是希望基于受严格的法律制度约束来增强投资者信心和融资；在新兴市场公开发行上市很可能是为了扩大自己的业务版图，增加融资机会，同时通过遵守当地较为宽松的法律规定降低融资成本⑤。证券发行人的个性化需求也将促使世界各国（地区）

---

① 唐应茂. 国际金融法：跨境融资和法律规制 [M]. 北京：北京大学出版社，2015：52.
② 唐应茂. 国际金融法：跨境融资和法律规制 [M]. 北京：北京大学出版社，2015：2.
③ 唐应茂. 国际金融法：跨境融资和法律规制 [M]. 北京：北京大学出版社，2015：52.
④ HOWSON N，VIKRAMADITYA S. Reverse cross-listings：the coming race to list in emerging markets and an enhanced understanding of classical bonding [J]. Cornell international law journal，2014，47（3）：622.
⑤ WOO C. United states securities regulation and foreign private issuers：lessons from the Sarbanes-Oxley Act [J]. American business law journal，2011，48（1）：176.

的证券市场吸引具有不同特色的跨境证券发行人进行跨境证券发行和后续的上市等活动。

三、跨境证券发行行为的类型

根据不同的标准，跨境证券发行人的发行与交易的行为可以被分为多种类型。虽然各国（地区）法律的具体规定有所差别，但是以下讨论的基本分类是通行的。在进行不同的发行行为时，证券发行人均应按法律规定履行相应的程序。

（一）公开发行与非公开发行

按照发行的对象，跨境证券发行行为可以分为公开发行和非公开发行。公开发行指的是发行人向不特定的公众公开销售证券。非公开发行，指发行人向少数的特定投资者发行证券①。一般来说，进行公开发行的证券发行人需要履行更加严格的程序。另外，无论在实行证券发行注册制的国家（地区）还是实行证券发行核准制的国家（地区），公开发行都要比非公开发行进行更加详细的信息披露。这是因为公开发行所面向的对象包括广大的中小投资者，若无法通过严格的程序保证公平，无法通过注册和信息披露制度获知公司准确、完整的经营、财务等信息，中小投资者就将面临严重的信息不对称问题②，无法作出合理的投资决策。信息不对称在发行人位于境外时将更加严重。相比之下，非公开发行需要履行的注册程序和信息披露义务一般较少。这是因为非公开发行面向的投资者一般为机构投资者或者成熟投资者。各国（地区）通过合格投资者制度严格限制了非公开发行行为面向的对象，这些投资者拥有承担投资风险的财力，也拥有相应的信息取得能力、分析能力和判断能力，不需要证券法予以过多的保护。

（二）公开发行并上市与公开发行但不上市

完成公开发行后，发行人可以选择在证券交易所上市，也可以选择暂时不上市进行交易。若证券发行人完成证券的公开发行后选择在境外的证

---

① 冯果．证券法［M］．武汉：武汉大学出版社，2014：36.
② 马其家，刘慧娟，王淼．我国国际板上市公司持续信息披露监管制度研究［J］．法律适用，2014（4）：50.

券交易所上市交易，即构成跨境上市，发行人即成为跨境上市公司。跨境上市也可以分为不同的类型，其中，"交叉上市"将是对本研究具有重要意义的上市类型。若在跨境公开发行后选择跨境上市，发行人还需要向证券交易所提交申请，需满足包括业绩要求、公司治理结构要求等一系列实质条件。一般来说，证券上市的要求较高，发行人会付出较高的精力和成本。但相应地，发行人也会获得更高的流动性，更大程度地提升自己的声誉。而若发行人选择暂不上市，比如先选择在场外市场挂牌，那么无论从程序上还是实体上，要求都比上市更低，发行人只需要付出较低的成本。但是场外市场一般交易不够活跃，流动性较差，在场外市场交易对发行人声誉的提升也有限。

（三）发行证券与发行存托凭证

发行人若要进入境外证券市场，可以选择直接发行证券，履行一般的证券发行程序，但是这些程序往往比较复杂。因此，很多企业会选择发行存托凭证（depository receipts，DR）来间接实现跨境发行的目的。存托凭证是一种约定性的凭证式证明文件，每份存托凭证都代表一定数量的发行人所在国（地区）市场的基础股票①。存托凭证的持有人享有所代表的境外有价证券的权益，但货币、报价、交易等事项的处理则类似于当地证券，与当地市场一致②，为发行人和投资者都带来便利。存托凭证制度最成熟的国家是美国，其对美国存托凭证（American depository receipts，ADR）采取分级管理的模式。发行人可以根据自身的不同需要选择发行一级、二级、三级ADR，履行相应的程序。其中一级ADR不能在美国上市，其注册程序和信息披露义务要求也最低，仅需根据F-6表注册ADR；二级ADR可以在美国上市，但是不能发行新股融资，因此，除了发行时需要根据F-6表注册，还要根据20-F表进行注册和持续信息披露；三级ADR不仅可以在美国上市，还可以在美国进行发行性融资，因此，需要履行与首次公开募股（IPO）相同的注册和信息披露程

---

① 马瑞清，MO，MA J. 中国企业境外上市指引 [M]. 北京：中国金融出版社，2011：94.
② 深交所衍生品工作小组. 存托凭证：中国资本市场迈向国际化的重要一步 [J]. 深交所，2008（3）：55.

序，还需要额外通过 F-6 表对 ADR 进行注册①。存托凭证模式具有明显的优势，也在一个时期内受到了学者研究比较普遍的关注。但是，由于存托凭证仅是跨境证券发行人进入市场时所选择的一种模式，其所需要满足的程序和实质条件一般参照发行上市的规定，从法律协调的角度来看，单独探讨存托凭证问题的意义不大。因此，本研究对于存托凭证的问题将不会单独重点关注。

另外，按照标的的不同，跨境证券发行行为还可分为发行股票、发行债券与发行其他证券。

四、本研究关注的跨境证券发行人范围

根据我国当前证券市场开放的步调与目标，本研究需要解决的主要问题是：我国引入跨境证券发行人公开发行和上市的准入与持续监管问题。因此，本研究视角下将"跨境证券发行人"界定为：不具有我国国籍，但在我国境内证券市场开展证券公开发行和上市活动的公司。另外，一家公司在拟公开发行或上市成功之前可能只是一家私人公司或非上市公众公司，而上市后即成为上市公司，但为了行文的统一性，本书将把处于各个阶段的证券发行主体统称为"证券发行人"。

在跨境证券发行的视角下，证券发行人可以选择仅在境外证券市场进行公开发行与上市，亦可选择既在境内证券市场上市又在境外证券市场上市，后者即被称为"交叉上市"。从时间顺序上看，交叉上市包括同时在境内外市场上市、在境内市场上市后再到境外上市、在境外市场上市之后再回到境内上市。在我国引入跨境证券发行人时，交叉上市这一行为显得更加具有研究意义。这是因为境内外法律制度、融资环境等存在差异，鲜有证券发行人会选择仅在境外证券市场上市；特别地，我国证券市场引入的跨境发行人以优质企业为主，它们在我国的上市行为大部分都会构成交叉上市。并且，这些采取国际化战略的上市公司还可能会同时或者先后在多个境外市场上市，由此将带来更加严重的法律冲突问题。

---

① PINE K. Lowering the cost of rent: how IFRS and the convergence of corporate governance standards can help foreign issuers raise capital in the United States and abroad [J]. Northwestern journal of international law & business, 2010, 30 (2): 494.

另外需要说明的是，本研究所指的"跨境"证券发行人既包括实质上的境外公司，也包括注册地在境外但实际上具有中国背景的"红筹企业"。

第二节　跨境证券发行人监管视角下的法律冲突

由于跨境证券发行人的注册地与发行上市地处在不同法域，各法域法律规定有所差异，对于同一个法律问题很可能作出迥然不同的规定，由此产生了不同法域之间的法律冲突。法律冲突构成了境外的证券发行人到我国发行与上市的障碍，需要通过法律协调等方式来解决，由此构成了本书研究法律协调问题的前提。因此，本节首先探讨我国证券发行监管法律与其他国家（地区）存在的法律冲突。

一、跨境证券发行人监管法律冲突的内涵

法律冲突是指两个或两个以上不同的法律同时调整一个相同的法律关系而在这些法律之间产生矛盾的社会现象。一般来说，只要各法律对同一个问题作出了不同的规定，当某种事实将这些不同的规定联系到一起的时候，法律冲突就会发生[①]。根据涉及法律性质的不同，法律冲突可以分为公法冲突与私法冲突。一般来说，对于私法即民商法方面的法律冲突，需要通过法律中的冲突规则来确定其究竟适用哪一国家（地区）的民商法法律规定。对于公法性质的冲突，则需要从立法层面实现法律实体规定的协调。

证券法兼有公法和私法性质，其中的法律冲突也有公法冲突和私法冲突的分别。证券的发行与交易本属于商事行为，相关法律规定属于私法范畴。但是，由于证券的发行与交易涉及公共利益，很多事项受到严格的管制，形成证券监管机构与市场主体之间的监管关系，因此证券法带有明显的公法化特征，如证券的发行上市的审核、发行人强制信息披露等都属于公法范畴[②]。

本研究涉及的法律冲突与法律协调都基于证券法律中公法性质的规定，

---

① 李双元，欧福永. 国际私法［M］. 北京：北京大学出版社，2015：4.
② 孔玉飞. 跨国证券发行交易中的法律冲突与法律适用［J］. 南京大学法律评论，2006（2）：98.

因此其中的问题也要按照化解公法冲突的思路来解决。证券法中各国（地区）私法规范差异带来的法律冲突可以通过国际私法中的法律适用来解决，因此不属于本研究的讨论范围。公法冲突不涉及当事人的法律选择，在证券法律公法冲突的解决中亦如此。各国（地区）的法律规定和我国的法律规定也都体现了这一观点①。因此，本研究将不再讨论法律适用的问题，而是在确定对跨境证券发行人适用发行上市地法的前提下，探讨如何解决各国（地区）之间证券法的公法冲突。

在与跨境证券发行人监管相关的众多公法冲突中，有一部分属于各国（地区）处理跨境证券监管所面临的共同难题。妥善解决这些法律冲突才能为跨境证券发行与上市的顺利进行奠定基础②。基于此，在证券跨境公开发行与上市方面，本研究选取在公法冲突中具有突出重要性、各国（地区）也着重解决的三种监管事项的法律冲突进行探讨。这些事项分别是市场准入、公司治理和信息披露。本部分主要从我国的法律规定与其他国家（地区）的差异出发，探讨引入跨境证券发行人时在这三个领域可能面临的法律冲突。

二、市场准入规定及我国面临的潜在法律冲突

跨境证券发行人监管中的市场准入是证券发行人进入其他国家（地区）市场发行上市的第一道门槛，本研究将其中的公开发行审核制度与上市条件作为市场准入制度的主要研究对象。

（一）公开发行上市审核程序的法律冲突

1. 我国证券公开发行与上市审核程序概述

就证券公开发行上市的审核制度来说，各国（地区）的制度大多可分为注册制和核准制两类。历史上，我国的公开发行审核制度经历了审批制—核准制—注册制的发展历程。其中，审批制的使用存在于我国证券市场建立发展初期，是指对证券发行实行"额度控制"，发行人经过审核批准后才能发行上市。2005 年，随着《证券法》的修订，我国开始正式全面推行核准制。在

---

① 孙南申. 跨国证券投资中的法律适用问题 [J]. 政法论坛，2010，28（2）：51-52.
② 蒋辉宇. 跨国证券融资的法律冲突与监管问题研究：基于境外企业境内证券市场融资的视角 [C].//2008 全国博士生学术论坛（国际法）论文集——国际经济法、国际环境法分册：256.

核准制下，需要由证券主管机构对发行人的发行与上市申请材料进行实质审查，只有符合各种实质条件，发行人才能被允许公开发行证券和上市。但随着市场的进一步发展和国际资本市场的竞争日益激烈，核准制不再能满足市场的需求。我国 2020 年 3 月实施的《证券法》第九条明确规定我国的证券发行实行注册制，其中证券发行注册制的具体范围、实施步骤由国务院规定。具体来说，"注册制"是指发行人申请公开发行证券和上市时，证券监管机构对依法应公开的各种资料仅进行形式审查，只要满足了各项形式要求发行人就可以进行公开证券发行。在这一规定实施后，我国首先在部分证券市场进行了注册制试点工作：2019 年和 2020 年，科创板、创业板分别开始注册制试点工作。2021 年，北京证券交易所开市，同样试实行了注册制。2023 年 2 月，中国证监会及交易所等发布全面实行股票发行注册制制度规则，这标志着注册制的制度安排基本定型，注册制推广到全市场和各类公开发行股票行为，全面实行股票发行注册制制度规则正式实施。注册制改革的本质是把选择权交给市场，强化市场约束和法治约束，充分贯彻以信息披露为核心的理念，使发行上市全过程更加规范、透明、可预期①。

2. 我国与其他国家（地区）公开发行上市审核制度的潜在冲突

从国际上来看，主要市场对于注册制和核准制的适用实践都存在。例如，美国是适用注册制进行证券公开发行的最典型国家，由 SEC 负责发行审核，由各个交易所进行上市审核，发行审核与上市审核独立。英国与我国香港地区则是适用证券公开发行核准制的典型例子。我国香港地区股票发行上市实行高度市场化的"双重存档制"，即发行申请需要接受香港证监会和港交所的双重审核，其中由港交所承担主要的审核工作，但香港证监会具有最终否决权。同时，这种双重审核是与多重实体标准和审核过程的透明高效相配合的②。德国则是实行中间路线的典型，对公开发行但不上市的证券发行人实行注册制，对公开发行且上市的证券发行人实行核准制。目前，证券公开发行

---

① 姚均芳，刘羽佳. 全面实行股票发行注册制正式实施 [EB/OL]. [2023-05-16]. http://www.gov.cn/xinwen/2023-02/17/content_5741943.htm.

② 聂庆平，李广川，董辰珂. 新时代中国资本市场：创新发展、治理与开放 [M]. 北京：中信出版集团，2021：120-122.

注册制已经在我国证券市场全面实施。我国以《证券法》为引领，通过《首次公开发行股票注册管理办法》等一系列新规构建了我国证券公开发行注册制的制度体系。但是，我国关于注册制的具体规定与其他国家（地区）注册制的具体规定存在一定区别。以我国试点注册制实行时间最长的科创板为例，科创板的股票上市由上海证券交易所负责审核，由证监会进行监督。其中，上交所的职责是通过其设立的科创板上市审核中心和科创板上市委员会，进行发行上市申请的审核。证监会主要审核交易所报送的审核意见、交易所审核内容的完整性、程序的正当性以及发行人的发行条件和信息披露要求的重大方面是否符合相关规定①。

我国目前在引入跨境证券发行人时，既允许其以发行存托凭证的方式进入我国市场，也允许其直接发行股票进入我国市场。但是与一些国家（地区）单独设立面向外国发行人的证券市场不同，我国并未为跨境证券发行人单独设立市场或者板块，而是通过相关规定直接允许跨境证券发行人进入我国市场②。虽然我国目前的注册制规定对于跨境证券发行人进入我国主板、创业板、科创板等各层次市场均未设限制，但我国目前对于不同板块公司的发行申请实行分别受理、按模块处理的内部程序。此种规定使得监管更加专业，但可能带来不同板块之间的监管难以协调的问题③。尤其当引入跨境证券发行人后，境内企业、境外企业可能在不同层次的市场上并存，容易增加法律冲突和监管的难度，也可能由于程序复杂而降低市场对跨境发行人的吸引力。

（二）证券公开发行上市实体标准及其法律冲突

证券发行上市的实体标准是市场准入制度的重要组成部分，关注的是证券发行人的自身资质，即在包括企业规模、股东基础、盈利能力等方面在内的实质条件上，需要达到何种要求，满足何种标准，才能被允许进入一国（地区）市场发行和上市交易的问题。这一问题的规定在各个国家（地区）也有较大的差异。

---

① 聂庆平，李广川，董辰珂. 新时代中国资本市场：创新发展、治理与开放［M］. 北京：中信出版集团，2021：128-129.

② 参见《上海证券交易所股票上市规则》《深圳证券交易所股票上市规则》等文件的规定。

③ 唐应茂. 国际金融法：跨境融资和法律规制［M］. 2版. 北京：北京大学出版社，2020：122.

1. 我国证券公开发行上市实体标准概述

在公开发行标准上，我国证券法律已经明确具体地规定了证券公开发行的实体标准①，但是完成了公开发行并不意味着上市。若公司在完成了证券公开发行后选择在交易所上市，还将面临多层次资本市场上多种上市标准的选择。一般来讲，上市的标准要比公开发行的标准更加详细严格。

目前，我国已经基本建立了由主板、创业板、科创板、新三板市场等组成的多层次资本市场体系，市场上存在上海证券交易所、深圳证券交易所、北京证券交易所三家定位不同的全国性证券交易所。各市场的上市标准有不同的多层次要求。我国《首次公开发行股票并上市管理办法》明确了各个板块市场的不同定位②，各交易所又基于此定位通过其《股票上市规则》等文件规定了针对各个市场的上市实体标准。总体而言，针对各个市场的发行上市标准均包括持续经营三年以上、会计基础工作规范、内部控制制度有效、具有持续经营能力、合法合规等规定。而各个市场发行上市条件的区别主要体现在对发行人市值及财务指标的要求上。主板、创业板、科创板均分别有多种发行上市标准可供选择。

2. 我国与其他国家（地区）发行上市实体标准的冲突

目前，我国主板、创业板、科创板、北交所均设立了与其板块定位相适应的发行上市条件。特别是在发行人的市值及财务指标上，每一板块均设立了多层次的标准供发行人选择，这在为发行人提供便利的同时，也增加了我国法律标准与其他国家（地区）法律标准冲突的可能性。面对跨境证券发行人到我国进行发行上市的现实情况，一方面需要考虑对跨境证券发行人适用与境内发行人相同的标准还是为其制定单独的标准，还要确定适用于跨境证券发行人的标准应当更宽松还是更严格；另一方面要考虑是否允许跨境证券

---

① 例如，《证券法》第十二条明确规定了公司首次公开发行新股的条件。

② 根据《首次公开发行股票注册管理办法》第三条的规定，主板突出"大盘蓝筹"特色，重点支持业务模式成熟、经营业绩稳定、规模较大、具有行业代表性的优质企业。科创板面向世界科技前沿、面向经济主战场，面向国家重大需求，优先支持符合国家战略、拥有关键核心技术、科技创新能力突出、主要依靠核心技术开展生产经营、具有稳定的商业模式、市场认可度高、社会形象良好、具有较强成长性的企业。创业板深入贯彻创新驱动发展战略，适应发展更多依靠创新、创造、创意的大趋势，主要服务成长型创新创业企业，支持传统产业与新技术、新产业、新业态、新模式深度融合。

发行人进入我国的多层次资本市场，对于进入不同层次资本市场的发行人是否应当适用多种标准。目前，我国通过《首次公开发行股票并上市管理办法》以及各交易所的上市标准等文件对上述问题进行了明确。一方面，红筹企业可以进入我国各个层次的资本市场，且需要满足与我国境内企业相同的持续经营三年以上、会计基础工作规范、内部控制制度有效、具有持续经营能力、合法合规等要求；另一方面，红筹企业需要遵守的市值及财务标准与境内企业有所不同，相对来说标准更高。虽然这些措施是对我国与其他国家（地区）发行上市实体标准的冲突的回应，但其适用范围仅限于红筹企业。未来在更多不具有我国背景的跨境证券发行人进入我国市场时，上述法律标准的适用性还远远不够。

三、公司治理规定及我国面临的潜在法律冲突

（一）我国公开发行和上市公司治理法律规定概述

公司治理是一整套管理和控制公司的机制。经济合作与发展组织（Organization for Economic Cooperation and Development，OECD）指出，公司治理机制明确了董事、经理、股东和其他利益相关者之间的权利与责任分配，规定了公司决策的规则和程序，提供了制定公司目标的组织结构以及达到这些目标和监督绩效的手段[①]。

公司治理本质上来说是公司法上的问题。按照冲突法原理，公司治理作为一种"组织法"或"主体法"事项，应遵循跨境证券发行人注册地的法律规定。但是，在证券公开发行和上市的法律制度中逐渐发生了证券法对公司法的"入侵"[②]，即为了保护投资者的利益、实现证券法的监管目标，证券法也开始对公开发行和上市公司的公司治理问题作出一定规定。这意味着相对于一般的有限责任公司或股份有限公司，公开发行上市的公司在公司治理方面还需要遵循一些特殊规定，主要包括上市公司的治理结构、上市公司董事高管的义务、涉及公众投资者利益保护的事项等。本研究所关注的公司治理

---

① 陈岱松. 证券上市监管法律制度国际比较研究 [M]. 北京：法律出版社，2009：185.
② 唐应茂. 国际金融法：跨境融资和法律规制 [M]. 北京：北京大学出版社，2015：8.

规定也主要指这部分专门适用于公开发行上市公司的治理的规定。

公司治理问题在我国的立法中也常被称作规范运行①。我国的公开发行与上市条件中也已经明确证券发行人应依法建立健全股东大会、董事会、监事会、独立董事、董事会秘书制度。总体上来看，上市公司治理制度的内容可以总结为公司治理结构、公司决策权与控制权的分配、权力的监督与制衡等②。相对于一般的股份有限公司，我国的上市公司除了要按照《公司法》《证券法》的规定健全公司治理制度外，还要遵守《上市公司治理准则》在治理结构、股东大会与董事会监事会和高管的权利义务、董事会专门委员会、公司治理信息披露、环境保护与社会责任等方面对于上市公司治理的特别要求。

（二）我国与其他国家（地区）公司治理法律规定的冲突

我国与其他国家（地区）的上市公司治理规定也存在冲突，其中各国（地区）公开发行和上市公司治理结构要求的冲突最为明显。世界各国（地区）上市公司的治理结构大致可以分为三种。一是以美国为代表的单层董事会模式，在这一模式下公司设立股东大会为公司最高权力机构，董事会具有经营管理公司的权力，下设若干专门委员会。公司不设监事会，为了实现对董事会的监督而设立独立董事制度。二是德国模式，在这一模式下股东大会仍为最高权力机构，但其权力仅限于选举监事会成员和决定公司基本事项。这一模式下公司设有董事会和监事会，其中监事会具有监督董事会的权力。德国模式还强调职工参与，要求监事会中必须有职工席位。三是日本模式。日本模式的一大特色是设有监察人制度，每一位监察人都可以对公司的董事会、董事等行使独立的监察权③。而我国在借鉴他国（地区）经验和结合我国实际的过程中形成了独特的公司治理模式。在我国，股东大会是上市公司的最高权力机构，董事会是上市公司的决策和执行机构，监事会是公司的监督机构，但我国的监事会的地位并没有像德国的监事会一样高，在机构设置

---

① 如《首次公开发行股票并上市管理办法》第二章第二节：规范运行。

② 朱慈蕴，林凯. 公司制度趋同理论检视下的中国公司治理评析 [J]. 法学研究，2013，35（5）：27-32.

③ 周友苏. 市公司法律规制论 [M]. 北京：商务印书馆，2006：30-38.

上处于与董事会平行的状态。总体上来说，我国对上市公司的公司治理结构要求在机构设置上类似于德国模式，在权力配置上更接近日本模式①，同时引入了美国的独立董事制度行使监督职能。

在公司董事会的专门委员会方面，各国（地区）的要求也有所差别。例如，我国《上市公司治理准则》要求国内上市公司董事会设立战略委员会、审计委员会、提名委员会和薪酬委员会；伦敦证券交易所要求设立审计委员会、提名委员会和薪酬委员会；纽约证券交易所要求设立赔偿委员会、提名委员会和审计委员会②。另外，我国和很多大陆法系国家在历史上形成了相对集中的股权结构，解决"一股独大"问题是公司治理规则更重要的目标。对此，我国《上市公司治理准则》第十七条规定，单一股东及一致行动人拥有权益股份比例在 30% 及以上的上市公司，在股东大会选举董事、监事时应当采用累积投票制。而美国的公司治理体制从历史上看就具有股权分散的特点，形成了管理层强、股东弱的结构，因此其公司治理规则十分注重解决管理层权力滥用问题，以平衡管理层与中小股东利益。其法律中的短线交易归入、高管薪酬披露、设立独立董事等要求都服务于这一目的③。

四、信息披露规定及我国面临的潜在法律冲突

（一）我国信息披露法律规定现状概述

证券法上的信息披露是指借助一定的媒介载体公布他人尚未得知的、对公司证券价格或投资者投资决策有实质影响的事实或依据此种事实产生的观点进行公开发布的行为④。信息披露需要满足真实性、准确性、完整性的要求，有效的信息披露对解决证券市场上的信息不对称问题、使证券价格有效反映证券价值、保护证券市场投资者有着重要的作用。从学理上看，信息披露的类型划分可以采用多种标准：按照信息披露的时间，可以分为发行信息

① 周友苏. 市公司法律规制论 [M]. 北京：商务印书馆，2006：30-38.

② 蒋辉宇. 跨国证券融资的法律冲突与监管问题研究：基于境外企业境内证券市场融资的视角 [C].//2008 全国博士生学术论坛（国际法）论文集——国际经济法、国际环境法分册：256.

③ 王淼. 我国跨境上市公司监管的法律协调模式研究：以公司治理为视角 [J]. 金融监管研究，2021（9）：88.

④ 万建华. 证券法学 [M]. 北京：北京大学出版社，2013：190.

披露和持续信息披露；按照披露的内容，可以分为财务信息披露和非财务信息披露；按照披露要求的强制性，可以分为自愿信息披露和强制信息披露。

近年来，我国证券法律对于信息披露的重视程度日益提升，目前我国已经建立了完整的信息披露制度体系，以《证券法》《上市公司信息披露管理办法》为主导，配合《信息披露内容与格式准则》《信息披露编报规则》等一系列文件，形成了包括发行信息披露与持续信息披露、定期披露与临时披露、财务信息披露与非财务信息披露等类别在内的完整的信息披露制度。2020年新修订的《证券法》的实施进一步提升了信息披露制度的重要性。一方面，我国已经全面实行证券发行注册制，证券管理机构不再对申请发行与上市的公司的质量进行实质性判断，公司发行时披露的信息对于机构与个人投资者判断公司价值至关重要。另一方面，我国证券市场日益注重事中事后监管，执法水平不断提高，持续信息披露的重要性也不断凸显。

我国《证券法》在"证券发行"一章规定了证券发行时的信息披露要求，并增设了"信息披露"专章，对上市公司的持续信息披露加以系统明确。具体来说，发行人及其他信息披露义务人应当遵守法律的规定，履行各项信息披露义务。公司公开发行股票、债券等证券时，均应报送和公开披露公司章程、招股说明书或募集文件等材料。公司上市后，还要按要求进行年报、半年报等定期披露。在发生可能对上市公司股票价格产生较大影响的事件时，上市公司与相关主体还需要进行临时报告披露。信息披露义务人披露的信息应当真实、准确、完整、简明清晰、通俗易懂，不得有虚假记载、误导性陈述或者重大遗漏①。具体的信息披露程序以及相关报表的编制规范，则包含在我国《上市公司信息披露管理办法》以及证监会一系列信息披露内容与格式准则中。本研究后续内容也将针对其中的具体规定及其法律协调展开探讨。

（二）我国与其他国家（地区）信息披露法律规定的冲突

虽然各国（地区）在信息披露问题上的监管目标类似，但是各国（地区）证券法律的发展和规定是千差万别的。不同地域的证券监管机构和证券

---

① 参见《中华人民共和国证券法》第78~87条。

交易所对上市公司信息披露的形式、内容以及披露时间等规定存在较大差异①。这些都是一国（地区）在引入跨境证券发行人以及证券发行人寻求进入境外市场时所要面临的法律冲突。在我国的视角下，从披露的文件类型上看，我国已经要求披露招股说明书、上市公告书、年报、半年报、季报、临时报告，与国际规则不存在形式上的差别。冲突存在于信息披露的内容、形式、时间频率等诸多方面，下面通过几个典型事例简要说明。

从信息披露的内容上来看，各国（地区）具体规定差异很大，比如：对于董事高管的信息，各国（地区）要求披露的详细程度不同；对于管理层讨论与分析（MD&A），并不是每一个国家（地区）都要求披露；对于分部信息披露，在一些国家（地区）将引起商业秘密的泄露②；对于财务信息披露中适用的会计准则，美国适用美国公认会计准则（Generally Accepted Accounting Principle，GAAP），欧盟适用国际财务报告准则（International Financial Reporting Standards，IFRS），其他各国（地区）也有自己的会计准则，各国（地区）会计准则之间存在差异。

从信息披露的形式上来看，虽然各国（地区）都要求证券发行人在公开发行与上市时提交招股说明书，在持续信息披露时提交年报、半年报等，但是各国（地区）都有自己独特的格式要求。例如，美国的表格S-1、欧盟的《招股说明书指令》、我国的《公开发行证券的公司信息披露内容与格式准则第1号——招股说明书》（以下简称《招股说明书准则》）中分别对招股说明书格式作出了不同规定。

而从持续信息披露的频率要求上来看，我国要求上市公司披露年报、半年报、季报，而美国纽交所、英国伦敦证券交易所都没有季报的披露要求③。

---

① 蒋辉宇. 跨国证券融资的法律冲突与监管问题研究：基于境外企业境内证券市场融资的视角 [C].//2008全国博士生学术论坛（国际法）论文集——国际经济法、国际环境法分册：257.

② JENSEN F. The attractions of the U. S. securities markets to foreign issuers and the alternative methods of accessing the U. S. markets：from a legal perspective [J]. Fordham international law journal，1994，17（5）：S20.

③ 蒋辉宇. 跨国证券融资的法律冲突与监管问题研究：基于境外企业境内证券市场融资的视角 [C].//2008全国博士生学术论坛（国际法）论文集——国际经济法、国际环境法分册：257.

第三节 跨境证券发行人监管视角下的法律协调

一、跨境证券发行人监管法律协调的内涵

跨境视角下的"法律协调"可初步解释为"各国（地区）的法律差异缩小，实现步调一致"。但单从语义上来看，这一定义并不能完全反映法律协调的内涵。如前文所述，在解决上述各国（地区）之间证券法律公法性质的法律冲突时，需要通过法律协调的途径来实现，如此才能缓解上市地法律与跨境证券发行人注册地法律规定的差异，使这种差异不成为跨境证券发行人发行上市的障碍。就此，应在本研究关注的跨境证券发行人监管视角下对法律协调进行更加细化的定义。

法律协调可以从行为和结果两个层面来解释。从行为层面来看，国际法律协调既包含单方行为，又包含双方和多方行为。单方行为是一国（地区）调整本国（地区）的法律或标准以承认或适应其他国家（地区）的监管法律制度，这种协调可以由一国（地区）单方完成，不必然需要各国（地区）之间存在合作关系；法律协调中的双方和多方行为则近似于国际合作，即两个或以上的国家（地区）自愿一致行动，达成共同的目标[①]。

本研究所指的法律协调更强调单方法律协调。通过后文可以看出，国民待遇模式、豁免模式、等效模式都是各个国家（地区）在承认彼此法律冲突和差异的基础上对本国（地区）针对跨境证券发行人的立法进行的调整，进而达到法律协调的目的。即使在采纳国际标准而达到的一体化模式中，各国（地区）也在承认现存国际标准的基础上，通过修改本国（地区）法律完成。

从结果层面来看，相比于法律文本表述的表面一致，法律协调更加强调法律实施效果的相似性和一致性。即在一些领域，可以追求法律规定的完全一致，而在另一些领域，由于各国（地区）情况的差异，只能在承认各国（地区）法律差异的前提下寻求一种实际的协调效果，强调提升监管与市场的

---

① 陈楚钟. 跨境上市监管的合作与协调 [D]. 广州：暨南大学，2009：39.

效率。因此，法律协调并不必然消除法律规定的差异与冲突，而是要在实施效果上减少法律冲突带来的损害；在努力实现协调的同时，必须强调对各国（地区）金融安全等基本价值的尊重①。

综上所述，本研究视角下的法律协调定义是：各国（地区）作为跨境证券发行上市地，在承认跨境发行人注册地证券法律与发行上市地证券法律存在差异的基础上，主要采用单边调整本国（地区）立法的方式，缓解各国（地区）法律规定的差异。这种法律协调的主要目标是在维护市场安全与稳定的前提下提升效率，减轻法律冲突与差异给市场、发行人、投资者等主体带来的负担与损害。并且需要说明的是，本研究所要解决的问题并不是如何达成各国（地区）证券法律规定的完全协调，而更倾向于为各个事项确认合适的协调模式与协调程度。

由于各自特点的不同，本研究所涉及的市场准入、公司治理、信息披露三个监管事项在协调的难度、适合的协调模式以及能够达到的协调程度上都有所区别。具体来说，各事项的法律协调具有以下的特殊要求。

二、市场准入法律协调的特殊要求

进入境外市场公开发行证券、申请上市，意味着证券发行人主动接受了境外监管机构的管辖，市场准入则是进入境外市场的第一道门槛。对跨境证券发行人的市场准入程度直接体现了一国（地区）证券市场的对外开放程度。

市场准入这一概念同时存在于国际贸易、国际投资、国际金融监管等多个领域。但是，在本研究所关注的跨境证券发行上市领域，其市场准入问题与国际贸易、国际投资等领域还存在一定差异。在国际贸易中，不允许在市场准入方面对外国产品或服务设置不合理的障碍；在国际投资领域，当下更提倡"准入前国民待遇"，要求在准入阶段就将境内外实体和投资同等看待。其精神内核都是对于来自境内外的产品、服务、主体等与境内一视同仁。但对于更为特殊的金融证券领域，由于其与一国（地区）的经济安全更加密切相关，在法律协调模式的选择上也需要更加谨慎。因此，在考虑跨境证

---

① 杨文云.金融监管法律国际协调机制研究［M］.上海：上海财经大学出版社，2011：47-55.

券发行上市语境下的市场准入问题时，相对严格的条件和标准往往是有必要的。

本研究所称的市场准入包括证券公开发行审核制度以及证券上市条件，这两个问题涉及程序与实体两个不同的角度，但是都关系到哪些跨境证券发行人将被引入一国（地区）市场，对市场的稳定性、流动性等目标以及后续监管都有重要影响。

三、公司治理法律协调的特殊要求

跨境证券发行人的监管法律从性质上来说可以分为组织法和行为法，公司治理问题涉及的是组织法事项①。原则上来说，由于跨境证券发行人本身仍属于注册地法人，在发行上市地只从事证券发行上市行为，因此只应当遵守发行上市地证券行为法的规定。所以从历史上来看，各国（地区）倾向于对跨境证券发行人的公司治理适用极为宽松的要求，对跨境证券发行人的公司治理事项适用豁免模式，或者在跨境证券发行人满足其注册地规定的前提下进行豁免。然而21世纪以来，作为世界重要证券市场的美国以《萨班斯法案》为起点，大大提高了跨境证券发行人的公司治理要求，与其历史上的做法和世界上其他国家（地区）的做法都产生了严重背离。这使得公司治理法律协调成为跨境证券发行人发行上市监管中讨论最激烈的问题之一。

公司治理事项本身具有极强的特殊性，使法律协调的合理程度难以把握，也凸显了我国选择公司治理法律协调模式所面临的困难。

第一，公司治理事项属于主体法事项，涉及上市公司最根本的组织结构和主体资格。一旦我国的公司治理要求与他国（地区）差异过大，往往无异于直接要求到我国上市的公司改变自身的组织结构，这将使上市公司陷入对上市地进行"二选一"的困境，直接阻碍了一部分公司到我国发行上市。

第二，各国（地区）公司治理规定最终是要解决根植于本国（地区）法律与社会环境中的特殊问题，要尊重一国（地区）原有的法律传统。被证券

---

① 蒋辉宇．跨国证券融资的法律冲突与监管问题研究：基于境外企业境内证券市场融资的视角 [C].//2008全国博士生学术论坛（国际法）论文集——国际经济法、国际环境法分册：256.

法"入侵"的上市公司治理规定也带有这样的性质。一旦离开了本国（地区）土壤，将相关法律规定直接适用于跨境证券发行人，其效果会大打折扣。由于跨境证券发行人并不一定存在上市地法律规定所要解决的特殊问题，不论是为了实现法律协调而直接改变本国（地区）的法律规定，还是为了吸引跨境上市公司而放弃对其进行严格要求，对本国（地区）市场的稳定和投资者保护都是不利的①。并且，这样的适用也常常没有必要。其中最典型的是各国（地区）公司治理中委托代理问题的严重程度问题。美国的公司治理体制从历史上看就具有股权分散的特点，这与美国反感经济权力的集中有很大关系②。由于股东中缺少大型金融机构一类持股比例较大的机构投资者，股东之间难以形成合力，股东的发言权一般较弱，使美国的公司治理形成了一种管理层强、股东弱的体制。因此，美国的公司治理法律制度必须注意解决管理层的权力滥用问题，平衡管理层与中小股东的利益。随着历史的发展，大量机构投资者进入美国证券市场，这一行为本有利于增强上市公司股权的集中度。但是出于防范经济权力集中的需要，美国对机构投资者在上市公司中持股的比例加以限制③，使得美国上市公司的股权结构仍然极其分散。因此，前述美国证券法上的短线交易归入权要求、高管薪酬披露要求、独立董事要求等规定都是为了限制管理层权力滥用的典型例证。

但是，在美国之外很多国家（地区）的公司都形成了相对集中的股权结构，其形成的原因和具体表现形式又多有不同。英国证券金融业的发展比美国更早，且主要依靠市场力量，从一开始就形成了以自律监管为主的模式。由于机构投资者的持股比例不受限制，英国上市公司逐渐形成了以机构投资者为主的集中股权模式④。而在同样形成了集中股权结构的德国、日本等大陆法系国家，银行在公司治理中占有主导地位。这是由于德国和日本的证券市

①　王淼. 我国跨境上市公司监管的法律协调模式研究：以公司治理为视角 [J]. 金融监管研究，2021（9）：86.

②　FANTO J. The absence of cross – cultural communication：SEC mandatory disclosure and foreign corporate governance [J]. Northwestern journal of international law and business，1996，17（1）：136.

③　陈楚钟. 跨境上市监管的国际和合作与协调：监管冲突的全球治理 [M]. 北京：经济科学出版社，2013：96.

④　陈楚钟. 跨境上市监管的国际和合作与协调：监管冲突的全球治理 [M]. 北京：经济科学出版社，2013：96.

场发展较晚，并没有英、美那样充分的时间去形成一个广泛参与的证券市场，想要促进市场发展，就必须采用政府干预的发展对策。在这种背景下，德、日上市公司的中小股东持有股份比例较小，往往由银行等金融机构持有公司大量股份，因此银行等金融机构便成为公司大股东并拥有大量的代理投票权①。银行等金融机构持有公司股份，向公司委派银行的代表，介入公司治理，由此成为在公司中调节投资者与管理者之间关系的重要角色②。另外，在很多亚洲和新兴市场上，公司的大股东常常是政府和家族，这样的公司治理结构可能会引起小股东待遇问题、关联交易问题等③。因此，这些国家的公司治理法律制度需要解决的最迫切问题并不是管理层与股东之间的委托代理问题，而是一股独大以及大股东对小股东的压榨问题。

第三，一国（地区）的上市公司治理规定往往与本国（地区）市场发展水平关系密切，一些公司治理规定的存在是特定发展阶段的必然要求。对于市场发展阶段不同的国家（地区），机械地对比法律条文规定的差异意义不大。例如，我国的上市公司治理是在 20 世纪 90 年代初随着资本市场的建立同步发展起来的，经历了最初的构建股东大会下设董事会监事会的双层治理模式、建立完善独立董事制度、股权分置改革和股票全流通几个阶段④，即使我国需要探索更高水平的公司治理规定、实现与他国（地区）的法律协调，也必须先按照历史发展阶段解决好上述问题，才能更好地考虑高水平法律规定的问题。这是公司治理事项相对于其他监管事项的一个重要区别。

四、信息披露法律协调的特殊要求

与其他领域的法律协调相比，信息披露法律协调的特殊性在于其是世界

---

① 陈楚钟. 跨境上市监管的国际和合作与协调：监管冲突的全球治理 [M]. 北京：经济科学出版社，2013：96.

② FANTO J. The absence of cross-cultural communication：SEC mandatory disclosure and foreign corporate governance [J]. Northwestern journal of international law and business, 1996, 17 (1): 136.

③ DELAMATER R. Recent trends in SEC regulation of foreign issuers：how the U. S. regulatory regime is affecting the United States' historic position as the world's principal capital market [J]. Cornell international law journal, 2006, 39 (1): 117.

④ 郑志刚，孙娟娟. 我国上市公司治理发展历史与现状评估 [J]. 金融研究，2009 (10): 120.

证券市场上协调程度最高、协调方式运用最为全面的证券法律制度，是各个国家（地区）和国际组织谋求证券法律协调时最先关注的领域，也是学术研究中探讨跨境证券发行人监管法律协调时最常使用的例证。一个重要原因是，从某种程度上来说，信息披露制度是跨境证券监管中最容易也最需要进行协调的。该领域也可以成为我国进行跨境证券发行人监管法律协调时先行先试的领域。

从协调的可能性上来看，首先，虽然每个国家（地区）证券法的具体规定不同，但是各国（地区）的目标是基本一致的。各国（地区）的证券法都希望能够保护市场作为"社会制度"（social institution）的作用，通过降低证券交易中欺诈或不公平交易的风险，来增加投资者对市场的信心。各国（地区）都运用强制信息披露制度来实现上述的两个目标①。其次，信息披露在证券市场监管的所有制度中具有一定的独立性，可以较为清晰地从各种监管事项中剥离和识别出来。此外，信息披露规定的体系性较强，各国的信息披露规定都可以较为清晰地划分为发行与持续信息披露、强制与自愿信息披露等。最后，信息披露问题具有更强的实践性和技术性，主要强调的是信息披露文件的内容、制作标准、报送频率与程序等，比其他监管事项协调的难度更低。

而从必要性上来看，信息披露是在国际证券公开发行和交易中保证市场有效和信息充分的最重要制度之一②。历史上，最强调信息披露的国家是美国等采用证券公开发行注册制的国家。这是因为在注册制下，证券监管机构不对证券的质量和投资价值进行实质判断，信息披露成为预防证券欺诈、保护中小投资者利益、维护有效市场的最重要制度。而随着历史的发展，不论是否适用注册制，各个国家（地区）的信息披露制度都日渐完善，因为不论采取何种发行上市审核制度，信息披露都会起到这样重要的作用。而在跨境证券发行与上市中，只有各国（地区）的规则协调才有利于实现这样的目标。

同时，从各国实践来看，信息披露是法律协调程度变化最为灵活且对各

①　SHIRINYAN I. The perspective of U. S. securities disclosure and the process of globalization [J]. Depaul business & commercial law journal, 2004, 2 (3)：516.

②　LU B. International harmonization of disclosure rules for cross-border securities offerings：a Chinese perspective [J]. Corporate governance law review, 2005, 1：245.

国（地区）以及世界市场发展情况、需求的回应最为明显的领域。具体来说，在国际证券市场形成和发展的初期，在信息披露上适用国民待遇模式的实践较多；随着各国（地区）市场的开放程度不断加深，主要市场通过积极在信息披露法律协调中引入豁免来达到吸引跨境证券发行人的目标。而由于信息披露法律协调的难度相对较低，21世纪以来，信息披露法律协调一体化模式的适用也较为顺利，协调程度更高。新兴市场以及法治发展程度尚需提升的国家（地区）在加入国际市场后也可以选择直接适用国际标准，使一体化模式的适用范围继续扩大。

第四节　我国已经进行的法律协调努力

在考虑到本章第二节、第三节所探讨的法律冲突以及法律协调的特殊要求后，一国（地区）想要引入跨境证券发行人，就必须在法律协调方面进行一系列的努力。我国相关法律协调的实践实际上在真正引入跨境证券发行人之前就已开始，目前仍然在持续发展，已经有了一定的法律协调基础。本部分将概述我国在跨境证券发行人市场准入、公司治理、信息披露等方面的法律规定与国际规则的协调情况，明确我国当前法律协调的基础，以探讨我国未来进一步进行法律协调的方向，并为后文法律协调模式问题的具体研究打下基础。

一、我国跨境证券发行人监管法律协调的总体情况

随着我国证券市场不断发展与国际化程度不断加深，证券市场监管法律协调方面的要求也不断提升。我国已经为跨境证券发行人监管的法律协调进行了一系列努力。这些努力大致可以分为两个类型：一是不断提升本国国内法的规定水平，通过高水平立法缩小与他国（地区）法律的差距，缓解法律冲突；二是通过采用各种法律协调的模式和手段，对照我国与他国（地区）法律规定的内容，主动修改国内法，减小我国与他国（地区）法律规定的差异。这两种路径常常是相辅相成的：在提升本国立法水平的同时缩小与他国（地区）法律规定的差距，协调程度自然提高；想要主动实现本国法律与他国

（地区）法律的协调，也常常要通过修改本国法律规定来实现。

我国法律协调的努力最直接的体现是正在不断制定和完善适用于跨境证券发行人的法律法规。一方面，从我国证券法律的发展情况来看，目前我国的证券法制已经形成了完整的体系。因此，虽然允许跨境证券发行人到我国直接进行公开发行与上市的实践刚刚起步，相关立法却绝不是从零开始的，但是需要在针对跨境证券发行人进行立法时更多地考虑到他国（地区）证券法律与我国法律的差异情况，更加注重确定法律应有的协调程度。《证券法》《首次公开发行股票并上市管理办法》《上市公司信息披露管理办法》《上市公司治理准则》等法律法规已包含针对跨境证券发行人的特别规定，其内容与国际规则的协调程度也呈增加趋势，是一个良好的开始。另一方面，2018年以来，我国已经逐步开始对跨境证券发行人开放证券发行和上市市场，并在此过程中为跨境证券发行人制定了一系列法律、规则和政策，例如《存托凭证试点意见》《存托凭证管理办法》《关于创新试点红筹企业在境内上市相关安排的公告》（以下简称《红筹企业上市安排公告》）、《关于红筹企业申报科创板发行上市有关事项的通知》等。

如何实现我国法律与他国（地区）证券法律的协调，还需要考虑我国法律与国际法律互动的情况。美国是本研究所关注的典型国家。20 世纪 90 年代以前，由于证券市场国际化程度有限，而美国的证券市场与法律制度又十分发达，因此美国在对跨境证券发行人监管的法律协调问题上主要考虑的是国民待遇与豁免的二分法。20 世纪 90 年代以后，证券市场国际化程度进一步提升，于是美国开始寻求适用一体化模式。但我国在当今背景下探索引入跨境证券发行人，面临的是与美国完全不同的国际法律环境。因为我国的证券市场建立发展较晚，市场和法治建设起步时，世界上的发达市场都已发展成熟。因此，我国的证券法律中存在许多法律移植的情况，与国际法律形成了更好的互动。

二、我国市场准入法律协调情况

我国在市场准入程序和实体标准问题上已经进行了一系列法律协调的努力。从发行上市审核制度上来看，历史上，我国的证券公开发行实行核准制，这种制度与美国等国家的注册制不同，与英国和我国香港地区所实行的市场化的核准制也有一定区别。这种做法较为严格，政府起到的作用更大，相应地会有一系列严格的程序和实体标准进行支撑。从 2023 年起，我国证券发行开始全面实施注册制，各层次资本市场上的证券发行行为都需要遵循注册制的要求，这进一步增强了我国在证券市场准入方面与国际标准的趋同程度。

从发行上市审核程序来看，各国（地区）近年的发行上市审核程序趋同，而我国的制度也顺应了这一趋势。第一，各国（地区）证券发行上市的基本流程趋同，都将发行与上市两个环节分开，分别审核，只是审核的具体制度和流程有差别。我国目前各个市场的证券发行与上市审核权限也都是分开的。第二，各国（地区）证券发行与上市的主要文件趋同，各国（地区）都将招股说明书视为发行中的监管重点，并详细规定了招股说明书的内容。我国同样为招股说明书等文件制定了详细的内容和格式要求。第三，各国（地区）证券发行上市的中介机构趋同①。我国中介机构包括承销商、保荐人、会计师事务所、律师事务所等，也都与国际要求的主要中介机构及其职能趋同。

从实体标准上来看，在《证券法》明确规定允许跨境证券发行人以发行存托凭证的方式进入我国市场后，我国在法律法规和规章层面也对其市场准入方面应当满足何种标准进行了明确，为后续的法律协调打下了基础。例如，《证券法》第十二条明确指出，公开发行存托凭证的，应当符合首次公开发行新股的条件以及证监会规定的其他条件。这总体上将境内外证券发行人在发行环节上置于同等地位。

三、我国公开发行上市公司治理法律协调情况

我国的上市公司治理起步于 20 世纪 90 年代初，与资本市场的建立同步。经过 30 余年的发展，我国上市公司治理水平不断提高。根据南开大学中国公司治理研究院的测算，2021 年我国上市公司治理指数均值达到了 64.05 的新高水平，我国上市公司的治理水平呈现了持续提升的态势。但不可忽视的是，

---

① 唐应茂.国际金融法：跨境融资和法律规制［M］.2 版.北京：北京大学出版社，2020：63-66.

我国上市公司治理水平仍有很大提升空间，特别需要关注和继续提高的是公司董事会的独立性、有效性和规范性以及上市公司信息披露的质量①。

我国上市公司及上市公司治理发展历程较短，相应地，我国上市公司治理法律制度的发展时间也极其有限，实践中有很多需要改进的地方。但正因为起步较晚，我国公司治理法律制度本身的设计从一开始就注重吸纳国际的合理经验，积极地加入公司治理法律制度趋同的国际大潮中。虽然我国公司治理在实践中还存在内部人控制、一股独大、外部约束机制尚不完善等问题，但不可否认的是，我国公司治理制度本身的设计从我国现实情况出发，又借鉴了国际上先进经验，具有合理性，与国际上较完善的公司治理制度在理念上已经有了一定的契合度。这是我国在确定对跨境证券发行人公司治理法律协调模式时必须考虑到的重要因素。

第一，从我国现行法规的规定来看，2018 年最新修订的《上市公司治理准则》反映了我国对于上市公司治理的最新要求。2002 年我国初次制定《上市公司治理准则》时，就已经参照和引入了 OECD《公司治理原则》的基本要求。而 2018 年新修订的《上市公司治理准则》不仅保留了上市公司治理的最基本要求，还根据境内外市场与法律发展的情况进行了很多调整，构建起了我国上市公司治理规则的新框架，体现了上市公司责任、投资者保护、董监高责任等一系列革新②。我国在修订这一规则的过程中还有效吸收借鉴了国际经验，进一步提高了使我国法律规定与国际规定的融合度。例如，《上市公司治理准则》新增"机构投资者参与公司治理"专章，鼓励机构投资者在上市公司治理中以股东身份发挥积极作用；单独明确要求上市公司董事会设立审计委员会，细化审计委员会职责，减少与国际规定的差别；优化融入环境保护与社会责任要求，要求鼓励上市公司积极践行绿色发展理念，将生态环境保护要求融入发展战略和公司治理过程，并在社区福利、救灾助困、公益事业等方面积极履行社会责任；进一步体现了国际上正在

①　王宁 . 2021 年中国上市公司治理指数发布［EB/OL］.（2021-09-25）［2023-06-14］. http://finance. sina. com. cn/jjxw/2021-10-01/doc-iktzscyx7416212. shtml.

②　何海锋，李凌霜 . 上市公司治理的新起点：新《上市公司治理准则》解析［J］. 银行家，2018（11）：130-132.

倡导的 ESG① 理念，增加了利益相关者、环境保护与社会责任章节，并要求上市公司按照 ESG 框架履行相应信息的披露义务，例如需要披露环境信息、履行社会责任信息等。

第二，从法律协调的手段来看，《存托凭证管理办法》第三条中明确，"境外基础证券发行人的股权结构、公司治理、运行规范等事项适用境外注册地公司法等法律法规规定的，应当保障对中国境内投资者权益的保护总体上不低于中国法律、行政法规以及中国证监会规定的要求"。下文将论及，此种规定类似于国际上存在的"等效"法律协调模式，其最主要的目的是关注各国（地区）上市公司治理法律规定在效果上能否达到一致，以效果的一致性作为判断各国（地区）法律是否达成协调的标准。

四、我国公开发行上市公司信息披露法律协调情况

自我国证券市场建立以来，我国的信息披露制度不断完善，信息披露也是我国较早开始努力与国际规则实现协调的领域。一方面，我国信息披露的基本目标与国际规则基本一致，并且一直借鉴国际经验优化我国的相关信息披露标准，与国际规则的协调程度不断加深。另一方面，我国在法律的具体规定上促进与国际规则的协调。

从原则理念上来看，我国的法律法规与国际规则达到了一致。以持续信息披露为例，为了促进各国证券法的融合，协调信息披露的跨国监管，IOSCO制定了《关于上市公司持续披露和重大事项报告的准则》（以下简称《IOSCO持续披露准则》）。《IOSCO 持续披露准则》对跨境上市公司的持续信息披露提出了一系列监管要求。第一，《IOSCO 持续披露准则》提出了持续信息披露的重大性、及时性等要求。我国也明确规定上市公司的信息披露应当真实、准确、完整、简明清晰、通俗易懂，不得有虚假记载、误导性陈述或者重大遗漏②。第二，《IOSCO 持续披露准则》要求在对投资者进行持续信息披露时

---

① ESG，即环境（environmental）、社会责任（social responsibility）、公司治理（corporate governance）三个词的缩写，是一种关注企业环境、社会、治理绩效而非财务绩效的投资理念和企业评价标准。

② 参见《证券法》第七十八条。

坚持"公平披露"原则，即若一家公司同时在多个国家（地区）上市，那么该公司在一个上市地根据持续披露要求所公布的信息，也应该在其他的上市地同时披露。目前，我国的法律法规符合这样的要求。我国的《上市公司信息披露管理办法》一直坚持，若证券及其衍生品同时在境内外公开发行交易的，其在境外市场披露的信息应当同时在境内市场披露①。这是我国对公平披露原则较早的规定。而 2020 年修订的《证券法》明确规定，若证券同时在境内境外公开发行、交易，信息披露义务人必须履行境内外同时披露的义务，这使公平披露原则在法律这一层面得到承认，提升了公平披露原则在我国法律中的层级。

第二，从具体要求上来看，我国信息披露要求不存在明显的他国（地区）要求披露而在我国不要求披露的情况，或者在我国必须披露而其他国家（地区）没有要求的情况。我国信息披露制度大体遵循了国际规范的精神，使我国在信息披露中达到了与国际规则较高的协调程度。举最典型的事例来说，对于财务信息披露中的核心——会计准则的规定和选择，我国实际上已经有了较为明确的态度，即与国际财务报告准则（IFRS）趋同。我国的会计准则一向有较高的国际化程度，在 2005 年，我国即建立起了与 IFRS 趋同的会计准则体系。在 2007 年，我国的会计准则即被欧盟认定为与 IFRS 等效。2010年，中华人民共和国财政部制定了《中国企业会计准则与国际财务报告准则持续趋同路线图》，这是在国际金融危机后响应国际组织号召，推动中国会计准则与国际标准趋同进一步深入，建立高标准、高质量会计准则的重要举措②。这很大程度上为我国引入跨境证券发行人时相关法律制度的建设提供了方向，扫清了障碍，使得我国在将来引入跨境证券发行人时可以继续坚持趋同的态度，避免了他国（地区）历史上对采纳何种会计准则、是否修改本国（地区）会计准则进行的漫长争论，节省了监管机构的时间与精力。

---

① 2007 年生效的《上市公司信息披露管理办法》（现已失效）就已经在第二条第三款规定，在境内外市场发行证券及衍生品的公司、在境内外上市的公司在境外市场披露的信息，应当同时在境内市场披露。2021 年修订生效的新版《上市公司信息披露管理办法》保留了这一规定，将其规定在第三条第四款中。

② 刘玉廷. 我国会计准则国际趋同走向纵深发展阶段：《中国企业会计准则与国际财务报告准则持续趋同路线图》解读［J］. 财务与会计，2010（6）：8.

第三章　我国跨境证券发行人监管法律协调模式的基本问题

从语义上来看，"模式"是指事物的标准样式或行为的一般方式。而对于"法律协调"，本研究关注的是各国（地区）作为跨境证券发行上市地时，在承认跨境证券发行人注册地证券法律与发行上市地证券法律存在差异的基础上，主要采用单边调整本国（地区）立法的方式来减少各国（地区）法律规定的差异。据此，本研究所称的跨境证券发行人监管法律协调模式是指在对跨境证券发行人的监管法律进行协调时可供选择的方式类型。

实际上，国内外学界并不缺少对跨境证券发行人监管法律协调的研究。但是，大多数研究只关注了具体法律规定如何实现协调。而本研究的落脚点在法律协调的"模式"上，是对跨境证券发行人监管法律协调的具体方式进行的系统化梳理和分析。在此基础上，可以更加深入和成体系地探讨不同事项中适用的法律协调模式，能为法律协调具体路径的选择提供指引。

第一节　跨境证券发行人监管法律协调模式的类型

从国际上已有的实践来看，各国（地区）在进行跨境证券发行人监管的法律制定与法律协调的历史进程中形成了四种典型的法律协调模式，分别是国民待遇模式、豁免模式、一体化模式和等效模式。本研究将对这四种法律协调模式进行分别探讨。需要说明的是，表面上来看，国民待遇模式按照本研究对法律协调的定义似乎并不属于"协调"的做法。国民待遇模式的适用反而会在很大程度上保留各国（地区）法律规定的"不协调"。但是，这一模式仍然是本研究探讨的重点。一方面，本研究关注的不仅是跨境证券发行人监管法律协调的结果，更关注法律协调的合适程度。国民待遇模式可以被视为其他法律协调模式的起点和基准，分析国民待遇模式更有利于深化对采用不同法律协调模式的原因、影响及监管者政策考量的认识。另一方面，国民待遇的实现从来都不是一个静态的过程。国民待遇模式不仅包含在某一特定的时间点对境内外证券发行人适用相同法律规定的含义，也体现了一国（地区）在不断优化境内规则的同时对适用于跨境证券发行人的规则进行修改。这一过程从长远来看将会促进世界各国（地区）相关标准的趋同和协调。

从总体上来看，我国目前对于本书将要探讨的四种法律协调模式都有了一定的应用实践，但是相关模式的适用还存在不系统、不协调等情况，还可以进一步优化。本节将首先完成对四种法律协调模式基本内涵与基本特点的探讨，在此基础上依据现有的理论和实践对四种模式的优势和劣势进行初步分析，以为后文对各种模式的适用范围、适用路径、具体适用方式的展开研究奠定理论基础。

一、国民待遇模式

（一）跨境证券监管视角下国民待遇的定义

国民待遇这一概念经常出现在国际贸易与国际投资领域。在这些领域中，其概念是一国（地区）对在本国（地区）境内从事经济活动的境外主体赋予不低于本国（地区）主体的民事权利。而在国际金融监管领域，国民待遇的关注视角略有不同。IOSCO 给出的国民待遇定义最完全准确地揭示了这一概念的内涵。根据 IOSCO 的定义，国民待遇是指住所地或经营地在境外的实体，在市场准入、持续监管要求等方面受到与境内实体相同的对待，而不管其注册地的法律体系、监管制度如何①。具体到对跨境证券发行人的监管，国民待遇就是指在某国（地区）从事发行上市行为时，注册地位于境外的证券发行人应与注册地位于境内的发行人一样，完全遵守该国（地区）的法律标准②。这种"国民待遇"定义主要关注的是确保境内的金融实体与境外的金融实体受到同等的对待③，更加注重境内外的实体是否需要遵守相同的法律、是否受到同样严格程度的监管，更加符合金融监管的特殊要求，能够更加有效地实现金融监管的目标。因此，本研究对"国民待遇"这一概念采用上述定义。

在国际贸易领域，国民待遇更多地是一种反监管（antiregulatory）的工

---

① IOSCO. IOSCO task force on cross-border regulation [EB/OL]. (2015-09-17) [2023-06-14]. https://www.iosco.org/library/pubdocs/pdf/IOSCOPD507.pdf.

② KARMEL R. Barriers to foreign issuer entry into U.S. markets [J]. Law & policy in international business, 1993, 24 (4): 1208. TRACHTMAN J. Recent initiatives in international financial regulation and goals of competitiveness, effectiveness, consistency and cooperation [J]. Northwestern journal of international law & business, 1991, 12 (2): 249.

③ ZARING D. Finding legal principle in global financial regulation [J]. Virginia journal of international law, 2012, 52 (3): 706.

具，其目标是尽可能消除境外进口的产品和服务受到的歧视性监管，但在国际金融监管领域却并非如此。国际金融监管的目标更加强调对金融安全和市场参与者利益的保障，因此在很多情况下要求加强监管。例如，IOSCO 在其《证券监管目标与原则》中申明，国际证券监管的目标是保护投资者，保证市场的公平、效率和透明度，降低系统性风险。为了实现这些目标，各国（地区）一方面必须提升自身监管水平，使自身的监管标准向国际组织设定的目标靠近，另一方面必须努力实现本国（地区）标准与他国（地区）标准的协调。因此，国际金融监管中的国民待遇其实具有两层内涵：一是对境内外的实体适用相同的监管标准，二是各国（地区）监管境内实体的标准必须不断靠近同在一个国际组织或同一条约下的其他国家（地区），以实现监管标准的协调①。

（二）国民待遇模式的优劣初探

作为国际金融监管的基本原则，国民待遇为来自境内外的市场参与者提供相同的非歧视的待遇，对市场参与者及其行为实施了一致的监管，创造了公平的竞争环境，避免了监管套利行为的发生②。而在跨境证券发行人的监管中，适用国民待遇原则还有其特有的优势。

第一，从市场的角度来说，对跨境证券发行人适用国民待遇有利于提升市场的透明度和监管的一致性、可预测性③。对于跨境证券发行人来说，由于一国（地区）对于境内外发行人的监管法律一致，没有进行额外的规定，该发行人在进入一国（地区）市场之前，就可以明确获知该国（地区）对于证券发行人在程序和实体上的要求，可以通过对照已在该国（地区）成功公开发行和上市的证券发行人所公开的文件判断如何准备相关材料才能符合监管机构的要求。对于该国（地区）的投资者来说，国民待遇原则使其能够在市场上获得跨境证券发行人按照与境内证券发行人相同的标准制作的信息披露

---

① ZARING D. Finding legal principle in global financial regulation [J]. Virginia journal of international law, 2012, 52 (3)：707.

② IOSCO. IOSCO task force on cross-border regulation [EB/OL]. (2015-09-17) [2023-06-14]. https：//www. iosco. org/library/pubdocs/pdf/IOSCOPD507. pdf.

③ IOSCO. IOSCO task force on cross-border regulation [EB/OL]. (2015-09-17) [2023-06-14]. https：//www. iosco. org/library/pubdocs/pdf/IOSCOPD507. pdf.

文件。这使二者的信息披露更具有可比性，使投资者可以按照同一标准进行分析，更容易作出理性的投资判断。

第二，从立法角度来说，适用国民待遇是引入跨境证券发行人的最简便方式。在国民待遇原则下跨境证券发行人需要完全遵守发行上市地法律，这意味着一国（地区）在引入跨境证券发行人时可以不对本国（地区）的相关法律法规进行任何改变①，也免除了监管者在相互认可机制或豁免机制下考量他国（地区）法律是否可以与本国（地区）法律达成相同效果的成本，有效地节约了监管资源②。

尽管具有上述优势，跨境证券监管中的国民待遇原则还具有一些不可忽视的缺陷，使得各国（地区）监管者在确定对跨境证券发行人监管的法律协调模式时常常多方衡量，很少完全适用国民待遇。

第一，与在国际货物贸易中适用国民待遇必然降低境外主体负担、促进自由贸易不同，在国际金融监管中完全适用国民待遇反而可能增加境外主体的负担，造成一国（地区）市场对境外主体的吸引力降低。以跨境证券发行为例，国民待遇原则的适用将要求境内外证券发行人履行相同的注册程序，遵守相同的信息披露要求，这样已在其他国家（地区）完成公开发行和上市的证券发行人还要额外履行注册程序，并按照上市地的信息披露标准和会计准则制作新的信息披露文件。这一过程可能相当耗时耗力，造成跨境证券发行人的成本增加。若跨境证券发行人在进行成本效益分析后发现这些程序造成了过多的成本增加，超过了跨境公开发行将会带来的收益，跨境证券发行人就很可能放弃发行与上市的计划。国民待遇原则的初衷是在实质上对境内外实体实现相同的对待，实现功能上的对等③，但在对跨境证券发行人的监管中完全适用国民待遇，反倒会违背国民待遇原则的初衷。

第二，国民待遇模式可能加剧各国（地区）的法律冲突，阻碍资本的自

---

① KARMEL R. Barriers to foreign issuer entry into U. S. markets [J]. Law & policy in international business, 1993, 24（4）：1208.

② IOSCO. IOSCO task force on cross-border regulation [EB/OL]. (2015-09-17) [2023-06-14]. https://www.iosco.org/library/pubdocs/pdf/IOSCOPD507.pdf.

③ BROWN L. United States accounting standards: do the SEC requirements regarding U. S. GAAP violate GATS? [J]. Carolina law scholarship repository, 2003, 28（4）：1018.

由流动。世界各国（地区）的公司法律制度、证券法律制度都存在较大差异，如果一国（地区）在不改变自身法律制度、不进行国际协调努力的前提下适用国民待遇原则，对跨境证券发行人完全适用本国（地区）的现行法律制度，就将造成法律冲突问题。可以说，除各国（地区）的利率机制、汇率机制以及资本项目管制等基础性金融政策因素外，各国（地区）监管证券公开发行与上市法律规定的差异已造成了严重的法律冲突，成为资本在国际市场上自由流动的主要障碍①。尤其在公司治理等方面，各国（地区）制度差异巨大。公司治理结构更体现着一国（地区）的法律传统，协调难度很大。

二、豁免模式

（一）跨境证券监管视角下豁免模式的定义

在法律上，"豁免"一词通常指免除当事人遵守某项法律规定的义务。在国际金融监管领域尤其是本研究的视角下，可以理解为一国（地区）证券监管机构免除跨境证券发行人遵守该国（地区）特定监管法律规定中的要求。把豁免模式作为一种法律协调的模式进行单独分析，具有重要的意义。

在国际证券市场上，对境内外证券发行人适用相同还是有差异的监管法律，不仅关系到市场的公平性和资本的自由流动，也将对后续跨境证券发行人的监管、相关法律的实施效果产生重要影响。国内外学术界对于跨境证券发行人监管问题的研究中，经常把"是否需要给予跨境证券发行人豁免来缓解法律冲突""是否需要通过更宽松的监管规定来增加本国市场吸引力"等问题作为一个单独的议题来讨论。对于新兴市场国家（地区），特别是像我国这样具有广阔的资本市场但尚未完成资本市场全面开放的国家（地区）来说，是否给予跨境证券发行人豁免、应在多大程度上给予跨境证券发行人豁免，也是关系到市场发展与稳定的重要政策选择。

如前所述，在对证券跨境公开发行与上市的监管中，若只注重表面上的国民待遇，要求跨境证券发行人在进入本国（地区）市场时遵守与本国（地

---

① 蒋辉宇．境外企业境内股票发行与上市监管法律制度研究［D］.上海：华东政法大学，2010：101.

区）实体相同的法律规定，可能会不适当地限制或禁止其进入市场或进行经营，所造成的法律冲突将会给境外实体带来不必要的负担①。此时，对跨境证券发行人适当加以豁免就很有必要。

（二）豁免模式的实现途径

豁免模式虽可以简单理解为免除跨境证券发行人遵守发行上市地法律的义务，但从理论和实践上来看，实现豁免模式的途径有多种。

第一种途径是为跨境证券发行人单独制定低于境内证券发行人的标准。这种模式可以通过在法律中单独规定相关条款来实现，也可以通过制定单独的法律、规章、条例来实现。这种模式的优点是规则清晰、明确，但是制定单独的标准需要付出较高的立法成本。

第二种途径是直接豁免，即直接在相关法律中明确指出跨境证券发行人被免除遵守某项特定规定的义务。直接豁免有利于直接降低跨境证券发行人的负担，提高本国（地区）市场的吸引力，但是过度使用将危害资本市场的健康发展。因此，直接豁免在适用中会受到一定限制。在实践中各国（地区）监管者常常有选择地免除跨境证券发行人遵守特定规则的义务，并且直接豁免的规定需要经过严谨的论证。

第三种途径是基于行政自由裁量权的豁免，即在有限的情况下将豁免跨境证券发行人的权力交给证券监管机构，由其对发行人是否可以不遵守特定的监管规则进行个案判断。此种豁免具有较高的灵活性，实践中以 SEC 的做法最为典型，为降低发行人成本起到了重要作用。

第四种途径是"发行人选择"。发行人选择是指全球市场上的证券发行人不应被强制遵守某一国（地区）的法律规定，而应被允许选择适用任何国家（地区）的证券法律，不管证券发行人本身来自哪一个国家（地区）②。支持发行人选择的学者认为，允许证券发行人自由选择法律，有利于促进国家

---

① BROWN L. United States accounting standards：do the SEC requirements regarding U. S. GAAP violate GATS? [J]. Carolina law scholarship repository，2003，28（4）：1017.

② CHANG K. Reforming U. S. disclosure rules in global securities markets [J]. Annual review of banking & financial law，2003，22：244.

（地区）之间的监管竞争，进而可以达到一个最优的规制水平①。此外，发行人选择可以使跨境证券发行人有权选择最符合自身需要的法律②，有利于跨境证券发行人权利的保护。反对发行人选择的学者认为，应坚持适用发行上市地的法律规定。因为在被允许选择法律的情况下，跨境证券发行人倾向于选择较低的监管标准③，由此给跨境证券发行人和社会带来的成本将大于收益。发行人选择在理论上争议较大，对这一模式的讨论一直停留在理论层面，在实践中目前几乎没有国家（地区）适用。因此，本书在后文也不再对这一途径多加讨论。

（三）豁免模式的优劣势初探

豁免模式的优势首先在于可以缓解法律冲突，降低跨境证券发行人的负担，增加一国（地区）证券市场吸引力。在证券监管的国际标准没有完全通行的前提下，各国（地区）的公开发行审核制度、上市条件、信息披露要求等仍然存在较大差异。若跨境证券发行人一律需要遵守发行上市地针对境内证券发行人的法律规定，各国（地区）法律规则中的差异就会给跨境证券发行人造成极大负担，对于需要在多国（地区）公开发行和上市的跨境证券发行人更是如此。此外，遵守严格的规定会增加跨境证券发行人公开发行和上市的成本。若一国（地区）证券市场在发展程度、流动性、声誉等方面较差，尚不能给跨境证券发行人带来巨大收益以弥补遵守严格标准的成本，其对跨境证券发行人的吸引力就可能降低。

从逻辑上来说，既然各国（地区）法律的差异带来冲突，造成资本流动不畅，那么直接豁免跨境证券发行人遵守发行上市地法律规定的义务，就可以完全消除可能存在的冲突。但是，这种看似直接的方式恰恰可能引起最令人担心的市场安全和稳定问题。

第一，对跨境证券发行人适用豁免可能不利于对本国（地区）投资者利

---

① ROMANO R. Empowering investors: a market approach to securities regulation [J]. The Yale law journal, 1998, 107 (8): 2427.

② CHOI S, GUZMAN A. Portable reciprocity: rethinking the international reach of securities regulation [J]. Southern California law review, 1998, 71: 916-917.

③ FOX M. Retaining mandatory securities disclosure: why issuer choice is not investor empowerment [J]. Virginia law review, 1999, 85 (7): 1343.

益的保护。例如，若允许跨境证券发行人适用其他国家（地区）的标准和格式进行信息披露，而不遵守上市地的要求，在一国（地区）境内市场上就将同时存在多种信息披露的格式和标准，这将使投资者陷入困惑，难以对跨境证券发行人的财务经营状况作出准确判断①。对于境内外证券发行人适用不同的标准，也意味着给予投资于境内和跨境证券发行人的投资者的保护程度不同，这对于投资者来说是不公平的②。

第二，豁免模式可能会引发监管套利问题，在对跨境证券发行人进行直接豁免以及降低标准的情况下，这种情况将尤其严重。一方面，本属于境内证券发行人的主体可能会想方设法地注册为境外公司，成为形式上的跨境证券发行人，以规避本国（地区）法律的监管③。另一方面，若一国（地区）的监管标准明显低于他国（地区），一些来自境外的证券发行人也会为了规避其注册地法律的监管而选择标准更低的国家（地区）公开发行和上市。这种跨境证券发行人资质较差，若一国（地区）证券市场大量吸引此种跨境证券发行人，将会严重影响市场的稳定和发展。

可见，国民待遇的劣势主要在于可能降低本国（地区）市场吸引力，不利于资本自由流动的实现，影响本国（地区）市场的发展。相比之下，豁免模式的主要劣势则在于不利于本国（地区）市场的稳定与安全。两种模式的选择正体现了安全目标与效率目标的权衡。作为现代市场经济的核心，金融的稳定与安全高于一切④。因此，适用豁免模式时应当十分谨慎，对于其适用的事项范围、适用方式都应加以考虑。在实践中，各国（地区）将豁免模式作为跨境证券发行人法律协调的一种补充性方式，一般与国民待遇相配合，形成"国民待遇+有限豁免"的模式，这种模式也被称为"修正

---

① OBI E. Foreign issuer access to U. S. capital markets-an illustration of the regulatory dilemma and an examination of the securities and exchange commission's response [J]. Law and business review of the Americas, 2006, 12 (3): 411.

② COFFEE J. Racing towards the top? The impact of cross-listings and stock market competition on international corporate governance [J]. Columbia law review, 2002, 102 (7): 1765.

③ COFFEE J. Racing towards the top? The impact of cross-listings and stock market competition on international corporate governance [J]. Columbia law review, 2002, 102 (7): 1765.

④ 何德旭，郑联盛. 从美国次贷危机看金融创新与金融安全 [J]. 国外社会科学，2008 (6): 30.

的国民待遇"①。

三、一体化模式

(一) 一体化模式的定义

一体化模式是指各国(地区)的证券监管标准实现一致,不论对于境内还是境外的被监管主体②。一体化模式在很多情况下也被称为"趋同"(convergence)。随着经济全球化的发展和国际资本市场一体化的不断推进,各个国际组织致力于协调金融监管规则,对证券发行人的跨境监管问题也制定了一系列标准,成为跨境证券监管法律协调的重要推动力。在理想的情况下,若各国(地区)能实现监管标准的统一,那么不论对于境内还是境外的证券发行人,都可以适用同一套标准进行监管。法律冲突问题也就不复存在,监管法律的协调自然实现。但在现实情况下,一体化的实现将是一个长期的过程。

在跨境证券发行人监管领域,最重要的国际组织就是IOSCO,虽然它制定的标准并无强制力,但正在被越来越多的国家(地区)接受,有的国家(地区)还将IOSCO标准转化为自己的法律,使其具有强制执行力③。

证券市场的国际化是一体化模式的强大推动力。随着证券市场国际化水平的不断提升,各国(地区)的证券法内容确实逐步趋同,对证券发行人的监管法律也是如此,主要表现在:各国(地区)的证券法律立法宗旨大致相同,都将保护投资者利益作为重要目标,同时希望通过证券法律制度的建设促进经济的发展;各国(地区)都强调通过证券监管法律制度实现证券市场的公平、公正、公开。除了原则性的规定之外,各国(地区)在证券法的一些具体规定上也呈现趋同。但是,各国(地区)的实际情况和法律传统还有巨大的差异,尤其是各国(地区)的经济发展水平很不平衡,这些因素都制

---

① KARMEL R. Will convergence of financial disclosure standards change SEC regulation of foreign issuers? [J]. Brooklyn journal of international law, 2000, 26 (2): 485.

② 李晓华. 证券市场信息披露规则一体化探讨 [J]. 证券市场导报, 2002 (1): 46.

③ 对于各国相关具体做法,将在第六章展开论述。

约了证券法律和监管规则在国际上的统一①。目前来看，在对跨境证券发行人的监管中，信息披露是一体化模式使用最多也最成熟的领域。关于这一问题，本研究将在第六章进行详细论述。

（二）一体化模式的优势

一体化模式的优势主要包括以下几方面：

第一，协调一致的证券监管规则将大大促进国际证券市场的一体化。随着证券市场国际化进程的加快，任何一个国家（地区）都不能单独完成一个完整的证券跨境发行交易过程的监管，而证券法律制度的差异不仅阻碍了证券市场的国际化进程，还在日益国际化的市场环境中影响各国（地区）证券法律制度的实施效果。若能够通过一体化模式实现证券监管法律制度的趋同和协调，在最优的情况下，将实现全球证券市场监管法律规定的一致，提高整个国际证券市场的效率，并实现资本的优化配置。

第二，高水平的国际监管规则将推动全球证券市场的发展与成熟。正如上文所述，以IOSCO为代表的国际组织一直致力于制定高水平的国际证券监管规则。IOSCO的监管重点关注全球证券市场的前沿问题，并迅速对问题作出回应。IOSCO制定监管规则的努力不仅使得新兴的证券市场得到发展，也回应了成熟证券市场对重大问题的关切，使新兴市场与成熟市场之间的监管规则差距逐渐缩小②。

第三，证券监管法律的一体化一旦实现，可以大大降低各方的成本。以信息披露为例，对跨境证券发行人来说，在没有信息披露的统一标准之前，证券发行人在何地公开发行和上市就要遵守何地的信息披露要求，在越多的国家（地区）公开发行上市带来的成本就越高。而若各国（地区）的信息披露要求实现统一，跨境证券发行人就不再需要遵守多套信息披露要求，跨境证券发行与上市的成本就大大减少了。对投资者来说，其面临的成本也会因为各国（地区）一致的信息披露规则而降低，这主要有三个原因：首先，投资者获得投资所需的跨境证券发行人信息的成本降低；其次，强制实行国际

---

① 陈岱松.证券上市监管法律制度国际比较研究 [M].北京：法律出版社，2009：262.
② 韩龙.国际金融法前沿问题 [M].北京：清华大学出版社，2010：253.

标准会将信息披露的利益给予大量的投资者，以此确保较高水平的信息披露，在国际范围内降低代理成本；最后，一体化模式在带来跨境证券发行人成本降低的同时，会使投资者的成本降低，因为证券发行人面临的成本都会以股价提高的方式转嫁给投资者①。

第四，一体化模式可以提升市场获取和分析信息的效率，便于投资者正确地对证券进行估价，提升市场的有效性。当前，在境外市场上进行交易的投资者面临着巨大的交易成本，因为他们需要获取多种格式的披露文件和额外信息才可以进行有效率的估价。这些成本降低了投资者在国际市场上投资的获益，可能会使他们不愿再进入国际市场。一旦建立一套统一的发行与持续信息披露规则，市场上的投资者、分析师、会计师与律师就只需要了解并处理一套标准，而不像现在这样处理多套标准。标准的一体化也会方便投资者对不同市场上的公司进行系统性比较，会使市场更加有效②。

（三）一体化模式存在的问题

对于一体化模式的明显优势，各国学术界基本都已达成共识。对于一体化模式的质疑主要包括其在实践中是否能够达到预期效果，以及是否可以适用于证券监管的各个领域。

第一，很多学者描述了在证券监管中适用一体化模式降低跨境证券发行人跨境发行上市成本的理想结果，然而在国际证券监管中，目前还并不存在一个具有立法权的超国家组织，在采纳国际标准时必须尊重各国的主权。以IOSCO为代表的国际组织制定的标准并无约束力，这就使得国际标准的协调效果打折扣。而对于在国际证券监管中能否建立、是否有必要建立一个超国家组织，国际上目前并无定论。

第二，信息披露领域是进行国际标准一体化的最好领域，目前学界对于一体化模式的讨论也大多以信息披露为例。而在证券发行人公开发行上市准入标准、后续监管等领域是否适用一体化模式，目前鲜有讨论，已有的研究

---

① GEIGER U. The case for the harmonization of securities disclosure rules in the global market [J]. Columbia business law review, 1997, 2：241-307.

② GEIGER U. The case for the harmonization of securities disclosure rules in the global market [J]. Columbia business law review, 1997, 2：241-307.

之间也难以形成统一的观点。这种状况可能会限缩一体化模式的适用范围。

四、等效模式

(一) 等效模式的定义

等效模式也被称作"替代性措施""功能性等效"。在等效模式下，一国（地区）会豁免来自境外的证券发行人遵守特定规则的义务，只要该发行人注册地的法律规则与该国（地区）的规定在效果上足够类似或者说能够实现"等效"①。一国（地区）监管者通过评价跨境证券发行人适用注册地的监管法律和监管措施对于该国（地区）金融部门造成的影响是否与该国（地区）法律一致，来判断两国（地区）法律法规是否等效②。与相互认可机制不同，对某国（地区）监管规定与本国（地区）监管规定等效的认定可以是单方的，不需要附加互惠要求，所需要经过的谈判过程也相对简单③。等效模式是近年来各国（地区）比较重视的一种跨境证券监管法律协调模式，尤其是在欧盟对于第三国证券发行人的监管中，等效模式得到了充分的运用④。一个国家（地区）想要有效地采用等效模式，需要建立起"等效认定总体标准+等效认定具体标准+等效认定程序性配合机制"的完整体系。

(二) 等效模式的优劣势初探

等效模式相较于其他几种法律协调模式有一定的优势。

第一，等效模式有利于在实质上实现对境内外证券发行人的平等对待，促进资本自由流动目标的实现。前文已经论及，在跨境证券监管中，不是要实现境内外法律规定表面上的一致，而是要实现实质上的一致。各国（地区）

---

① WEI T. The equivalence approach to securities regulation [J]. Northwestern journal of international law & business, 2007, 27 (2): 256.

② VO L. Substituted compliance: an alternative to national treatment for cross-border transactions and international financial entities [J]. Georgetown journal of law & public policy, 2015, 13 (1): 96.

③ VO L. Substituted compliance: an alternative to national treatment for cross-border transactions and international financial entities [J]. Georgetown journal of law & public policy, 2015, 13 (1): 96.

④ 欧盟法律中将注册地不是欧盟成员国的证券发行人称为"第三国发行人"，在把欧盟市场看作一个整体的情况下，"第三国发行人"这一概念等同于本研究的"跨境证券发行人"概念。

证券监管立法的很多差异实际上来自法律传统、经济状况、商业体系等的区别①，而在实施效果上并无差异，可以达到对投资者同等程度的保护，实现监管目标。此时若要求已在其他国家（地区）进行过公开发行和上市的跨境证券发行人再次完全按照本国（地区）的要求履行程序、提交材料，甚至改变公司治理结构，就给发行人带来了不合理的负担，造成了境内外发行人实质上的不平等。

第二，等效模式将带来市场各方成本的节约。等效模式降低了市场参与者需要遵守多种可能冲突的法律规定的风险，降低了跨境证券发行人的成本，提升了跨境证券发行的效率。这种效率的提升并不以牺牲本国（地区）市场的安全与稳定为代价，因为在确定他国（地区）法律与本国（地区）法律等效的过程中，监管者需要履行严格的审查程序，以确认其在结果上与本国（地区）规定等效，这一过程也保证了该国（地区）的金融秩序和安全。另外，监管机构在这一过程中实现了成本的节约。监管机构因为适用了等效模式，认为他国（地区）的标准与本国（地区）可以达到一样的效果，相当于一项行为或者一份信息披露文件的合法性已经事先被其他国家（地区）的监管者判断过，所以不需要再花费精力加以判断。

第三，作为一种法律协调模式，等效模式在一定程度上推动了各国（地区）法律标准的趋同，这增加了市场之间对于金融服务的竞争，可以为一国（地区）投资者以更优惠的价格带来更加多元化的服务。

当然，等效模式也会受到一些质疑。例如，有观点认为，等效模式会使得一国（地区）市场上对跨境证券发行人适用标准放松，由于各国（地区）金融市场联系日益紧密，一国（地区）由监管放松引起的系统性风险可能会传导至他国（地区）。还有观点认为，等效模式的适用会使跨境证券发行人利用这一机制将其高风险的业务转移到监管少的地区，引起监管套利②。但实际上，这些看法都是对等效模式的误读，因为等效模式注重的是各国（地区）

---

① TRACHTMAN J. Trade in financial services under GATS, NAFTA and the EC: a regulatory jurisdiction analysis [J]. Columbia journal of transnational law, 1995, 34 (1): 66.

② VO L. Substituted compliance: an alternative to national treatment for cross-border transactions and international financial entities [J]. Georgetown journal of law & public policy, 2015, 13 (1): 98.

监管法律法规结果上的一致性，只有两国（地区）法律的实施效果完全相同，才会被认定为等效，而上述一国（地区）法律比另一国（地区）法律更加宽松的情况在等效模式下是不应该发生的。只要有严格科学的认定程序和认定标准作为支撑，就可以避免上述问题的出现。

但是，等效模式在真正实施的过程中也会面临很多挑战。第一，监管结果的不确定性，因为对于一国（地区）法律与另一国（地区）法律是否"等效"是一种事前判断，提前客观地认定他国（地区）法律机制的效果，确定其对一国（地区）的金融部门是否能起到与本国（地区）法律相同的监管效果是比较困难的。如果适用本国（地区）监管法律带来的实际效果与适用他国（地区）法律的效果不同，那么这就不是真正的功能性等效①，会导致风险的传导。尤其在经济危机发生的情况下，一国（地区）为应对经济危机而新制定的法律措施需要一段时间才能验证效果。

第二，各国（地区）的法律制度时常发生变化，因此对于一国（地区）法律与他国（地区）法律是否等效的认定不会是一个一劳永逸的过程，需要时常进行复查。随着经济情况和现实情况的变化，各国（地区）的法律规定本身就处在不断的发展和变化中，造成各国（地区）法律之间是否等效也处于变动之中。例如，欧盟当前认定美国使用的会计准则与欧盟的会计准则等效。但是，一旦欧盟的会计准则发生变化，美国就必须更改自己的会计准则，以符合欧盟的要求，才能被继续认定为等效。而为了便于这一过程的实施，欧盟必须在修改自身会计准则时给予美国合适的过渡期。反过来说，欧盟自身也必须获知美国的法律和会计准则的变化，以防美国本身法律规定已经与欧盟规定不等效，但是仍然维持之前被认定为等效的结果。要实现这一目标，就需要欧美双方有顺畅高效的信息共享机制②。

第三，因为不同法域金融市场结构的多样性，评价同一项法律在不同法域的实施效果是很困难的。这些不同是植根于各国（地区）宏观经济差异中

---

① VO L. Substituted compliance: an alternative to national treatment for cross-border transactions and international financial entities [J]. Georgetown journal of law & public policy, 2015, 13 (1): 104.

② VO L. Substituted compliance: an alternative to national treatment for cross-border transactions and international financial entities [J]. Georgetown journal of law & public policy, 2015, 13 (1): 104.

的。例如，美国资本市场的深度、广度和流动性非常大，而欧洲、日本由于主要依赖传统银行模式，其资本市场发达程度不及美国。这些传统的银行比现代金融机构更加稳定、简单，因此，在美国市场上用来降低不稳定性的措施可能在欧洲、日本市场就是不必要的，甚至可能阻碍经济的发展。此外，经济形势时常变化，在一定时期内需要采取的措施可能在另一个时期会起反作用①。

可见，等效模式从表面上看有诸多优势，一旦实施，就可以切实减轻跨境证券发行人的负担，促进资本的流动。但是，实行等效模式的真正难点是如何确定合理的等效判断标准，以及制定系统的配套制度和措施，确保各国（地区）法律法规实现真正的、动态的等效。

第二节　我国确定法律协调模式的基本考量因素

本章第一节已经初步介绍了国际实践中常见的四种法律协调模式，可供我国监管跨境证券发行人时选择。我国从 2018 年起正式先后在法律制度和实践层面允许跨境证券发行人进入我国市场。但目前我国还正处于引入跨境证券发行人的初期阶段，并且我国实践中实际引入的跨境证券发行人还都是红筹企业。在这样的情况下，我国选择跨境证券发行人监管法律协调模式的基本态度应是：看清国际化的大势，积极参与协调，同时必须牢记引入跨境证券发行人所要达到的目标，不为了吸引跨境证券发行人而盲目降低标准。我国资本市场是近几十年来才发展起来的新兴市场，这对跨境证券发行人监管法律协调模式的选择会产生两个方面的影响。一方面，因为市场还不够成熟，制度还不够完善，我国在确定协调模式时必须更加注重经济的稳定和安全，降低对跨境证券发行人适用的标准时应更加谨慎；另一方面，我国境内的法律制度本身建立于全球证券市场国际化程度急速提升和国际证券法律制度趋于成熟时，使得我国已有的法律制度对国际法律制度的借鉴程度和趋同程度

---

① VO L. Substituted compliance：an alternative to national treatment for cross－border transactions and international financial entities［J］. Georgetown journal of law & public policy，2015，13（1）：104.

很高，这降低了我国与其他国家（地区）进行法律协调的难度，有时更会使国民待遇模式和一体化模式实质上等同。并且，我国现阶段对于跨境证券发行人监管的法律协调模式选择，仍应根据不同事项有所差异。

我国在确定跨境证券发行人监管法律协调适用的模式时，需要考虑和衡量多种因素。总体上来看，可以总结为契合证券市场与证券法律的发展水平、推动我国法律冲突的解决、平衡安全目标与效率目标、促进经济与证券市场的发展。还应注意到，在不同国家（地区）或者同一国家（地区）证券市场发展的不同阶段，监管者对跨境证券发行人监管的具体目标和侧重点都会有所不同①。我国对法律协调模式的选择，是根据当时当地的情况综合分析以上多种因素的结果。因此，本部分提到和分析的几个考量角度也将贯穿整个研究。

一、契合我国证券市场与证券法律的发展水平

在我国确定法律协调模式时，我国的国情特别是我国证券市场与证券法律的发展水平是最根本的立足点。一方面，引入跨境证券发行人及法律协调的实践要为我国证券市场的发展目标服务，法律协调的程度也要与证券市场发展的程度相适应；另一方面，法律协调的难度以及法律协调模式选择的合理性与我国证券立法、司法与执法的水平息息相关。

（一）我国证券市场的发展情况

1. 我国证券市场的发展目标

2018年中央经济工作会议指出，要通过深化改革，打造一个规范、透明、开放、有活力、有韧性的资本市场，为我国资本市场深化改革与创新发展指明了目标和方向。我国在开放证券市场、进行跨境证券发行人的监管与法律协调时也要服务于上述目标。其中，"规范"是资本市场发展的基石，包括制度的制定、实施、遵守三个方面的要求。在法律制度的制定方面，要使制度的制定更加规范科学，实现市场治理更加法治化、制度化。在法律制度的实施方面，执法要更加依法高效。在守法方面，要求各市场主体根据法律制度规定的权利义务行事。发行人和上市公司要做到诚实守信、依法运营，投资

---

① 苑德军. 国际板监管的具体目标及监管原则 [J]. 银行家，2011（8）：85.

者要依规交易，中介机构要合规开展业务、勤勉尽责。"透明"在资本市场发展中起主线作用，体现为两个方面的要求：在信息披露方面，要求信息披露质量提升、更加公平公允；在监管方面，要求监管的运行更加透明公开。"开放"是资本市场发展的动力，要求坚持推进资本市场的双向开放，并在开放的过程中加强监管制度和监管能力的建设，以开放为契机借鉴国际经验，提升我国监管水平。"有活力、有韧性"则是对资本市场建设效果的要求。"有活力"体现了资本市场的有效性，市场要实现资源配置效率高、价格发现机制有效。"有韧性"是对资本市场抵御、化解风险能力的要求，需要市场能够应对实体经济波动和外部冲击，并且能够从波动和冲击中快速恢复过来。以上要求的最终目的是保障资本市场各项投融资活动平稳运行，并激发各方主体参与热情①。

2. 我国证券市场发展的成绩与问题

成立三十余年以来，我国资本市场取得了一系列喜人的成就。从市场规模上来看，我国资本市场迅速成长为全球最大的新兴市场和全球第二大资本市场。截至 2023 年 3 月底，沪深股票市场上市公司数量已经突破 4 900 家，市值近 85 万亿元②。从层次上来看，我国多层次资本市场已经建成。主板市场在改革中不断壮大，创业板市场稳步成长，新三板市场快速扩容、转板机制不断完善，科创板服务经济高质量发展能力持续增强，场外市场规范发展，公司债市场跨越式增长，衍生品市场日益繁荣③。同时，我国资本市场上金融产品种类日益齐全、金融机构不断发展壮大，对外开放水平不断提升。

但我们需要清醒地认识到，我国证券市场还是一个新兴市场，虽然发展喜人，但还有很多不成熟的地方。一方面，我国证券发行市场的开放还处于初期阶段，A 股纳入 MSCI 指数④、加强资本市场对外资的开放、加强证券交易市场互通的举措仅有不到十年的时间，效果和风险都需要观察。并且，我

① 聂庆平，李广川，董辰珂. 新时代中国资本市场：创新发展、治理与开放 [M]. 北京：中信出版集团，2021：65-74.

② 中国证监会. 证券市场统计-2023 年 3 月 31 日证券市场快报 [EB/OL]. [2023-06-14]. http://www.csrc.gov.cn/csrc/c105936/c3576344/content.shtml.

③ 胡汝银. 中国资本市场演进的基本逻辑与路径 [M]. 上海：格致出版社，2018：199-215.

④ MSCI 指摩根士丹利资本国际公司，是美国指数编制公司。

国目前对于跨境证券发行人的引入还很少，整体处于试点阶段，面对的也是具有我国背景的红筹企业，这些公司与完全国外背景的上市公司还有区别，说明我国证券发行市场的开放和相关法律制度的建设还有很长的路要走。另一方面，我国资本市场建设曾经出现或者正在经历一些问题，例如：新股发行制度改革中的高价发行、新股炒作等问题；公司治理不规范、信息披露制度不健全等导致的上市公司风险；盲目进行所谓"金融创新"带来的投资者利益损害；股市异常波动造成的市场风险；等等①。我国在引进跨境证券发行人时，也要正视这些风险，在开放的同时推动资本市场进一步成熟，在引入跨境证券发行人时首先确保安全目标的实现。

（二）我国证券法律发展水平

2021 年 7 月，中共中央办公厅、国务院办公厅印发了《关于依法从严打击证券违法活动的意见》，指出要坚持"建制度、不干预、零容忍"。这是当前我国关于加强证券领域法律实施的重要文件，将引领整个资本市场的监管，有效提升监管效能，解决历史上存在的司法、执法有效性不足，行政处罚力度不够，法律威慑力未得到充分发挥等问题。以该文件的出台为代表，我国证券市场的立法、司法、执法水平目前都在不断提升。

1. 证券法律的制定与修改

经过三十余年的发展，我国资本市场法律制度从欠缺到完备，现在已经能够较为有效地支持资本市场的发展。本部分从广义上来理解证券立法，包括各种带有法律性质的文件以及自律规则的制定和修改。到 2021 年底，我国资本市场法律体系的"四梁八柱"已经基本建成，形成了法律—行政法规与司法解释—部门规章—规范性文件—自律规则这样层次完整、内容丰富的法律体系。具体来说，我国制定并不断修改完善了《公司法》《证券法》《证券投资基金法》，制定实施了《期货与衍生品法》，成为资本市场法律制度的核心。《刑法》《企业破产法》等法律制度中有关资本市场的规定为市场有序发展提供有效支撑。两千余件与资本市场有关的行政法规、司法解释、部门规

---

① 聂庆平，李广川，董辰珂. 新时代中国资本市场：创新发展、治理与开放 [M]. 北京：中信出版集团，2021.

章、规范性文件成为资本市场法律体系的主干。同时，证券期货交易所、登记结算公司、行业协会还制定了一系列自律规则。具有中国特色的中国资本市场法律体系已经形成①。

2. 证券法律的实施

法律实施包括司法和执法两个方面，制定的法律必须经过有效实施才能发挥其对资本市场的作用。近年来，我国证券市场的法律实施效果不断增强，历史上长期存在的一些问题得到有效化解，为资本市场发展提供了有效保障。

第一，从资本市场司法方面来看，我国证券市场的司法追责体系不断完善，资本市场已经全面进入"强责任时代"。民事司法方面，近年来我国证券民事司法作出一系列重大改革，使证券民事纠纷的化解途径更多元、结果更有效，投资者利益和市场秩序受到了更大程度的保护。典型事例包括：上海、北京等地的金融法院正式建立，集中管辖区域内符合条件的金融证券类案件，提升了司法的专业性；证券市场示范判决和支持起诉制度实行并完善，保证了司法的专业性、统一性和效率性；证券市场普通代表人诉讼和特别代表人诉讼制度的规定进一步细化，并均在司法案件中得到适用，有利于中小投资者利益的保护和群体性案件的解决，也增加了司法的威慑力。2022 年初，最高人民法院出台《关于审理证券市场虚假陈述侵权民事赔偿案件的若干规定》。这一文件的修订正式取消了证券民事诉讼前置程序，使得投资者追究发行人及相关方的法律责任更加便捷。我国证券多元化民事纠纷解决机制也在不断完善，证券纠纷调解制度有效实施。刑事司法方面，随着 2021 年 3 月《中华人民共和国刑法修正案（十一）》的施行，其修改与证券法的修改得到衔接。欺诈发行、信息披露造假、中介机构提供虚假证明文件、操纵市场等四类犯罪的刑事惩戒力度进一步提升。

第二，从资本市场执法方面来看，执法的有效性不断增强。证监会是我国的最高证券行政执法机构，有效贯彻了《关于依法从严打击证券违法活动的意见》的要求。根据证监会官网披露的数据，2022 年，证监会从严打击证

① 昝秀丽. 中国证监会首席律师焦津洪：资本市场法律体系"四梁八柱"基本建成 [N]. 中国证券报，2022-01-10（A02）.

券期货违法活动，办理案件 603 件，其中重大案件 136 件，向公安机关移送涉嫌犯罪案件和通报线索 123 件，案件查实率达到 90%；案发数量持续下降，"严"的监管氛围进一步巩固，市场生态进一步净化；全年作出处罚决定 384 项，罚没款金额 26.67 亿元，市场禁入 70 人次①。监管机构在日常监管中改"轻触式"监管为刨根问底式的"侵入式"监管，严格程度不断提升。

第三，资本市场执法、司法协同机制不断强化，各种法律实施手段的融合水平不断提升。证券行政执法与刑事司法的有机衔接得到增强。2021 年，证监会依法向公安机关移送涉嫌犯罪案件（线索）177 件，同比增长 53%②。2022 年，证监会会同最高人民法院、最高人民检察院、公安部首次联合发布 5 宗证券犯罪典型案件，组织多家权威媒体专题报道典型案件，发挥警示震慑作用③。在行政执法与刑事司法加强联动的同时，我国的民事司法与证券行政执法的联系不断增强，目前我国资本市场"民行刑"三位一体的追责体系已经基本构建。

二、解决我国与其他国家（地区）的法律冲突

解决各国（地区）的法律冲突是进行法律协调的最基本出发点。由于跨境因素的存在和各国（地区）公司、证券法律制度的差异，跨境证券发行人必将面临法律冲突问题。以证券形式跨境融资通常涉及证券发行人注册地法律、证券发行地法律或证券交易所所在地法律之间的冲突④。若证券发行人同时在两个或两个以上的国家（地区）公开发行和上市，还会引起各证券发行上市地之间的法律冲突⑤。面对法律冲突，若要求跨境证券发行人完全遵守发行上市地法律，会造成其负担过重。此时若各国（地区）完全坚持本国（地区）的标准不加改变，还会造成世界上同时存在多种监管标准，降低跨境证

---

① 中国证监会 2022 年法治政府建设情况 ［EB/OL］. (2023-03-31) ［2023-06-14］. http://www.csrc.gov.cn/csrc/c100028/c7399314/content.shtml.
② 证监会通报 2021 年案件办理情况 ［EB/OL］. (2022-02-18) ［2023-06-14］. http://www.csrc.gov.cn/csrc/c100028/c1921138/content.shtml.
③ 中国证监会 2022 年法治政府建设情况 ［EB/OL］. (2023-03-31) ［2023-06-14］. http://www.csrc.gov.cn/csrc/c100028/c7399314/content.shtml.
④ 韩德培，肖永平. 国际私法学 ［M］. 北京：人民法院出版社，2004：176.
⑤ 徐明，蒋辉宇. 外国公司在我国证券发行与上市的法律问题 ［J］. 东方法学，2009 (2)：76.

券发行人跨境公开发行与上市的意愿，加重各市场之间的割裂，阻碍资本的自由流动。若允许跨境证券发行人适用其他国家（地区）的法律，又无法确定本国（地区）投资者的利益是否可以受到有效保护。因此，如何有效地解决法律冲突问题是一国（地区）证券监管者在制定监管跨境证券发行人的法律法规时所必须考虑的因素。

从内容上来看，跨境证券发行人公开发行和上市所引起的法律冲突可以分为组织法冲突和行为法冲突。其中，组织法冲突是指各国（地区）与证券公开发行、上市具有密切联系的那一部分公司组织关系之间的法律冲突；行为法冲突是指各国（地区）的证券法律法规中对证券公开发行与上市行为作出的不同规定导致的法律冲突①。组织法涉及证券发行人的组织结构和主体资格，与其注册地的法律制度息息相关。原则上来说，跨境证券发行人本身仍属于注册地法人，在发行上市地只从事证券发行上市活动，因此只应当遵守发行上市地证券行为法的规定。但是监管者发现，各国（地区）的公司法律制度千差万别，难以确定其对股东利益是否能够达到相同程度的保护。若完全允许跨境证券发行人按其注册地的法律规定处理组织法问题，将十分不利于发行上市地投资者的利益。因此，各国（地区）普遍采用了在本国（地区）证券法中加入部分涉及公司法规定的做法，核心在于归纳出本地投资者看重的公司法基本要素，要求跨境证券发行人加以遵守②。因此，组织法冲突的问题在对跨境证券发行人的监管中也应当加以强调。

在两国（地区）或者多国（地区）的法律存在冲突时，适用豁免无疑是操作上最简便的方式，但考虑到本国（地区）投资者利益的保护和证券市场的安全稳定，这一方式可以适用于特定条件、特定事项，不宜过于广泛地适用。相比之下，通过引入国际标准的方式实现各国（地区）法律的协调，是解决法律冲突问题的最好途径。在理想状态下，实现各国（地区）证券监管法律标准的完全统一，将消除法律冲突，极大地降低证券发行人在跨境公开

---

① 徐明，蒋辉宇. 外国公司在我国证券发行与上市的法律问题 [J]. 东方法学，2009（2）：76.
② 唐应茂. 国际金融法：跨境融资和法律规制 [M]. 北京：北京大学出版社，2015：59.

发行和上市的合规成本，促进世界资本市场的活跃，实现资本的自由流动。有学者甚至提出了制定全球性信息披露文件、全球性招股说明书的构想①。在现实条件下，起码在当今国际市场的状态下，实现这一构想的可能性微乎其微。但是监管者已经意识到统一各国（地区）证券监管法律标准所具有的重要意义。目前，已有一些重要的国际组织为国际证券市场的监管制定了统一的标准，鼓励各国（地区）监管者加以适用，促进各国（地区）法律监管标准的协调，例如 IOSCO 的国际信息披露标准，国际会计准则理事会（International Accounting Standards Board，IASB）的 IFRS 等。

三、平衡安全目标与效率目标

在确定监管法律协调模式的过程中，一国（地区）监管机构首先要考虑的就是安全与效率两大目标的平衡。在对跨境证券发行人的监管中，安全目标是指保证本国（地区）证券市场的安全稳定，防止系统性金融风险的发生，保护本国（地区）投资者的利益免受损失；效率目标是指提升跨境证券发行人的融资效率，降低其融资成本，进而吸引更多的跨境证券发行人在本国（地区）公开发行和上市②。这两大目标在外国文献中也被称为"保护本国投资者利益"与"增强本国证券市场的吸引力"③。

（一）安全目标

一国（地区）在监管跨境证券发行人时需要关注安全目标，即保护本国（地区）投资者的利益。这首先是因为证券投资者是证券市场资金的供给方，其投资能力关系到市场的融资规模和筹资主体资金需求的满足以及市场的活跃程度，其投资需求是促进市场结构优化和产品创新的基本动力，其成熟程度关系到证券市场的稳定性④。正因如此，投资者保护也是各国（地区）都

---

① GEIGER U. Harmonization of securities disclosure rules in the global market: a proposal [J]. Fordham law review, 1998, 66 (5): 1794.

② 胡进. 从安全与效率均衡视角看全球国际板市场的兴衰 [J]. 统计与决策, 2012 (13): 168.

③ SEE K F. The rationalization of regulatory internationalization [J]. Law and policy in international business, 2002, 33 (3): 480. LONGSTRETH B. A look at the SEC's adaptation to global market pressures [J]. Columbia journal of transnational law, 1995, 33 (2): 320.

④ 苑德军. 国际板监管的具体目标及监管原则 [J]. 银行家, 2011 (8): 85.

承认的一个重要目标。

在对跨境证券发行人的监管中强调本国（地区）投资者利益的保护，更重要的原因是，投资于跨境证券发行人的投资者面临着比投资于境内证券发行人的投资者更大的风险。第一，投资于跨境证券发行人的投资者将面临更严重的信息不对称问题。境内投资者与跨境证券发行人分处不同的国家（地区），必然存在跨境信息传递的难题①。由于各国（地区）的信息披露制度甚至信息披露所使用的语言都有所差异，境内投资者对虚假陈述的发现较为困难，在这种情况下，如果没有有效的法律法规对这些问题加以强有力的规范，跨境证券发行人在信息披露中进行虚假陈述的情况就可能增加，损害境内投资者的利益。第二，地域的限制增加了境内投资者行使股东权利的困难。尤其对于涉及股东共益权的问题，如股东大会参加权、表决权、选举权等，投资于境外公司的投资者由于较高的参与成本很可能放弃权利的行使，致使自身利益受到损害②。第三，由于各国（地区）公司、证券法律制度的差异，跨境证券发行人本身在公司治理方面就可能与境内证券发行人处在不同的水平线上③。公司治理涉及公司与股东的关系，由此将带来境内投资者利益的不确定性。

要实现安全目标，需要一国（地区）立法机关和监管机构将本国（地区）投资者利益摆在重要位置。一方面，应针对投资于跨境证券发行人的投资者所面临风险的特殊性，在充分考虑各国（地区）公司、证券法律制度差异的基础上，将反映本国（地区）利益的市场准入要求、公司治理要求、信息披露要求等以法律法规的形式确定下来④；另一方面，在实施监管措施和执行法律的过程中，也不能仅因为相对人是跨境证券发行人就放松监管要求。

（二）效率目标

一国（地区）在监管跨境证券发行人时还需要关注效率目标，即增强本

---

① 冯果，袁康. 国际板背景下证券法制的困境与变革 [J]. 法学杂志，2013（4）：50.
② 王小丽. 论国际板市场投资者保护法律机制的构建 [J]. 现代经济探讨，2010（7）：68.
③ 蒋辉宇. 跨国证券融资法律监管目标的合理选择 [J]. 法学，2013（2）：82.
④ 蒋辉宇. 跨国证券融资法律监管目标的合理选择 [J]. 法学，2013（2）：83.

国（地区）市场对跨境证券发行人的吸引力，因为这是提高一国（地区）资本市场活力和地位的驱动力量①。历史上，美国、欧洲等传统的资本市场都曾通过各种方式增加本国（地区）证券市场对跨境证券发行人的吸引力，对优质上市资源展开激烈争夺。对于我国来说，引入跨境证券发行人是推动我国资本市场国际化的重要步骤，只有吸引到一定数量的优质跨境证券发行人到我国资本市场公开发行和上市，这些目标才能够顺利达成。另外，吸引跨境证券发行人有利于扩大本国（地区）投资者可以选择的投资范围②，满足投资者的多元化需求，实现其投资组合的进一步优化。

在世界各国（地区）证券监管法律的宽严程度和具体内容存在巨大差异的情况下，合理处理各国（地区）法律之间的差异成为吸引符合本国（地区）市场要求的境外上市资源的重要途径。正如前文所述，证券发行人选择是否到境外公开发行和上市，到哪一国家（地区）公开发行与上市，是在经过成本效益分析后作出的决定，因此降低跨境证券发行人发行上市成本是吸引跨境证券发行人的重要手段。跨境证券发行人在他国（地区）境内公开发行和上市的主要成本包括股票承销费、证券中介机构服务费、上市费和合规成本，还包括其他难以物化的成本③，如时间成本、经济制度与社会环境差异带来的障碍等。而从立法机构和监管机构的角度来说，降低跨境证券发行人成本最主要的是降低合规成本④。对此，各国（地区）的立法机构和监管机构需要考虑给予其较为宽松的环境，降低跨境证券发行人承担的合规负担，以此吸引跨境证券发行人到境内公开发行和上市。

（三）安全目标与效率目标的冲突

由上文论述可以看出，安全目标注重金融安全与稳定，重视境内投资者的利益，倾向于对跨境证券发行人适用严格的法律标准；效率目标重视市场对跨境证券发行人的吸引力，倾向于适用宽松的法律标准。可见，安全目标

---

① 冯果，袁康．国际板背景下证券法制的困境与变革［J］．法学杂志，2013（4）：55.

② SHERBET E. Bridging the GAAP: accounting standards for foreign SEC registrants［J］. The international lawyer, 1995, 29（4）：896.

③ 苑德军．国际板监管的具体目标及监管原则［J］．银行家，2011（8）：84.

④ 蒋辉宇．跨国证券融资法律监管目标的合理选择［J］．法学，2013（2）：84.

与效率目标之间存在着矛盾。过分强调一个目标，就会忽视另一个目标的实现。

安全是市场健康发展的基石，但一国（地区）若过分追求安全目标，制定的标准过高、监管措施过于严厉，尤其是对跨境证券发行人监管的严格程度高于境内证券发行人太多，就会大大增加跨境证券发行人的公开发行与上市成本，降低市场对跨境证券发行人的吸引力，影响该国（地区）市场的流动性和活跃程度，使该国（地区）证券市场在国际上的竞争力和影响力降低[1]。

反过来，若过分强调效率目标，以牺牲市场上投资者的利益和市场的安全为代价来提升证券市场的吸引力，也是得不偿失的。首先，宽松的标准将不利于境内投资者利益的保护，使投资者对于资本市场的信心受到负面影响。另外，宽松的标准虽然能降低跨境证券发行人公开发行和上市的负担，在一开始增加市场的吸引力，但从长远来看，这种做法将无法吸引到优质的上市资源。过于宽松的标准将引发跨境证券发行人的监管套利行为，使得一些劣质证券发行人为了规避严格的法律而选择到标准较低的国家（地区）公开发行和上市。长此以往，一国（地区）市场上的劣质证券发行人太多，不仅会影响投资者的信心，使该市场失去声誉，丧失竞争力，更将破坏一国（地区）金融市场的安全稳定。历史上，美国曾经给予跨境证券发行人较大力度的豁免，由此受到了众多学者的批评。例如，有学者指出，对跨境证券发行人适用各种标准较低的监管规则，会使美国证券监管机构无法保证本国投资者的权益得到了应有程度的保护[2]。

（四）我国安全目标与效率目标的权衡

安全目标与效率目标不是非此即彼的关系，必须在考虑到一国（地区）经济、法律状况和资本证券市场发展水平等众多因素的基础之上作出综合判断。对于我国来说，必须结合我国资本市场新兴加转轨、投资者保护水平低、法律制度仍然相对滞后等特点，将保护投资者利益、确保市场稳定的安全目

---

[1] 苑德军．国际板监管的具体目标及监管原则［J］．银行家，2011（8）：85.

[2] BRUMMER C. Corporate law preemption in an age of global capital markets ［J］. Southern California law review，2008，81：1105.

标放在首位，兼顾降低跨境证券发行人融资成本的效率目标①。

1. 结合我国证券市场发展情况考量安全目标

现阶段金融监管应守住不发生系统性金融风险的底线。在我国当前的市场条件下，如果法律协调模式选择不好，可能在准入阶段将不合格的跨境证券发行人引入市场，也可能造成后续监管的乏力，无法维护市场的持续稳定。不合格的跨境证券发行人会将海外的风险传导过来，极大地危害我国市场的安全。因此我国在引入跨境证券发行人，确定法律的协调程度和法律宽严程度时，必须把我国市场的承受力放在最重要的考量位置，以此为基础确定实现安全目标的具体手段。在这种背景下，安全目标处于更加优先的位置。提高市场效率、提升市场吸引力的目标不能偏废，但是一定要结合我国引入跨境证券发行人的出发点，将真正优质的企业吸引进市场，以使我国的证券市场更加活跃，投资者的需求得到更好的满足。

2. 结合我国引入跨境证券发行人的目的考量效率目标

我国作为新兴市场，跨境证券发行人的引入由政府主导，这种方式更加有利于我国市场持续、稳定的发展。引入跨境证券发行人的主要目的是服务于我国国际金融中心的建设、资本市场体系的完善和资本市场国际竞争力的提高②。而相比之下，英、美等发达国家从证券市场一建立就不限制证券发行人的国籍，在发展的过程中逐渐形成了对跨境证券发行人的规定，是一种自然的发展过程。其吸引跨境证券发行人的目标也是在证券市场国际化的过程中，为了维护自身利益逐渐自发形成的。据此，我国在引入跨境证券发行人时具有特殊性也具有自身的优势。因此，应注重引入优质的跨境证券发行人。这就要求在确定法律协调模式时对效率目标的强调不能过度。不应仅从交易所或者证券交易商的利益出发，不能仅以提升市场吸引力和市场流动性为出发点制定适用于跨境证券发行人的法律标准。我国引入跨境证券发行人需要为国家战略服务，更加注重吸引优质跨境证券发行人在我国公开发行和上市。

---

① 苑德军. 国际板监管的具体目标及监管原则 [J]. 银行家, 2011 (8): 85.
② 唐应茂. 国际金融法: 跨境融资和法律规制 [M]. 北京: 北京大学出版社, 2015: 54.

四、促进我国经济与证券市场发展

作为发展中国家和新兴的证券市场，我国吸引跨境证券发行人的重要目标之一是实现金融市场的开放，促进证券市场的国际化，进而促进本国经济的发展。我国的众多经济性法律的着眼点都在于促进经济发展[1]，证券法律也不例外。例如，根据《证券法》第一条规定，我国证券法的目标不仅包括规范证券市场行为、保护投资者的合法权益，还包括维护社会经济秩序和社会公共利益，促进社会主义市场经济的发展。

这一目标与我国所处的经济发展阶段和证券市场发展水平是分不开的。目前，证券市场的开放与跨境证券发行人的引入必将承担促进我国金融、经济健康稳定发展，提升我国资本市场的国际竞争力，促进多层次资本市场的建设等任务。因此，包括我国在内的新兴市场将更加倾向于吸引资质较好的大型跨境证券发行人到境内公开发行和上市。在选择我国对跨境证券发行人监管的法律协调模式时，也应当把这一因素纳入考虑。例如，我国可考虑适用较高的上市条件，对跨境证券发行人进行预先筛选，保证在境内证券市场公开发行上市的跨境证券发行人的质量。

---

[1]　彭岳. 跨境证券融资的法律规制：以境外公司在境内上市的监管为视角 [M]. 北京：法律出版社，2011：26.

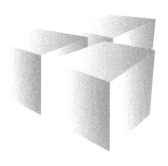

第四章　国民待遇模式在我国法律协调中的适用研究

　　第四章至第七章是本书的分论部分，将以我国问题的解决为立足点，结合国际实践，探讨每一种法律协调模式在我国的适用性和适用路径。其中，每章第一节是该章逻辑的起点，作为提出问题的部分，首先明确我国适用相应法律协调模式的法律基础、市场环境和现存问题。每章第二节、第三节是分析问题部分，结合国际适用法律协调模式的实践及其历史变化，对每一种法律协调模式的适用进行比较分析和价值分析，确认各法律协调模式的适用可能给我国带来的影响。每章第四节是解决问题部分，将结合我国的现实情况，确定我国适用该法律协调模式的具体监管事项范围，明确优化适用相应法律协调模式的具体路径，实现解决我国问题的最终目标。

　　在各种法律协调模式中，本书首先将对国民待遇模式及其在我国的适用问题进行分析。这不仅是因为国民待遇模式是跨境证券发行人监管历史上最先被采用的法律协调模式，也是因为国民待遇表面上的"不协调"是一切法律协调活动的起点。在跨境证券发行人监管这一领域适用国民待遇模式，表面上意味着加剧法律冲突的后果。但是，出于对金融安全目标的考虑，在很多历史时期和监管事项上各国（地区）总体上坚持对跨境证券发行人适用国民待遇模式。分析以美国为代表的成熟证券市场以往的实践可以发现，随着市场发展程度、法治发展程度、证券市场国际化水平等历史因素的变化，适用国民待遇模式的具体范围有所变化。另外，根据监管事项性质的不同，对跨境证券发行人适用国民待遇模式的力度也不同，例如在市场准入事项上适用国民待遇几乎是通行做法，而在公司治理事项上适用国民待遇则难以实现。以上情况都将成为确定我国如何适用国民待遇模式的重要参考。

第一节　我国适用国民待遇模式的基础与问题

　　与在一般的国际货物贸易中不同，国民待遇这一法律协调模式在跨境证券发行人的监管中不一定需要广泛适用。国民待遇模式的过多适用反而可能加剧各国（地区）之间的法律冲突，影响法律协调的实现。在梳理我国适用国民待遇面临的基础与问题时，也要关注这一点。

一、我国适用国民待遇模式的市场环境与法律基础

（一）我国适用国民待遇的市场环境

总体来说，在当前的历史条件和市场环境下，我国完全或者过大范围地对跨境证券发行人采用国民待遇并不是合适的选择。具体来说，与发达国家（地区）市场经过多年的开放不同，我国的证券发行市场在2018年前并未对境外开放。因此，与一些国家（地区）在众多事项上经历了国民待遇与豁免程度的争论，且国民待遇在一定时期内占主流不同，我国的资本市场上并未有过大规模适用国民待遇的实践。但在理论层面的讨论上，已有观点表明，我国应当对跨境证券发行人适用国民待遇，甚至适用比境内证券发行人更严格的标准。这些观点大多在我国提出开设国际板设想之前和提出该设想前期发表。若我国市场在当时的条件下开放，适用国民待遇甚至更加严格标准的做法的确较为合适。

而我国目前正处在引入"红筹企业"回归的试点阶段，引入跨境证券发行人的实践已经开始。当前，我国的市场发展情况和所面临的国际环境已经发生一些变化，我国对于跨境证券发行领域国民待遇的态度也应当有相应的调整。第一，我国目前对于跨境证券发行市场的开放并未采用一次性全面开放的方式，而先从具有我国背景的红筹企业回归开始。这使得我国引入跨境证券发行人的风险处于可控状态。在这种前提下对这些企业不加区别地适用国民待遇，反而容易增加这些企业的负担，与我国证券发行市场开放的初衷不相匹配。第二，2011年后，我国资本证券市场进一步发展，资本市场法治水平也取得了巨大进步。在制定相关法律规则时我国已经借鉴了大量的域外经验，对相关规定进行分析和取舍，作出了适合我国国情的选择。我国在此过程中已经意识到，域外一些法律规定是为了解决本国（地区）的特殊问题，在我国并不具有适用性；而我国必须为解决我国市场上出现的特殊问题制定一些与他国（地区）不同的规定。在这种情形下，我国更应追求的不是适用于境内外法律法规内容的形式相同，而是实现境内外证券发行人的实质平等。

而从国际环境来看，在2011年之后，IOSCO、OECD等国际组织也在为

国际规定的协调持续努力，国际实践中除了传统的国民待遇、豁免模式可以作为我国法律协调模式的选择之外，等效、一体化、"监管尊从"① 等新模式也获得了更大的发展，这在实践中提供了更多的法律协调模式可供我国选择。在此前提下，过于广泛地适用国民待遇不一定会起到最好的效果。这主要是因为在跨境证券发行上市领域法律规制方面的要求较多，国民待遇的形式平等容易引发实质上的不平等。并且，相对于各方的平等性，金融安全与效率目标的平衡才是金融监管中更加重要的考量因素。

（二）我国适用国民待遇模式的法律基础

目前，我国实际上已经有了适用国民待遇模式的一定法律基础。《证券法》将跨境证券发行人以及其发行的存托凭证总体上置于与我国境内发行人同等的地位，体现了采用国民待遇的大方向。在具体事项上，目前我国对于市场准入的程序性事项、信息披露事项已经在法律法规中采用了国民待遇。但是对于市场准入中的实体条件问题，由于我国证券市场还在不断开放的试点过程中，其采用的是国民待遇还是其他法律协调模式依然不甚明晰。本部分主要从我国市场准入程序的法律协调问题和信息披露的法律协调问题梳理我国适用国民待遇模式的法律基础。

第一，对于市场准入中的审核制度问题，《存托凭证管理办法》第七条规定，境外基础证券发行人应当依照《证券法》《存托凭证试点意见》以及中国证监会规定，依法经证券交易所审核，并报中国证监会注册。可见对于市场准入中的公开发行与上市的审核制度问题，我国对跨境证券发行人同样采用注册制，采用了国民待遇模式。

第二，在发行上市的程序上，《存托凭证管理办法》对于跨境证券发行人与我国证券发行人一样，坚持了承销、保荐等要求，采用了国民待遇。

第三，对于跨境证券发行人信息披露的问题，我国总体上坚持了国民待遇。按照《上市公司信息披露管理办法》第六十四条的规定，跨境证券发行人的信息披露义务也需要按照该办法来履行，除非法律法规另有规定。而

---

① "监管尊从"是近年来出现的一项跨境证券监管合作新机制，是指各国（地区）在进行监管协调和合作时应基于监管制度结果的相似性给予彼此尊重或信赖。参见：李仁真，杨凌. 监管尊从：跨境证券监管合作新机制［J］. 证券市场导报，2021（7）：2-11.

《存托凭证管理办法》对跨境证券发行人同样规定了与我国证券发行人类似的"及时、公平地履行信息披露义务，所披露的信息必须真实、准确、完整，不得有虚假记载、误导性陈述或者重大遗漏"的义务。在更加细化的《公开发行证券的公司信息披露编报规则第 23 号——试点红筹企业公开发行存托凭证招股说明书内容与格式指引》（以下简称《红筹企业招股说明书指引》）中，进一步规定了试点红筹企业发行信息披露的内容。从该文件的内容上看，试点红筹企业在发行信息披露时要披露的内容多于一般的境内证券发行人，但这并不是对于红筹企业额外增加负担，而是基于企业或者存托凭证的性质所必须额外披露的。具体来说，这些额外披露一般出于以下几个原因：①为了使投资者知晓境内外法律规定的差异，以便实现投资者平等保护①；②为了配合红筹企业特殊股权安排的需要②；③为了体现当前试点企业科技创新型企业的特点③。因此，这些规定均未影响目前我国对于信息披露采用国民待遇模式的总体思路。

可以说，从总体上看我国已经有了适用国民待遇模式的基础和条件，但未来更需要重点考虑的是如何合理地界定国民待遇模式的适用范围和适用事项。不加区分地在所有情况下均适用国民待遇模式，并不是当前条件下进行跨境证券发行人监管法律协调的最优路径。

二、我国适用国民待遇模式时存在的问题

（一）国民待遇模式适用的范围与方式不明晰

国民待遇模式适用的范围与方式不明晰，主要体现在我国关于跨境证券发行人在我国公开发行上市的实体条件中。关于相关的实体条件，我国在《证券法》第二条规定，在我国境内进行的证券交易适用我国《证券法》《公

---

① 例如，该文件第十三条规定，应在公司治理一节充分披露注册地公司法律制度及其公司章程与境内《公司法》等法律制度的主要差异及其影响。

② 例如，该文件第九条规定，应在风险因素一节充分披露与投票权差异或类似安排、协议控制架构、投票协议等。

③ 例如，该文件第十条规定，应在风险因素一节结合创新企业投入大、迭代快、风险高、易被颠覆等特点，披露相应的经营风险和业绩下滑、亏损风险。该文件第十二条规定，应在业务和技术一节结合行业特点披露其商业模式、核心竞争力及市场地位。

司法》和其他法律法规的规定。《证券法》第十二条明确指出，公开发行存托凭证的，也应当符合首次公开发行新股的条件。表面上看，我国法律虽然原则上对跨境证券发行人适用了国民待遇模式，但将进一步细化规定的权力授予其他法律法规和其他机关，实际上是比较模糊的。

在我国《证券法》《存托凭证管理办法》《上市公司信息披露管理办法》等法律文件中，多处采用了"跨境证券发行人应当遵照本法（本办法）的规定，但也需要遵守证监会等的特殊规定"这样的规定方式①。但是，由于我国目前引入跨境证券发行人的实践并不多，且尚处于引入红筹企业回归的试点阶段，相关的法律法规并没有制定完备。原则上的国民待遇没有更加细致的法律法规作为配套。因此，虽然我国现行的法律规定从表面上来看倾向于国民待遇，但实际上后续制定法规的空间很大，并不能确定我国在后续市场准入、信息披露等的细化规定上仍然采用国民待遇模式。因此，我国国民待遇模式具体的适用事项也是不明确的。这使跨境证券发行人在进入我国市场时缺乏可预期性，无法确认我国对跨境证券发行人采用的是国民待遇模式还是其他法律协调模式。

（二）国民待遇模式在市场准入和信息披露的适用难以适应扩大开放的需求

综合考虑我国面临的市场环境以及国民待遇的特点，在当前的历史条件下，我国完全或者过大范围地对跨境证券发行人采用国民待遇并不是合适的选择。从目前情况来看，我国对国民待遇的适用范围显得过宽，此种情况容易在未来市场开放需求进一步扩大时带来众多的立法成本。

第一，我国目前对跨境证券发行人市场准入规则的重要组成部分——发行与上市实体标准已经通过《深圳证券交易所股票上市规则》《上海证券交易所股票上市规则》等规则进行了统一。但是相关规则目前仅适用于红筹企业，适用范围有待扩展，此外对跨境证券发行人采用的标准与境内证券发行人有所差异。若在未来市场进一步开放时坚持这一路径，实质上要对不同的发行

①　例如，《存托凭证管理办法》第六条规定，公开发行以股票为基础证券的存托凭证的，境外基础证券发行人应当按照中国证监会规定的格式和内容，向证券交易所报送申请文件。《上市公司信息披露管理办法》第六十四条规定，跨境证券发行人要依照本办法履行信息披露义务，但法律、行政法规等另有规定的，从其规定。

人制定更加繁多的标准，反而会使立法成本进一步增加，增加立法者和监管者面临的负担。

第二，我国在信息披露问题上对于国民待遇的坚持更能体现"难以适应后续市场扩大的需求"这一缺陷。具体来看，我国目前仅就有行业与创新能力限制的部分红筹企业，制定了《存托凭证管理办法》《信息披露编报规则》等各层级的信息披露规定。以内容较细致的《红筹企业招股说明书指引》为例，该文件详细规定了试点红筹企业发行信息披露的内容。虽然前文已经分析，该文件的规定内容总体上体现了国民待遇的思路，但是在信息披露上的国民待遇无法等同于将适用于境内发行人的信息披露规定直接适用于跨境证券发行人。从需要披露的内容来看，为了实现国民待遇的目的，该文件基于企业自身或跨境发行的性质设定了一些额外披露要求。例如，需要通过企业的额外披露，使投资者知晓境内外法律规定的差异，以便实现投资者平等保护，体现当前试点企业作为科技创新型企业的特点等。若未来我国需要进一步开放市场，继续按照此种思路制定详细规则，将可能带来难以负担的立法成本，也将给跨境证券发行人增加负担。立法者、监管者、守法者面临的成本都将变得难以承受，不利于我国跨境证券发行人监管法律协调目标的实现。因此，如果我国未来证券市场开放程度不断扩大，而又有比国民待遇模式更优的法律协调模式可以适用于信息披露事项，我国完全可以考虑不在信息披露问题上过度地坚持国民待遇。国际组织已经制定了很多高质量和协调性高的标准，我国也可以考虑在信息披露问题上逐步采用国际标准，更好地实现各个目标的平衡。对于这一问题，本研究将在第六章"一体化模式"的适用中展开探讨。

（三）国民待遇在多层次资本市场准入标准中的适用不明确

国际实践表明，在所有的跨境证券发行人监管事项中，对于市场准入适用国民待遇是最为合适、争议最小的。但这种市场准入的国民待遇往往与多层次资本市场相配合，使得跨境证券发行人仍然可以获得一些灵活选择的空间。我国目前虽然已经允许红筹企业进入我国境内各层次资本市场，但在未来逐步开放市场的过程当中，允许其他跨境证券发行人进入我国多层次资本市场的哪些具体市场、进入各层次的市场要满足哪些准入标准，都还没有明确。因此，在开放多层次资本市场条件下实现市场准入事项的国民待遇仍然缺少一定法律基础。

具体来说，目前我国境内已经建立了包括主板、创业板、科创板、新三板、北京证券交易所等在内的多层次资本市场，上述市场也都在《证券法》等法律法规的指引下建立了体现各自特点和目标的市场准入标准。但是，由于目前我国市场开放阶段的限制，当前我国引入的跨境证券发行人仅限于红筹企业。而综合我国证监会关于相关红筹企业回归我国证券市场的准入规定可以发现，相关的法规和文件仅泛泛地规定了红筹企业可以选择以股票或存托凭证方式进入我国证券市场，规定了其公开发行证券的基本条件和程序，但对于后续上市问题的规定较少。在未来，如果我国能够确定需要继续对跨境证券发行人的市场准入适用国民待遇，就会因为能进入的市场有限、标准不够统一而挫伤这些发行人进入我国市场的积极性。

第二节　国民待遇模式适用的国际实践及评析

从国际实践来看，由于各个历史阶段的市场发展与国际化程度不同、各监管事项对于国家金融安全发展的影响有差别，因此各国（地区）在不同历史阶段对于不同事项中国民待遇模式适用的态度都有所区别。本节将对各国（地区）的相关实践进行梳理和评析，以便后续对国民待遇模式在我国的适用问题进行更加深入的探讨。

一、市场准入中国民待遇模式获得一致适用

跨境证券发行人的市场准入要求可以分为发行上市审核程序和发行上市实体条件两个方面。在跨境证券发行人监管的各事项中，市场准入是各国（地区）适用国民待遇模式最多且争议最小的领域。与境内证券发行人相同，证券发行人若要进入境外市场进行公开发行和上市，必须经过审核。国际上对跨境证券发行人的市场准入要求总体上多采用国民待遇模式，即境内外证券发行人所面临的审核程序要求和实体条件大体一致。由于各国（地区）的发行上市审核制度差别较大，在市场准入领域适用国民待遇实际上会增加跨境证券发

行人特别是选择交叉上市的发行人的负担。但是，出于对金融安全的考虑，国民待遇模式在实践中仍是各国（地区）在市场准入领域较为普遍的选择。

（一）公开发行与上市审核程序中国民待遇模式的适用

在引入跨境证券发行人的过程中，不同国家（地区）采用了不同的市场设立模式。比如，美国、英国等国家并未对跨境证券发行人设立独立的市场，而巴西、新加坡等国则为跨境证券发行人设立了单独的"外国板"。但不论是否为跨境证券发行人单独设立市场，在发行上市程序中，各国（地区）以国民待遇模式为主，即无论其注册地的公开发行审核制度属于注册制还是核准制，无论对于具体的申请、审核等程序的规定有什么差异，一旦选择进入上述国家（地区）的市场，就要按照与发行上市地境内证券发行人相同的规定，提交相应的材料以供审核。此外，各国（地区）对上述问题使用国民待遇的态度并没有随着历史的发展、市场状况和来自境外市场的竞争等方面的影响而产生太大变化。美国、英国、德国、中国香港等主要国家和地区都在证券公开发行审核程序制度上对跨境证券发行人适用国民待遇。即对于跨境证券发行人，总体来看，各国（地区）在证券的公开发行审核中总体上坚持用国民待遇协调各国（地区）审核制度的差异，仅在极少数情况下才会对跨境证券发行人适用有限豁免。对这些极其有限的豁免情况，本研究将在第五章第一节对于豁免模式的探讨中展开说明。

就公开发行证券的审核制度来说，各国（地区）的制度大多可分为注册制和核准制两类。其中，注册制指拟发行证券的公司按照相关法律规定，将依法应当公开的与拟发行证券相关的信息与材料制作成为法律文件向监管机构申报，并向公众公开，证券监管机构仅对发行申请文件进行形式审查。证券发行核准制则是指发行人不仅要公开全部的法定资料，还需要符合证券发行的实质条件，由证券监管机构对发行申请材料是否合法合规进行实质性审查①。

1. 美国的注册制实践

美国是适用证券公开发行注册制的最典型国家。所有符合条件的境内外证券发行人都可以向 SEC 提交符合要求的注册材料申请进行证券的公开发行。

---

① 冯果. 证券法 [M]. 武汉：武汉大学出版社，2014：39-40.

发行人首先需要向 SEC 提交一式三份的注册说明书和所有要求的附件。申请提交后即进入"等待期"，SEC 在此期间对拟发行公司提交的文件进行审查，确认文件是否符合 1933 年证券法、SEC 监管规则和政策的要求，审查期限最长为 20 天，若 20 天后 SEC 仍未作出处理，申请文件可以自动生效。在审查后，针对注册文件可以产生以下几种处理结果：一是 SEC 工作人员认为注册文件符合要求，即签发宣布注册声明有效的命令，注册文件生效；二是 SEC 工作人员发现注册声明在重大问题上存在不完整或表述不准确的情况，则可以签发命令，要求发行人对申请材料进行补正，否则拒绝该注册声明生效；三是当注册申请材料中存在重大不实陈述或重大遗漏时，SEC 有权签发停止令，中止该注册声明的生效①。在注册声明生效之前，发行人不得发售证券。在美国的证券发行注册制下，证券的发行与上市是两个独立的过程。在完成公开发行的注册程序之后，若发行人想要进行证券上市，就需要向相应的证券交易所提交上市申请，由交易所对该公司是否符合上市条件进行审核。

2. 英国与我国香港地区的核准制实践

英国与我国香港地区是对证券公开发行采用核准制的典型例子，且都以证券交易所作为核准的主体和证券市场最重要的监管机构。以交易所为主的自律监管并不意味着监管的放松。在英国，证券发行人若要实现证券公开发行，需要经历 9 道程序，伦敦交易所是英国证券公开发行唯一常规性的核准机构②，对申请公开发行的证券发行人的招股说明书等材料进行严格的实质审核，根据该证券发行人是否符合特定的资质要求确定是否享有公开发行的资格。在我国香港，则由香港联交所根据一系列实质标准判断证券发行人是否满足公开发行的条件③。

3. 德国的中间路线实践

德国是实行中间路线的典型例子，对不同的证券发行人实行不同的审核

---

① 罗斯，赛里格曼. 美国证券监管法基础［M］. 张路，译. 北京：法律出版社，2008：112-114. COX J，HILLMAN R，LANGEVOORT D. Securities regulation cases and materials［M］. 5th ed. New York：Wolters Kluwer，2006：154-156.

② 中国证监会，申银万国证券. 借鉴国外证券发行制度［J］. 资本市场，2015（2）：76.

③ 汤欣，魏俊. 股票公开发行注册审核模式：比较与借鉴［J］. 证券市场导报，2016（1）：12.

制度。德国对申请公开发行但不申请上市的证券发行人在发行阶段实行注册制，对公开发行且申请上市的证券发行人在发行阶段实行核准制。公开发行证券但不申请在交易所上市的证券发行人，需要在德国联邦交易监管局履行注册程序，由联邦交易监管局审核其提交的材料是否达到真实、规范、完整的要求。只要符合上述要求，联邦交易监管局就无权否决证券发行人的公开发行申请。而对于申请公开发行并上市的证券发行人，则由证券交易所对其公开发行与上市的资质进行实质审核①。德国的发行审核制度有着突出的优点。对于选择仅公开发行而不上市的证券发行人来说，实行注册制有利于提高审核的效率，使足够数量的企业成为候选上市公司，发挥市场机制的作用。对于既公开发行后续又要上市的证券发行人来说，由市场化的交易所承担实质审核的职能，可以保证其审核结果符合市场要求，对证券价值的判断合理且有效②。

（二）发行上市实体标准协调中国民待遇模式的适用

发行上市实体标准也是证券市场准入制度的重要组成部分，关注的是跨境证券发行人在自身资质，即在包括企业规模、股东基础、盈利能力等在内的实质条件上，需要达到何种要求、满足何种标准，才能被允许进入一国（地区）证券市场发行上市的问题。具有代表性的国家（地区）在上市条件上对跨境证券发行人倾向于实行国民待遇模式。同时，这种国民待遇经常建立在允许跨境证券发行人进入多层次资本市场的前提下。跨境证券发行人可以进入各个层次的市场上市，只要满足相应条件即可。跨境证券发行人不会单单因其"境外"身份就丧失上市资格，这使得规模、实力各不相同的跨境证券发行人实质上也可以较为灵活地选择适合自身的发行上市标准。

一般来说，各国（地区）的证券监管法律会在总体和原则上规定公司的发行上市实体标准，但对上市条件进行细节性、操作性规定的仍是各交

---

① 中国证监会，申银万国证券. 借鉴国外证券发行制度 [J]. 资本市场，2015 (2)：72.

② 刘洋. 完善我国证券发行审核制度的思考：基于国际经验的借鉴与启示 [J]. 华北金融，2012 (5)：59.

易所①。并且，一国（地区）之内不同交易所制定的上市规则以及其中涉及的具体指标要求也有很大差异。虽然各个交易所对跨境证券发行人上市条件的规定各有差异和侧重，但是其类型大体可以归纳为定性标准和定量标准。其中，定性标准是指无法直接量化、用数字表达的标准，主要包括公司治理结构等②。定量标准则是可以量化的、可以以数量形式表现的上市条件，主要包括存续期间、盈利能力、资产规模、股本分散程度等。本部分对于发行上市实体标准的研究将以定量标准为研究重点，因为通过对定量标准的对比可以较为直观、明显地看出各国（地区）及其交易所对跨境证券发行人规定的宽严程度，以及其在上市条件方面进行法律协调的态度。

1. 英国发行上市实体标准的协调实践

计划在英国上市的跨境证券发行人可以与英国本国的证券发行人一样，选择遵守较为严格的标准在伦敦交易所主板上市，也可以选择在实质要求极为宽松的替代性投资市场（alternative investment market，AIM）上市。若跨境证券发行人希望公开发行并在 AIM 上市，只需获得保荐人的推荐和持续督导，除此之外，几乎不用满足其他的上市条件规定。可以说，英国对于跨境证券发行人上市条件的协调适用国民待遇模式，允许其根据自身情况选择不同的市场，而且每个市场都对跨境证券发行人坚持了国民待遇。其中，主板上市实体标准要求较严。对比之下，在其创业板市场 AIM 上市的要求极为宽松。具体来说，AIM 对境内外证券发行人实行保荐人制度，即由具有资格的保荐人推荐证券发行人公开发行证券和上市，对其推荐的证券发行人进行持续的训示、辅导，并对其推荐发行人的质量进行担保③。在得到保荐人推荐的前提下，境内外证券发行人只需要再提交一份上市申请文件就可以实现在 AIM 上市。除此之外，在 AIM 上市不需要满足任何的持续运营时间、公众持股数量、最低市值等方面的定量要求④，境内外证券发行人能否在 AIM 上市，几乎完

① 陈岱松. 证券上市监管法律制度国际比较研究［M］. 北京：法律出版社，2009：167.
② 对于公司治理问题，本书将在后文展开讨论。
③ 陈杰. 英国另类投资市场终身保荐人制度的借鉴［J］. 新金融，2016（5）：40.
④ 曲冬梅. 国际板上市标准的定位：以境外交易所上市标准为例［J］. 法学，2011（6）：110.

全取决于保荐人的实力和信誉。

2. 我国香港地区发行上市实体标准的协调实践

在我国香港地区，对于跨境证券发行人的发行上市实体标准规定整体坚持国民待遇，但通过建立多层次资本市场满足发行人的不同要求。跨境证券发行人可以遵守较高标准在香港的主板市场上市，也可以遵守较为宽松的标准在香港的创业板市场上市。

香港的上市条件主要体现在联交所规则中。通过对规则的分析可以发现，在香港，跨境证券发行人无论在主板上市还是在创业板上市，都需要遵守与来自香港境内证券发行人相同的上市条件。相比之下，主板上市条件在业务类型、存续期间、财务要求、股东规模的要求上都明显严于创业板市场。若境内外证券发行人要在香港主板公开发行证券并上市，其需要具有不少于三个财政年度的营业记录，并且管理层需要在三个财政年度内保持不变；对于财务状况的要求，境内外证券发行人可以在盈利测试、市值/收入测试、市值/收入/现金流量三种标准中选择一种遵守；对于股东数量和公众持股数量，也就是股东基础和股权的分散程度，联交所也作出了规定。相比之下，境内外证券发行人在香港创业板上市，只需要不少于两个财政年度的营业记录。对于财务状况，其标准仅按照市值/现金流量测试确定，境内外证券发行人可以不遵守盈利和收入测试的要求，并且在市值/现金流量标准下，境内外证券发行人要达到的标准大大低于主板要求。在创业板上市的境内外证券发行人仅需要上市时市值达到1亿港元、过去两个财政年度产生的净现金流入达到2 000万港元即可，而申请在主板上市的跨境证券发行人的市值必须达到20亿港元、过去三个财政年度的净现金流入达到1亿港元。另外，在其他事项，如公司主营业务、规模、股东数量上，创业板的要求也大大低于主板要求①。

可见，在确定跨境证券发行人上市条件的问题上，英国和我国香港地区坚持了国民待遇，并没有刻意与他国（地区）的法律规定进行协调。但是，英国与我国香港地区都通过建立多层次资本市场的方式，在创业板市场上设置较低的上市条件。这样，英国及我国香港境内的投资者不论投资于境内证

---

① 马瑞清，MO，MA J. 中国企业境外上市指引 [M]. 北京：中国金融出版社，2011：6.

券发行人还是跨境证券发行人，都可以受到同等程度的保护，跨境证券发行人也可以选择适合自身的上市条件进行申请。处于成长期但有发展潜力和融资需求的跨境证券发行人可以选择在要求较低的创业板市场上市，不会因为英国或我国香港地区的上市条件过于严苛而丧失融资机会。在建立多层次资本市场的前提下对跨境证券发行人的上市条件适用国民待遇，很好地平衡了证券市场监管的安全目标和效率目标，有利于在不损害境内投资者利益的前提下增强本国（地区）证券市场的吸引力。实际上，英国 AIM 市场一经推出就显示出了其吸引力。自 20 世纪 80 年代以来，美国就已经感受到来自英国证券市场的竞争压力，AIM 市场的出现对美国证券市场和其他竞争对手在国际上的吸引力构成了更大的威胁。

3. 美国发行上市实体标准的协调实践

受到前述英国市场的竞争影响，美国从 20 世纪 80 年代后也构建了多层次的资本市场体系，仅全国性交易所就有纽约证券交易所（以下简称"纽交所"）、美国交易所、纳斯达克等。这些市场都对跨境证券发行人开放这些市场，发行人可以根据自身的资质和需求选择申请上市的市场。

美国的证券监管机构及交易所对跨境证券发行人上市条件基本坚持了国民待遇，有时对跨境证券发行人适用严于境内发行人的标准。例如，纽交所对跨境证券发行人上市条件的规定总体上要严于境内证券发行人。纽交所上市条件中的定量标准也可以分为股东规模、公司市值、财务状况、存续期间等几个方面。其中，对于股东规模、公众持股量、公司市值要求，跨境证券发行人要达到的规模基本是境内证券发行人的 2 倍左右。而对于财务标准，美国境内证券发行人可以在税前盈利、现金流量、纯价值评估、资产净值几个标准中选择一个标准加以遵守，而跨境证券发行人只能在税前盈利和资产净值两个标准中进行选择。并且，对于税前盈利的要求，跨境证券发行人要遵守的具体标准也比境内证券发行人复杂得多①。

整体来说，纽交所一直致力于打造较高的上市条件，建成一个重要的蓝筹股市场，形成区别于纳斯达克和美国交易所定位的市场，但这使得其上市

① 马瑞清，MO，MA J. 中国企业境外上市指引 [M]. 北京：中国金融出版社，2011：86.

标准过于严格，较低的法律协调程度为跨境证券发行人增加了负担。然而，由于 20 世纪 80 年代以来世界交易所的竞争越来越激烈，纽交所也加入了游说 SEC 降低跨境证券发行人上市条件的行列①。纽交所现行的标准已经在过往严格标准的基础上进行了调整，从严格标准逐渐趋向于国民待遇。可以说这是综合考虑了上市公司质量和自身竞争力的结果。并且，在纽交所之外，美国的纳斯达克等其他市场对境内外证券发行人同时适用了更加宽松的标准，可以作为尚不能达到纽交所上市条件的跨境证券发行人的另一种选择。

（三）各国（地区）对于市场准入一致选择国民待遇模式的原因分析

本研究探讨的各国家（地区）对跨境证券发行人的发行上市审核制度与实体条件整体上适用国民待遇。经分析，这种较为一致的态度主要是由以下原因造成的。以下分析也可以为我国的法律协调模式选择提供一定启示。若我国的国情或市场条件与以下分析类似，则我国也可以考虑对跨境证券发行人的市场准入问题适用国民待遇模式。

1. 对境内外证券发行人适用相同的市场准入要求最有利于金融安全

对跨境证券发行人的市场准入程度最直接地体现了一国（地区）证券市场的对外开放程度。作为进入一国（地区）市场的第一道门槛，各国（地区）坚持将金融安全目标放在首位，态度较为一致，不会因为其他国家（地区）的法律规定与本国（地区）有所差异就轻易放弃本国（地区）的法律规定。从准入程序上来看，各个国家（地区）实行的证券公开发行上市审核制度都是证券市场一般规律和具体国情相结合的产物②，与一国（地区）的经济发展水平、法律传统、投资者素质等也有很大关系。各个国家（地区）之所以适用不同的公开发行上市审核制度，本身就是在衡量本国（地区）市场与法治发展程度后进行的最优选择。同时，以上多种因素的综合考量最终都将指向"金融安全"这一目标。一个国家（地区）是否要应用注册制，必须全面评估本国（地区）的市场和法律是否完备，如果没有全面评估而盲目适用注册制，则可能危害市场的安全与稳定。出于金融安全的考虑，不因为跨

---

① 曲冬梅. 国际板上市标准的定位：以境外交易所上市标准为例 [J]. 法学，2011（6）：111.
② 叶林. 关于股票发行注册制的思考：依循"证券法修订草案"路线图展开 [J]. 法律适用，2015（8）：11.

境证券发行人的注册地而给予其有差异的准入程序规定，才是维护本国（地区）投资者利益和市场安全稳定的最优选择。

适用核准制的国家（地区）主要存在两种情况。第一种情况是以英国、我国香港地区为代表的核准制。这些国家（地区）使用核准制主要出于历史原因，是对本国（地区）核准制历史的延续。在这些国家（地区），严格的审核制度保证了上市公司的质量和市场的声誉。并且，这种核准制已经市场化，交易所承担了大部分的审核职能，政府几乎不会干预，有很强的灵活性。历史情况也已证明这种审核制度不会降低市场的竞争力，在市场的安全和效率之间得到了平衡。第二种情况是以一些新兴市场为代表、以政府为主导建立的核准制。与发达市场不同，新兴证券市场往往是在国际大环境和激烈的国际竞争的推动下，为了促进本国（地区）经济发展，由政府主推而建立的。与发达国家（地区）的证券市场前期在缺乏政府监管的情况下遵循市场规律、由市场力量推动自然演进成熟不同，新兴证券市场往往在本国（地区）的市场机制、信用体系不够完善，投资者素质尚未达到要求的情况下建立。在这种情况下，如果政府不为证券市场设置第一道防线，实施严格的实质审查，就会造成资本市场鱼龙混杂，使大量不符合要求的证券发行人进入市场，损害证券市场的安全稳定与投资者的利益。

实施证券公开发行核准制的目的是剔除市场上的不良证券。这种做法有利于提升证券市场信用，保证证券市场的安全稳定，维护市场上投资者的利益[1]。虽然由政府主导的核准制可能以牺牲市场效率为代价，但以何种态度面对注册制，本质上来说都是一国（地区）内部根据自身市场发展、法律现状作出的立法决定。

适用注册制的国家（地区）以美国为代表，其证券市场发展历史较为悠久，市场机制发展成熟，信用体系完备，失信成本高，使得信息披露违法的可能性相对较低。另外，美国市场中介机构发展成熟，既能很好地发挥"看门人"作用，监督证券发行人的行为，也能够对证券发行人披露的信息进行科学的分析，为中小投资者作出合理的投资决定提供参考。基于这些前提，

---

① 陈岱松. 证券上市监管法律制度国际比较研究［M］. 北京：法律出版社，2009：138.

在证券公开发行中适用注册制不仅有利于活跃市场，提升效率，发挥市场在资源配置中的决定性作用，也有利于节约政府精力，使其将有限的资源运用到最重要事项的监管中。市场也已经证明了注册制的有效性。

2. 多层次资本市场赋予市场准入国民待遇一定灵活性

各国（地区）在市场准入法律协调中适用国民待遇的另一大原因是：在一国（地区）市场内部，可以通过建立多层次的资本市场，设立多种证券上市标准，满足不同资质的发行人的融资需求和不同偏好投资者的投资需要。这在一定程度上缓解了国民待遇增加跨境证券发行人负担的可能性，也使各国家（地区）可以根据本国（地区）市场发展的目标和对市场开放程度的承受度选择允许何种发行人进入本国（地区）证券市场。例如，本部分关注的美国、英国、我国香港地区等通过允许跨境证券发行人进入境内多层次资本市场，允许其在境内各层次的交易所上市，使得不同资质的公司都有各自的选择空间，因此这些国家（地区）的市场仍然对跨境证券发行人有很强的吸引力。

发展中国家（地区）、新兴市场等在引入跨境证券发行人时，也可以在保持国民待遇的基础上获得选择的空间。例如，我国目前已经建立了完整的多层次资本市场体系。但是在开放过程中，是否需要为跨境证券发行人设置多层次的上市条件，是否应允许跨境证券发行人进入创业板、科创板、北交所等市场，都需要进行更加全面的衡量。在市场发展尚不成熟的国家（地区），对跨境证券发行人的开放不能一蹴而就，应当根据现实情况循序渐进。若盲目追求开放程度的提高，就很可能导致进入市场的企业良莠不齐。因此在市场的法律制度、投资者素质仍有待提高时，这是一种具有极大风险的模式。

3. 国民待遇不排斥发行上市标准的动态调整

从表面上来看，国民待遇强调适用于境内外证券发行人的标准一致，似乎缺乏灵活性和调整的空间。但实际上，国民待遇模式本身并不排斥实体标准的动态调整。虽然各个国家（地区）对于发行上市条件的规定有的严格、有的宽松，或者可以表述为适用"高端标准"或"低端标准"①，但是，涉及境内外证券发行人发行上市实体条件的协调时，依然可以坚持动态的国民待

---

① 曲冬梅. 国际板上市标准的定位：以境外交易所上市标准为例 ［J］. 法学，2011（6）：109.

遇模式。各国（地区）若希望通过严格标准提升证券发行人的质量，也可以同时提升境内外证券发行人的上市条件；若希望通过宽松的标准来提升市场的吸引力，也可以同时对境内外证券发行人采取宽松的标准。因此，动态意义上的国民待遇模式不仅表现为一个时点上保证适用于境内外证券发行人法律规定的一致，也包括在修改本国（地区）标准的同时修改针对跨境证券发行人的标准，还包括修改本国（地区）标准以使其与世界上其他国家（地区）的标准类似，以达到各国标准的趋同。

二、公司治理中国民待遇模式适用效果不佳

（一）对公司治理法律协调适用国民待遇模式的典型代表：《萨班斯法案》

公司治理事项本质上属于组织法问题，具有强烈的国别属性，与一国（地区）的法律传统和现实情况密切相关，在本研究涉及的各种监管事项中最为特殊。因此从理论上来看，公司治理的法律协调是不宜直接适用国民待遇模式的。从历史上的实践来看，各国（地区）一般也倾向于尊重跨境证券发行人注册地的规定，不对跨境证券发行人的公司治理问题进行额外要求。

美国自1933年证券法与1934年证券交易法颁布之初到2002年一直对跨境证券发行人的公司治理不进行额外要求，跨境证券发行人只需要遵守其注册地的公司治理规定即可，但是这一情况自美国2002年颁布《萨班斯法案》后发生了变化。《萨班斯法案》颁布的背景是：2001年底，美国最大的能源公司安然公司申请破产，揭露出了财务造假的巨大丑闻。2002年6月世界通信公司再次发生会计丑闻。上述事件严重影响了投资者对美国资本市场的信心。因此，美国于2002年颁布了《萨班斯法案》，对公司治理和信息披露进行了一系列严格的规定，以提高公司披露的准确性和可靠性，保护本国证券投资者①。

---

① 2001年，美国发生了安然事件，安然公司在2001年被揭露虚假披露财务信息，在1997—2001年虚增利润达5.86亿美元，且隐匿巨额债务。2001年底，安然公司不得不申请破产。事件发生后，安然公司的市值大量蒸发，股价最终跌至0.26美元。这一丑闻的发生严重影响了美国证券市场的稳定，影响了投资者的信心。因此，美国国会在极短的时间内就通过并实施了《萨班斯法案》。《萨班斯法案》并没有在考虑跨境证券发行人情况的基础上对其作出特殊规定。参见：PERINO M. American corporate reform abroad：Sarbanes-Oxley and the foreign private issuer［J］. European business organization law review，2003，4（2）：214.

《萨班斯法案》在公司治理等方面的严格要求提升了证券发行人的成本，并且这种严格要求也适用于跨境证券发行人。因此，该法案成为国际实践中对跨境证券发行人公司治理问题适用国民待遇模式的最典型例证。《萨班斯法案》虽然没有完全推翻历史上美国对于跨境证券发行人公司治理的规定，并没有使得公司治理的所有事项上都对跨境证券发行人适用国民待遇模式，但其规定已经触及公司治理的根本结构，并且明显体现了在重要的公司治理问题上不对跨境证券发行人实行豁免的态度。

（二）《萨班斯法案》采用国民待遇模式的具体表现

总体来看，《萨班斯法案》对美国境内外证券发行人从以下方面作出了提升公司治理水平和与公司治理有关的信息披露水平的要求：设立独立审计委员会；公司的执行官和财务官需要保证财务报告的真实性和内部控制水平；若某会计期间的收益报告需要重做，高管需要返还奖金；律师有责任报告证券违法的证据；禁止发行人向董事或高管发放贷款；在发行人年报中需要披露管理层建立内部控制与财务报告结构与程序的职责；对发行人职业道德的披露要求；对审计委员会"金融专家"相关信息的披露[①]；等等。

1. 独立审计委员会要求

《萨班斯法案》中带来最大争议也是最典型的涉及公司治理的规定就是其对上市公司必须设立独立审计委员会的要求，相关规定体现在该法案的第301条和407条中。根据《萨班斯法案》第301条的要求，申请在美国上市的境内外证券发行人必须建立起审计委员会，直接负责公司会计师事务所的选任、薪酬和监督。审计委员会委员必须具备独立性，不能从证券发行人处接受任何咨询、建议费用或其他费用，也不能是证券发行人的附属机构或者发行人子公司的附属机构[②]。根据《萨班斯法案》第407条的要求，跨境证券发行人还必须认定至少一名审计委员会成员作为具有美国 GAAP 经验的"金融

---

① PINE K. Lowering the cost of rent: how IFRS and the Convergence of Corporate Governance Standards can help foreign issuers raise capital in the United States and abroad [J]. Northwestern journal of international law & business, 2010, 30 (2): 501.

② WOO C. United States securities regulation and foreign private issuers: lessons from the Sarbanes - Oxley Act [J]. American business law journal, 2011, 48 (1): 139.

专家"。否则，该发行人就需要披露在审计委员会中没有该"金融专家"的原因。

《萨班斯法案》对于独立审计委员会的要求是整部法案中引起跨境证券发行人及相关利益主体最大不满的条款。可以说，这些新增的规定不仅增加了跨境证券发行人在美国公开发行和上市的成本，也因为忽视了各国（地区）法律制度和公司治理传统的差异而带来了严重的法律冲突问题。其带来的最大问题在于，很多跨境证券发行人按注册地规定建立起的公司治理结构很难满足该条关于"审计委员会所有成员必须具备独立性"的要求。而由于公司治理结构属于主体法事项，一家公司无法在其根本的公司治理结构上同时满足两种或两种以上的不同要求，这种要求甚至在实质上剥夺了公司在不同国家和地区交叉上市的权利。例如，在德国的双层董事会制度下，较低等级的"管理董事会"中没有独立董事，且较高等级的监事会中的半数必须为雇员代表①，这就与《萨班斯法案》关于审计委员独立性要求不符。另外，该法案第301条要求证券发行人审计委员会的成员都是董事会成员，这一规定也与很多国家（地区）的法律规定直接冲突。例如，俄罗斯法禁止审计委员会的成员担任董事。对于审计委员会的义务，《萨班斯法案》第301条规定公司的审计委员会必须直接对公司审计人员的聘用、薪酬、监督负责，但是当时德国法律规定需要股东在年度大会上任用审计人员②。因此，遵守审计委员会独立性及审计委员会义务的要求会造成大陆法系国家公司的治理结构发生实质性改变③。欧盟曾对此现象作出评价，认为应对第301条的规定给予跨境证券发行人完全的豁免，若不豁免，很多交叉上市的跨境证券发行人同时遵守注册地法律和《萨班斯法案》的规定将是极其困难的④。

---

① DELAMATER R. Recent trends in SEC regulation of foreign issuers: how the U. S. regulatory regime is affecting the United States' historic position as the world's principal capital market [J]. Cornell international law journal, 2006, 39 (1): 114.

② MCLEAN W. The Sarbanes-Oxley Act: a detriment to market globalization & international securities regulation [J]. Syracuse journal of international law and commerce, 2005, 33 (1): 337.

③ WOO C. United States securities regulation and foreign private issuers: lessons from the Sarbanes-Oxley Act [J]. American business law journal, 2011, 48 (1): 142.

④ WOO C. United States securities regulation and foreign private issuers: lessons from the Sarbanes-Oxley Act [J]. American business law journal, 2011, 48 (1): 145.

2. 公司高管的财务报告认证要求

《萨班斯法案》在第 302 条和第 906 条规定了公司首席执行官和首席财务官对于公司财务报告的认证义务。根据《萨班斯法案》第 302 条，SEC 要求在每一份财务报告当中，首席执行官和首席财务官都必须保证他们审阅了报告，并且认为报告不存在任何的虚假陈述或者重大遗漏。《萨班斯法案》第 906 条还向首席执行官和首席财务官施加了额外的认证要求。在第 906 条下，上述高管需要保证每一份定期财务报告都完全符合《证券交易法》13（a）和 15（d）的要求，并且定期报告包含的信息都在所有重大方面真实地表现了证券发行人的财务状况和经营结果。相比于第 302 条，第 906 条的处罚规定更加严格，向明知财务报告不真实而作出保证的高管人员施加了刑事责任①。另外，《萨班斯法案》第 501 条还规定，不允许公司向其高管发放贷款。

以上条文对于公司高管保证责任的规定依然与很多国家（地区）的公司治理结构相冲突。《萨班斯法案》第 302 条建立在公司只有一个首席执行官和一个首席财务官的假定之上，但在德国，公司的管理委员会是一个整体，共同代表公司②，而在日本，公司是由不同等级委员会的董事会运行的，委员会通过集体决策机制管理公司。因此，在美国被认为是高管的人员在日本其实是董事会成员③。还有一些国家（地区）将公司财务信息准确性要求的最终责任施加于董事会而不是首席执行官和首席财务官。上述情况下，在财务报告上签字的高管在其注册地法律下实际上是不需承担《萨班斯法案》第 302 条规定的这种保证责任的④。在《萨班斯法案》第 906 条对于公司高管的保证责任作出如此严格规定的情况下，第 302 条对责任主体的划定无疑增加了跨境证券发行人高管的负担，加剧了法律冲突，可以说是不合适的。

---

① WOO C. United States securities regulation and foreign private issuers: lessons from the Sarbanes-Oxley Act [J]. American business law journal, 2011, 48 (1): 141.

② WOO C. United States securities regulation and foreign private issuers: lessons from the Sarbanes-Oxley Act [J]. American business law journal, 2011, 48 (1): 142.

③ MCLEAN W. The Sarbanes-Oxley Act: a detriment to market globalization & international securities regulation [J]. Syracuse journal of international law and commerce, 2005, 33 (1): 337.

④ PERINO M. American corporate reform abroad: Sarbanes-Oxley and the foreign private issuer [J]. European business organization law review, 2003, 4 (2): 225.

（三）《萨班斯法案》实施文件对国民待遇的有限放宽

在收到来自相关利益主体的多种反对意见之后，SEC 开始有限地改变了《萨班斯法案》完全对跨境证券发行人采用国民待遇的做法。2003 年，SEC 在其实施《萨班斯法案》第 301 条的文件《审计委员会标准文件》（Audit Committee Standards Release）中规定了跨境证券发行人在《萨班斯法案》第 301 条下可以享受的豁免，主要体现在该文件的 II. F. 3 条当中。第一，SEC 为跨境证券发行人审计委员会中的职工代表豁免了独立性要求，因为这些代表本身就是对管理层进行独立检查的角色，已经可以实现独立性要求的目的。第二，对于采用双层董事会结构的跨境证券发行人，监察董事会被视为"董事会"。监察董事会可以单独成立审计委员会，如果监察董事会满足了独立性的要求，也可以直接作为审计委员会。第三，只要满足了独立性要求中的"不领取报酬"一项，跨境证券发行人的审计委员会的成员就可以隶属于公司。第四，由于一些跨境证券发行人拥有持有其大量股份的政府股东，或者政府对这一跨境证券发行人有特殊的控制权，SEC 允许跨境证券发行人的审计委员会成员中有政府或者政府性实体的代表，只要这一代表满足"不领取报酬"的要求。第五，在某些情况下，SEC 还允许跨境证券发行人豁免审计委员会要求。若要享受此豁免，该发行人必须本身就具有审计委员会（board of auditors）或者法定审计师（statutory auditors），并且相关人员和委员会是根据具有独立性要求的境内标准选出和组成的①。

但是，上述处理方式对于《萨班斯法案》所确定的公司治理国民待遇模式的改变是极其有限的。第一，对于第 301 条规定在独立审计委员会问题上引起的法律冲突，SEC 的处理方式并不是完全地承认跨境证券发行人的公司治理结构，而只是在几种特定的情况和严格的条件下才能有限地豁免第 301 条的审计委员会要求。第二，除了第 301 条之外，SEC 对于《萨班斯法案》的其他条款并没有进一步规定针对跨境证券发行人的豁免。因此从整体上来看，《萨班斯法案》在公司治理问题上仍然对跨境证券发行人适用国民待遇模

---

① WOO C. United States securities regulation and foreign private issuers: lessons from the Sarbanes-Oxley Act [J]. American business law journal, 2011, 48（1）: 146.

式。跨境证券发行人面临的负担依然严重。

（四）国民待遇对公司治理事项的不适应性分析

通过《萨班斯法案》，美国对跨境证券发行人公司治理问题适用的法律协调模式从以往的豁免模式变为国民待遇模式，引起了美国及其他国家学术界、跨境证券发行人、美国本国及国外交易所等利益团体的激烈讨论。虽然有研究称，《萨班斯法案》没有对跨境证券发行人作出任何特殊规定，直接对其适用国民待遇模式是因为立法过程过于匆忙①，但《萨班斯法案》规定的国民待遇模式自实施以来几乎没有发生变化。它带来的讨论、影响都是持续的。可以说，遵守上述规定对于美国境内证券发行人来说是一项耗时耗力的工作，大大增加了美国境内证券发行人申请上市的成本。而对于跨境证券发行人来说，遵守美国严格的法律规定，在美国公开发行与上市难度较大，此时《萨班斯法案》的新要求无疑使跨境证券发行人在美国公开发行与上市变得更加困难。但对于跨境证券发行人来说，最难以解决的问题是，按照《萨班斯法案》的要求改变公司自身的治理结构不仅是耗费成本的，更是在实践上不可能实现的。尤其对于交叉上市的跨境证券发行人来说，由于公司治理问题涉及公司的组织结构，若两国（地区）相关法律严重冲突，跨境证券发行人就只能遵守其中一种，而无法遵守另一种，这使得跨境证券发行人极可能丧失交叉上市的机会。

由此可见，《萨班斯法案》对于跨境证券发行人公司治理适用国民待遇模式的做法并不合适。但是，前文对《萨班斯法案》国民待遇模式的讨论主要涉及美国在这一部单独法案中的实践，视角的广度有限。本部分将以此为起点，更加深入地讨论国民待遇模式是否适用于公司治理法律协调这一问题。

1. 国民待遇模式对于公司治理事项适用性的多重考量因素

对跨境证券发行人公司治理的法律协调适用国民待遇是否合适？对这一问题的解答应当分析多个因素。

第一，公司法与证券法的界限问题。由于公司治理对保护中小股东利益

---

① PERINO M. American corporate reform abroad: Sarbanes-Oxley and the foreign private issuer [J]. European business organization law review, 2003, 4 (2): 214.

的重要性，在涉及上市公司的情况下，各国（地区）的证券法都不同程度地"入侵"了公司法，规定了公司法事项。然而，由于一般原则是跨境证券发行人适用其注册地的公司法和发行上市地的证券法，一旦各国（地区）公司法和证券法规定的范围不同，就会导致监管重叠或监管漏洞。在公司治理事项上，想要对跨境证券发行人适用国民待遇，并且达到安全目标与效率目标的平衡，必须以各国（地区）都合理地划定了公司法与证券法的界限为前提。否则，若发行上市地证券法中规定的公司治理事项过多，就会增加跨境证券发行人的负担，甚至会要求跨境证券发行人从头到脚地把自己改造成当地公司；若发行上市地证券法中规定的公司治理事项过少或没有相关规定，仅要求跨境证券发行人遵守其注册地的公司法，那么发行上市地投资者就很难理解与适应该跨境证券发行人注册地的规定，这对发行上市地境内的投资者来说是极其不利的。对此，有学者指出，在平衡跨境证券发行人与境内投资者两者利益的前提下，比较合理的做法就是在证券法中加入部分涉及公司法的规定，核心在于归纳出本地投资者最看重的公司法基本要素，要求境外公司加以遵守①。

第二，各国（地区）的公司治理法律制度和现实情况差异较大，并不存在判断公司治理法律制度孰优孰劣的统一标准。与信息披露等法律制度相比，各国（地区）的公司治理结构和公司治理法律制度更需要与本国（地区）的现实情况和法律传统相适应，因此，很难提出一个量化的标准，判断各国（地区）的公司治理制度的优劣。若一味要求跨境证券发行人遵守本国（地区）的公司治理法律制度，有过分推崇本国（地区）法律制度之嫌。

第三，正如前文论及，各国（地区）公司治理法律制度建立是为了解决市场上证券发行人存在的特定问题，以保护境内投资者作为股东的利益。将本国（地区）公司治理法律直接适用于跨境证券发行人而不考虑跨境证券发行人的特殊情况，将造成手段与目的的错配。这样既增加了跨境证券发行人的负担，又没能达到解决公司治理问题的目的，境内投资者的利益也仍然无法保证。

---

① 唐应茂. 国际金融法：跨境融资和法律规制 [M]. 北京：北京大学出版社，2015：59.

第四，众多学者认为，一国（地区）公司治理法律制度过于严格或者与他国（地区）法律制度差异太大，会增加跨境证券发行人的负担，降低一国（地区）市场对跨境证券发行人的吸引力。这一观点又以讨论《萨班斯法案》影响的研究最为突出。有学者认为，《萨班斯法案》实行的严格标准降低了美国市场对跨境证券发行人的吸引力，尤其在世界其他证券市场也在不断发展和开放的情况下①。这种观点在《萨班斯法案》刚刚颁布时非常普遍。但在《萨班斯法案》实施几年之后，越来越多的研究开始注重运用实证数据，而不仅仅从理论上探讨《萨班斯法案》及其公司治理规定对跨境证券发行人在美国公开发行上市意愿的影响。随着实证研究的增加，更多的学者发现，《萨班斯法案》的实行究竟是否降低了美国证券市场的吸引力，其实并无定论。随着选取公司样本的行业范围、时间范围、样本数量的变化，各个研究者得出的结论差异巨大②。对于这样的现象，有学者指出，严格的法律规定对于不同行业和规模的企业的影响是不同的，不能一概而论。例如，大型公司较少受到《萨班斯法案》的影响。也有一些学者指出，不同国家（地区）的公司在美上市的动机不同。来自欧盟、日本、新兴市场的证券发行人在境外公开发行和上市的动机是不同的，《萨班斯法案》对于其影响当然不同。根据约束理论，若跨境证券发行人选择在美国公开发行和上市是为了遵守更加严格的法律规定，以增加其声誉，提升股价，此时，遵守美国法律规定所增加的成本就被在美国公开发行和上市带来的收益抵消，因此，《萨班斯法案》严格的规定并未影响美国资本市场的吸引力③。另外，即使在《萨班斯法案》颁布后，在美国上市的公司数量增长率确实较《萨班斯法案》颁布前有所下降，但这也可能是受多种因素影响的结果，而不是单纯由《萨班斯法案》导致的。

---

① KARMEL R. Barriers to foreign issuer entry into U.S. markets [J]. Law & policy in international business, 1993, 24 (4): 1236.

② PERINO M. American corporate reform abroad: Sarbanes-Oxley and the foreign private issuer [J]. European business organization law review, 2003, 4 (2): 236. SHIN S. The effect of the Sarbanes-Oxley Act of 2002 on foreign issuers listed on the U.S. capital markets [J]. New York University journal of law & business, 2007, 3 (2): 743.

③ WOO C. United States securities regulation and foreign private issuers: lessons from the Sarbanes-Oxley Act [J]. American business law journal, 2011, 48 (1): 142.

2. 对公司治理采用国民待遇无益于安全目标的实现

从某种意义上来说，美国在发生广泛的公司违法丑闻之后采取制定《萨班斯法案》的做法并不奇怪。当市场上发生广泛的欺诈行为以至于引起危机时，修订并适用更加严格的立法是监管者普遍的、合理的选择。在美国历史上，也有市场上的泡沫过多使美国制定更严格法律的先例。20 世纪 20 年代证券市场的繁荣和 20 世纪 30 年代的大萧条促使 1933 年证券法和 1934 年证券交易法的诞生。20 世纪 60 年代，美国发生了类似的技术泡沫事件，包括施乐、IBM、拍立得等通过财务报告的滥用行为，比如在并购中不正当运用发行专用账户来缓和公司的财务结果。因此，20 世纪 70 年代左右，美国制定了一系列更严格的法律，比如 1968 年的《威廉姆斯法案》、1974 年的《雇员退休收入保障法》、1976 年的《罗蒂诺法》、1977 年的《反海外腐败法案》等①。

但是 21 世纪之后，现实情况与 20 世纪 30 年代至 70 年代大不相同，在公司治理问题上对于跨境证券发行人适用过于严格的标准，特别是不考虑跨境证券发行人的特殊情况而对其适用完全国民待遇的做法是不可行的。第一，美国资本市场近年来对于跨境证券发行人的态度一直越来越开放，因此《萨班斯法案》突然施加的严格要求违背了历史潮流，超出了跨境证券发行人的预期；第二，20 世纪 80 年代以来，美国以外的其他资本市场取得了长足的进步，这些资本市场的法律制度建设也日益完善，标准也不断提高，他国（地区）的法律制度很可能已经能够达到与美国相同的效果，但美国一味坚持本国的标准使得跨境证券发行人不得不处理更加严重的法律冲突问题，这实际上是没有必要的②。《萨班斯法案》无疑在 SEC 与其他国家（地区）的监管者之间造成了不协调的情况，其单边主义给 SEC 与他国（地区）监管者共同努力达成解决公司治理问题方法的过程带来了障碍③。

---

① DELAMATER R. Recent trends in SEC regulation of foreign issuers: how the U. S. regulatory regime is affecting the United States' historic position as the world's principal capital market [J]. Cornell international law journal, 2006, 39 (1): 114.

② DELAMATER R. Recent trends in SEC regulation of foreign issuers: how the U. S. regulatory regime is affecting the United States' historic position as the world's principal capital market [J]. Cornell international law journal, 2006, 39 (1): 115.

③ MCLEAN W. The Sarbanes-Oxley Act: a detriment to market globalization & international securities regulation [J]. Syracuse journal of international law and commerce, 2005, 33 (1): 339.

其实，美国并不是世界上唯一一个认识到公司治理改革对增加投资者保护、减少公司丑闻的必要性的国家。《萨班斯法案》颁布后不久，欧盟、加拿大和韩国的证券监管者也颁布了起到类似作用的严格的规则①。例如，欧盟在2003 年 5 月 21 日发布了名为《建立现代公司法，强化公司治理》的行动计划。这份行动计划制定了一系列立法性质和非立法性质的征求意见稿，重点关注了公司治理问题。该行动计划的主要规定包括要求上市公司制定"年度公司治理标准"、提升非执行董事或监督董事的作用、制定审计委员会的最低标准、提升高管薪酬的透明度等②。

可以说，各国（地区）在确定监管目标以及公司治理制度的目标时都有共同的利益，欧盟也曾经指出，其与美国在证券监管的很多方面都有着相同的监管目标和监管原则③。但是，总体上相同的原则和目标并不能保证各国（地区）制定的具体法律就是一致的。实践也证明，尽管各国（地区）监管者都需要实现保护股东利益、维护市场公平的目标，但是在公司治理的规定上有很多问题都是不可调和的，存在潜在的冲突，因此完全使用国民待遇并不合适。

三、信息披露中国民待遇已不适合大范围适用

在信息披露事项上，由于各国（地区）法律规定的差异以及降低跨境证券发行人负担的考虑，主要市场极少对跨境证券发行人在信息披露上完全适用国民待遇模式④。目前从世界范围来看，对跨境证券发行人信息披露问题适用国民待遇的情形已不常见。但从历史的视角来看，美国是曾经对信息披露适用国民待遇模式较多的国家，本研究仍可以通过对当时的实践进行历史分析来讨论国民待遇模式对于信息披露法律协调的适用性问题。

美国对跨境证券发行人信息披露要求的协调模式随时间推移变化很大，

① SHIN S. The effect of the Sarbanes-Oxley Act of 2002 on foreign issuers listed on the U. S. capital markets [J]. New York University journal of law & business, 2007, 3 (2): 743.

② SHIN S. The Effect of the Sarbanes-Oxley Act of 2002 on foreign issuers listed on the U. S. capital markets [J]. New York University journal of law & business, 2007, 3 (2): 743.

③ SHIN S. The Effect of the Sarbanes-Oxley Act of 2002 on foreign issuers listed on the U. S. capital markets [J]. New York University journal of law & business, 2007, 3 (2): 743.

④ 例如，在英国发行上市的跨境证券发行人可以被豁免多项披露要求；在欧盟发行上市的跨境证券发行人注册地的规定若满足"等效"的要求，就可以直接提交按注册地标准编制的发行上市文件。

与国际市场发展程度紧密联系，基本经历了从国民待遇模式到豁免模式再到一体化模式的过程①。本部分主要以美国在 20 世纪 80—90 年代进行的信息披露法律协调实践为例，说明国民待遇模式在信息披露事项法律协调中的适用情况。在这一阶段，美国对于跨境证券发行人财务信息披露和非财务信息披露法律协调的态度有比较大的差异。对于非财务信息披露，美国在总体上对跨境证券发行人采用国民待遇模式，同时在具体规定上通过设计不同信息披露表格的方式给予跨境证券发行人缓和的空间；而对于财务信息披露，则非常严格地要求境内外证券发行人遵守同一套标准。

（一）　对非财务信息披露法律协调适用国民待遇模式的实践

从非财务信息披露的内容和形式上来看，美国在 20 世纪 80—90 年代对跨境证券发行人总体适用了国民待遇模式。这一时期，美国对跨境证券发行人与境内证券发行人适用两套平行的信息披露表格。两套表格在体系、条款内容、结构等方面都具有极高的可比性，并且除了部分内容有所区别外，在最重要的内容上境内外证券发行人需要遵守的规定相同，总体上实行了国民待遇。

具体来说，在公开发行注册和信息披露问题上，美国境内证券发行人须适用 S 系列表格，而跨境证券发行人适用 F 系列表格。在 20 世纪 80—90 年代，美国适用于境内外证券发行人的这两套注册表格在结构上类似，在内容上具有可比性，体系上也通过编号相互对应：①表格 S-1 和表格 F-1。该表格是在美国公开发行证券的注册文件，被称为注册声明书（registration statement），是发行注册过程中最基本的文件，其核心内容是公司的招股说明书。表格 S-1 适用于境内证券发行人，表格 F-1 适用于境内证券发行人。首次在美国注册的跨境证券发行人和在美国履行报告义务不到三年的跨境证券发行人适用表格 F-1。②简式登记适用的表格 S-2/F-2 和表格 S-3/F-3。根据发行人资质的不同，满足一定条件的美国本国和跨境证券发行人可以选择用以上表格进行简式登记和发行信息披露。表格 S-2/F-2 适用于世界级证券发行人或者至少向 SEC 履行了 3 年报告义务的证券发行人。表格 S-3/F-3 适

---

①　美国对跨境证券发行人信息披露的要求规定详尽，从各个历史阶段来看也基本涵盖了各种法律协调模式，是研究信息披露监管法律协调模式的最好范例。因此，本研究对于信息披露适用各法律协调模式问题的研究都将以美国的规定与实践为主要对象。

用于已经向美国至少履行了 3 年报告义务的世界级发行人，因为可以认为这些发行人现有的信息都已被公众完全获得，其披露信息要求也最简单①。

在公司上市后的持续信息披露方面，美国对于境内外证券发行人同时采用"综合信息披露体系"（integrated disclosure system）的实践最能体现其对国民待遇模式的适用。综合信息披露体系是指采用"索引适用"的方法使发行信息披露与后续信息披露文件的内容具有延续性，后续信息披露文件可以直接索引适用发行信息披露文件的内容。这种做法增强了信息披露的体系性，也大幅降低了发行人的信息披露成本。自 1982 年起，美国对其境内外证券发行人几乎同时适用了综合信息披露体系。在这一体系下，SEC 修改了 1934 年证券交易法规定的信息披露要求，使其与 1933 年证券法规定的信息披露要求相协调。在综合信息披露体系下，境内外证券发行人各自的年报表格 10-K、表格 20-F 也成为持续信息披露中的最核心文件。1982—1999 年，表格 10-K 和表格 20-F 在内容和结构上仍具有可比性。二者在非财务信息披露问题上都采用了参照《非财务信息披露内容与格式条例》（即《S-K 条例》）索引适用的方式，证券发行人需要根据《S-K 条例》披露包括业务描述、法律事项、高管薪酬、风险因素、管理层讨论与分析在内的内容②。

美国在 20 世纪 80 年代至 90 年代的信息披露协调实践，尤其是对境内外发行人同时采用综合信息披露体系的做法，在减轻本国发行人信息披露负担的同时，也意欲减轻跨境证券发行人负担。这使跨境证券发行人信息披露更加规范，也使本国发行人和跨境发行人处于更加公平的竞争环境之下③，体现

---

① KARMEL R. Barriers to foreign issuer entry into U. S. markets [J]. Law & policy in international business，1993，24（4）：1215.

② Integrated Disclosure System For Foreign Private Issuers，Securities Act Release No. 6360.

③ 综合信息披露体系主要基于有效市场假说的提出和流行。有效市场假说揭示了有效市场上信息与证券价格的关系。该假说认为，至少在半强式有效市场中，只要公司的信息一公开，资本市场就会立即并且完全吸收这些信息并反映在股票的价格上。当 1933 年证券法和 1934 年证券交易法所要求披露的注册信息趋于一致后，由于市场上很多公司（尤其是世界级的证券发行人）的股票已经在美国上市交易了一段时间并且被分析师和媒体紧密追踪，此时的市场价格已经包含所有相关的信息，因此SEC 开始允许证券发行人按照已经在其之前年度报告中披露的信息进行新的公开发行。综合信息披露体系允许之前已经披露过的信息不需要在之后的证券法下的注册文件中再出现，只需要通过引用的方式注明即可。需要披露的只有在公司上一个定期报告或者现状报告（current report）之后发生的重大变化，外加欲进行融资的相关信息即可。

了动态适用国民待遇的实践方式。此种实践既保护了本国投资者获取信息的权利，也增强本国市场对跨境证券发行人的吸引力，同时有利于实现本国投资者投资组合多元化的目标①，体现了平衡安全目标与效率目标的导向。

（二）对财务信息披露法律协调适用国民待遇的实践

20世纪80年代至90年代，美国在财务信息披露领域对跨境证券发行人适用国民待遇的态度比非财务信息披露领域更加强硬。一方面，对于财务信息披露的内容，美国在这一时期内对境内外证券发行人的要求基本相同，有时对跨境证券发行人的要求更为严格。另一方面，对于财务信息披露适用的会计准则②，美国在历史上一直要求跨境证券发行人适用美国 GAAP③ 或其注册地 GAAP，但要附加针对美国 GAAP 的调节表，体现了对国民待遇的严格适用。这种态度一直到美国2008年允许跨境证券发行人适用 IFRS 编制财务报表后才有所缓解。

1. 境内外证券发行人财务信息披露内容基本一致

在20世纪80年代—90年代，美国对于境内外证券发行人财务信息披露的要求内容基本一致，在此期间，美国要求所有跨境证券发行人编制财务报表时都应遵守美国《财务信息披露内容与格式条例》（即《S-X 条例》）的要求，在此规定的指引下，境内证券发行人年报表格 10-K 的财务信息披露要求与跨境证券发行人年报表格 20-F 的信息披露要求基本一致，甚至在一些规定上，适用于境外发行人的规定要严于境内证券发行人。

从财务报告的内容上来看，跨境证券发行人所要遵循的标准体现在表格

①　Integrated Disclosure System For Foreign Private Issuers, Securities Act Release No. 6360.

②　会计准则是一种成文的会计核算规范，是处理会计业务所必须遵循的准绳和指南，是会计人员从事会计工作必须遵循的基本原则。会计准则一般由基本准则、具体准则等多个层次构成，对各种财务事项的会计处理加以规范。

③　美国 GAAP 是一个统称，它由很多部分内容构成，主要由美国财务会计准则委员会（FASB）制定。FSAB 通过以下几种方式建立美国的会计标准：最重要的文件是《财务会计准则声明》，它规定了新的会计标准及生效日期、过渡方式、背景信息、项目下进行研究的简要总结以及结论的基础。为了进一步澄清该文件的适用，FASB 发布了一系列解释文件，对现有的标准进行修改或扩充。另外，FASB 还可以发布员工立场说明（staff position）对前述声明或解释进行小范围和有限的修改。最后，FASB 还通过发布《概念声明》，提供了 FASB 未来将如何制定新标准的日程表。以上的种种文件加上部分 SEC 的会计规则共同构成了美国 GAAP。参见：WEI T. The equivalence approach to securities regulation [J]. Northwestern journal of international law & business, 2007, 27（2）：263.

20-F 的第 17 项和第 18 项当中。其中，在证券发行时提交表格 F-1 的跨境证券发行人必须遵守第 18 项的规定；其他的跨境证券发行人可以仅遵守第 17 项的规定。

根据当时表格 20-F 第 17 项的规定，跨境证券发行人需要提交一系列经审计的合并财务报表，相关披露内容涉及的财务信息必须符合前述《S-X 条例》的要求。具体来说，这些财务报表必须包括最近两个财年的资产负债表、3 个财年的损益表、现金流量表和股东权益变动表。另外，SEC 规则还要求跨境证券发行人编制一些其他补充细节的科目，如可出售证券、准备金、财产、厂房和设备①。在一些情况下，美国对跨境证券发行人还有除合并报表以外的其他财务信息披露要求。特别地，由于资金流量的信用风险限制或其他限制，跨境证券发行人可能还会被要求披露精简的母公司财报、经审计的非合并子公司或证券发行人持股 20%以上的附属公司的财报，或者经审计的最近被收购的公司的财报，如果上述主体根据 SEC 给出的公式被计算为"重要"的。

表格 20-F 第 18 项与第 17 项的要求基本相同，但是第 18 项比第 17 项的要求更为严格。第 18 项中除了与第 17 项相同的要求之外，还要求跨境证券发行人必须包含 SEC 要求的附注披露（footnote disclosure）。附注披露应附在主表（即资产负债表、利润表、现金流量表、所有者权益变动表）披露之后，旨在增强报表主表列报数字信息的可理解性②。早在 1994 年，SEC 对附注披露的要求就超过了 100 项。除了上述要求之外，能带来很大问题的还有 SEC 的额外财务信息披露要求。SEC 的额外披露要求一般包括额外的财务报表或大量的统计披露，需要证券发行人对被收购企业、非合并报表的子公司或者以权益法核算的被投资人（investees carried on the equity method）的信息也进行披露。SEC 认为，投资者需要这些信息以获得公司经营成果和财务状况多种要素的全貌。另外，特定行业的公司必须提供在技术上并不应纳入财务报

---

① RADER M. Accounting issues in cross-border securities offerings [J]. Fordham international law journal, 1994, 17 (5)：S132.

② 蔡海静，郑霞. 财务报表附注信息披露：国际经验与中国借鉴 [J]. 财会月刊，2016 (8)：106.

告的财务信息。例如，金融机构中的银行必须披露其贷款组合的深入细节，财产保险公司必须披露十年内的损失准备金的发展。这些都不是一般证券发行人需要披露的①。

2. 跨境证券发行人必须使用美国会计准则

1982 年以前，美国一直严格坚持跨境证券发行人在财务信息披露中适用美国 GAAP 的要求。美国要求所有跨境证券发行人编制财务报表时都应遵守美国 GAAP 的要求，这种规定方式显然是一种国民待遇。但是，按照美国 GAAP 编制财务报表对于很多跨境证券发行人都十分困难。1982 年后，考虑到跨境证券发行人遵守美国 GAAP 和《S-X 条例》的困难，SEC 才修订了相关规定，允许跨境证券发行人选择适用表格 20-F 第 17 项或第 18 项的规定。在第 17 项和第 18 项的规定下，跨境证券发行人提交编制的财务报表允许使用他国（地区）会计准则，但必须在财报中包含所使用会计准则与美国 GAAP 和《S-X 条例》重大区别的讨论，并对净收入进行定量的调节②。这就是调节要求的开端。

在这一历史时期内，美国监管机构对于美国 GAAP 的坚持几乎是不容置疑的。尽管众多跨境证券发行人一再表示美国 GAAP 给他们带来了很大的负担，甚至是影响其在美国上市的最重要原因之一，学界也对是否应对跨境证券发行人适用美国 GAAP 进行了深入的讨论，但是美国监管者一直没有对这一要求进行根本性改变。美国 GAAP 针对跨境证券发行人的调节要求过于严格，也成为很多境外公司拒绝在美国发行证券和上市的原因。

1982 年起，美国对跨境证券发行人会计准则的要求有了一项重大改变，即允许跨境证券发行人适用其注册地的会计准则，但必须根据美国 GAAP 进行调节，以减少二者之间的差异。上述调节要求本身也相当复杂，因此在跨境证券发行人以及各国学者看来，即使调节要求形式上允许跨境证券发行人适用美国 GAAP 以外的会计准则，看起来类似于豁免，但是这种要求带来的

① RADER M. Accounting issues in cross-border securities offerings [J]. Fordham international law journal, 1994, 17 (5): S136.

② KARMEL R. Barriers to foreign issuer entry into U.S. markets [J]. Law & policy in international business, 1993, 24 (4): 1215.

负担过重，实际上仍无异于对跨境证券发行人适用国民待遇模式。比如在1992 年之前，没有一家德国企业在美国证券市场上市，其中一个重要原因就是遵守美国会计准则以及进行调节会耗费企业大量的时间和成本。欧洲发行人经常为了满足调节要求与当地的审计人员共同准备几个月甚至几年。本地的国际会计师事务所的审计人员还需要通过函件向其美国办公室学习美国标准的实施①。

　　具体来说，跨境证券发行人要对自己的财报针对美国 GAAP 进行调节，不仅需要对美国 GAAP 有深刻的理解，还需要对相关的 SEC 解释有深刻的认识。美国 GAAP 比世界上很多国家（地区）的要求都细致，细致到了逐笔交易进行的程度。跨境证券发行人不仅要识别，还要度量美国规则涉及的所有重要区别②。并且，跨境证券发行人不仅被要求针对美国 GAAP 进行定量调节，还需要对会计准则间的重大区别进行叙述性陈述。针对美国 GAAP 的调节表一般要涵盖三个会计年度。在一些领域，美国会计准则与世界上其他很多国家（地区）的实践差别很大，难以进行调节与说明。例如在公司并购的会计问题上，美国对于公司并购采用购买法（purchase accounting）还是股权联合法（pooling accounting）有严格的规定。特别对于股权联合法，美国规则可能会与境外规定有所差异，所以需要跨境证券发行人将已合并的财务模块转换成按购买价调整的财务模块或者相反。这会带来财务报表编制的重大改变。另外，美国 GAAP 与他国（地区）会计准则规定差异较大还体现在合并财务报表、租赁会计规定等。对于合并报表，美国要求合并所有具有控制权的子公司的报表，这在其他国家（地区）不是必要的。美国对于租赁会计的规定也与很多国家（地区）不同，例如在很多国家（地区）被认定为经营性租赁的，在美国会被认定为资本租赁③。

---

① DAVIDOFF S. Rhetoric and reality: a historical perspective on the regulation of foreign private issuers [J]. University of Cincinnati law review, 2010, 79: 635.

② RADER M. Accounting issues in cross-border securities offerings [J]. Fordham international law journal, 1994, 17 (5): 132.

③ RADER M. Accounting issues in cross-border securities offerings [J]. Fordham international law journal, 1994, 17 (5): 132.

（三）对信息披露适用国民待遇的合理性有限

1. 对信息披露适用国民待遇仅在一定历史时期内有效

作为在跨境证券发行人信息披露法律协调问题上适用国民待遇的典型，美国在20世纪80—90年代采用这种做法的主要出发点是保护本国投资者的利益。但这种目标仅在一定的历史时期内存在合理性。美国对于国民待遇最为坚持的20世纪80年代至90年代，正是美国的证券法律制度在世界上极为领先的时期。当时美国对于跨境证券发行人信息披露总体上适用国民待遇的态度，主要体现了其对保护本国投资者的需求。美国在这一时期对于跨境证券发行人信息披露要求主要适用国民待遇的一个重要理由就是"世界上大多数国家没有作出像美国一样的要求"。在20世纪90年代之前，美国的信息披露制度严格且发达，世界各国在信息披露问题上很少作出与美国类似的规定。

但随着各国（地区）证券市场和证券法律不断发展，很多国家（地区）借鉴了美国的相关法律制度①，各国（地区）法律的严格程度差异不断缩小。此时，仅以保护投资者为理由而对跨境证券发行人适用国民待遇就不尽合理。

2. 对信息披露适用国民待遇需要权衡公平与效率

在信息披露方面，尤其对于美国在会计准则问题上坚持美国GAAP的做法，各界向来都有不同的观点。赞成适用国民待遇、适用美国GAAP的主要观点出于公平原则的考虑。一方面，相关规则对于境内外证券发行人应当是公平的。如果美国想要通过降低规则的严格程度减轻发行人的负担，规则的修订就必须同时针对境内外证券发行人。境内外证券发行人适用的披露政策、会计准则、审计标准如果有很大不同，就会使美国境内证券发行人在与跨境证券发行人竞争时处于劣势地位②。另一方面，相关规则对投资于境内外公司的投资者应当是公平的。对境内外证券发行人适用同样的会计准则可以降低投资者比较的难度，可以使投资者理性地在全行业范围内比较证券发行人，

---

① OBI E. Foreign issuer access to U. S. capital markets-an illustration of the regulatory dilemma and an examination of the securities and exchange commission's response [J]. Law and business review of the Americas, 2006, 12 (3): 411.

② BREEDEN R. Foreign companies and U. S. securities markets in a time of economic transformation [J]. Fordham international law journal, 1993, 17 (5): S87.

而不管证券发行人的地理位置如何。当然，经过调节的跨境证券发行人的财务报表与美国境内证券发行人的财务报表并不是完全可比的，但是利用可获得的数据足以进行有意义的比较。这将增进投资者对公司的了解，提高市场效率。相反，如果 SEC 适用豁免，允许跨境证券发行人适用其注册地标准，那么美国境内的投资者每天就要面对至少几十种按照不同的会计准则编制的财务报告。不适用国民待遇会造成"竞次"（race to the bottom）现象，市场上投机行为增加，投资者和分析师都无法按照基本经济因素作出判断①。

但是，对信息披露特别是会计准则问题适用国民待遇，会给发行人带来较大的负担，降低市场对跨境证券发行人的吸引力，这是国民待遇的负面影响。例如，SEC 在财务信息披露中对于跨境证券发行人有大量的额外信息披露和附注信息披露要求，而这些常常是发行人注册地不进行要求的。甚至一直到美国允许跨境证券发行人适用 IFRS 之前，对于跨境证券发行人的要求还有所增加。从 2006 年到 2011 年，附注披露要求增加了 28%，所以这种披露要求给跨境证券发行人带来了很大负担。例如，关联交易在很多国家（地区）非常敏感，不被要求披露，但在美国这是 SEC 重点审查的内容。

由此观之，确定对跨境证券发行人的信息披露是否适用国民待遇，需要考量在特定的历史背景下这种做法能否实现公平与效率的平衡。特别地，信息披露协调的难度相对较低，在所有事项中趋同最为明显。随着历史的发展，国民待遇的优势愈加难以体现。

3. "严格"不能等同于"最优"

20 世纪 80—90 年代，美国对于跨境证券发行人采用国民待遇的一大原因是其认为本国的法律规定比同时期其他国家（地区）的规定都要严格，因此只有将这种严格标准也贯彻到跨境证券发行人之上，才能够保障本国市场和投资者的利益不处于危险之中。但反对信息披露国民待遇的主体则明确提出，某一标准最为"严格"并不意味着该标准就是"最优"的。

反对美国对跨境证券发行人信息披露坚持国民待遇的最典型主体是纽交

---

① BREEDEN R. Foreign companies and U. S. securities markets in a time of economic transformation［J］. Fordham international law journal, 1993, 17（5）：S87.

所，纽交所尤其指明，不应对跨境证券发行人的财务信息披露坚持适用美国GAAP。20世纪90年代初，纽交所认为，SEC不愿意接受除了美国GAAP之外的其他会计准则，原因是SEC错误地把美国的会计准则当作世界上最先进的会计准则。而实际上，美国标准的相对严格并不意味着其是世界上最先进的，在国际市场日益活跃、投资者投资渠道日益拓宽的情况下，一味坚持美国GAAP不仅没有必要，还会降低跨境证券发行人进入美国资本市场的热情，影响美国资本市场在世界上的地位。一方面，如果境外资本市场在其现有的会计制度下可以正常运行，美国就没有理由认为只有美国的会计制度可以保护其境内投资者。另一方面，随着经济全球化和共同基金的兴起，美国投资者的投资组合更加多样化，对于境外证券的需求也大大增加，若SEC不愿降低其披露标准，将会影响境外蓝筹公司在美国公开发行与上市的意愿。而美国投资者对于此类公司的投资意愿已经增加，所以他们会寻求其他途径、其他市场获得这些公司发行的证券①。最后，尽管跨境证券发行人不遵守美国GAAP就无法在美国公开发行和上市，美国投资者也可以在其他境外市场或者在美国的PORTAL系统投资于这些跨境证券发行人的股票。此时，要求跨境证券发行人遵守美国GAAP就起不到保护本国投资者的效果了。

在这一期间，SEC接收到了社会各界的不同观点，其自身也对美国GAAP进行了一定研究。最终SEC认可了上述观点，发现美国的GAAP虽然严格但的确并不完美，这主要是由美国GAAP是规则导向而不是原则导向导致的。第一，美国GAAP包含很多"界限检验"，金融工程师就利用了这一点进行监管套利，造成财务报表虽然在形式上符合准则但是并不符合准则精神的情况。这也是美国GAAP严格的标准没有阻止安然、世通财务丑闻的原因。第二，美国GAAP在原则做法之外规定了很多例外情况，造成了经济本质上类似情况的不同对待。第三，对于美国GAAP的适用需要大量细致的指引，造成了适用中的复杂性和不确定性。因此，SEC认为，适用准则导向性的会计标准

---

① SHERBET E. Bridging the GAAP: accounting standards for foreign SEC registrants [J]. The international lawyer, 1995, 29（4）: 887.

要比规则导向性的会计标准更有好处①。之后，SEC 也承认了美国 GAAP 的"严格"不能等同于"最优"的观点，为以后美国对跨境证券发行人财务信息披露协调模式的变化打下了基础。

第三节　国民待遇模式适用的价值与难点

上一部分对适用国民待遇国际实践的分析，展现了该模式适用的复杂性。本节将在前述实践分析的基础上进行理论提炼，明确国民待遇适用的价值、难点及条件限制，为后续我国国民待遇模式具体适用的研究打下基础。

一、国民待遇模式在一定条件下有利于金融安全目标的实现

从对国际实践的分析中可以看出，在一些重要事项的监管法律协调上，各国（地区）一直或在一定时期内适用国民待遇。采用国民待遇主要出于金融安全的考量，这也是国民待遇适用中的最大优势。

在市场准入方面对跨境证券发行人适用国民待遇是这一问题的最典型体现。为了保护一国（地区）的金融安全，在公开发行与上市的市场准入阶段，首先要通过审核程序将不合格的主体排除在市场之外。而在上市阶段，由于跨境证券发行人更容易引发信息不对称、追责困难的问题，对其就更应该严格要求，从根源上降低投资者面临的风险。这为在市场准入问题上对跨境证券发行人适用国民待遇提供了充分的理由。在信息披露的部分问题上对跨境证券发行人适用国民待遇也有这方面的考虑。虽然国民待遇模式可能加重跨境证券发行人的负担，但是对于那些与发行人资质、境内投资者利益密切相关的事项，适用国民待遇也依然是合理的。只有这样，才能使投资于境内外证券发行人的投资者受到同等水平的保护。

前述一些学者以国际货物贸易和国际金融监管作对比，认为货物贸易中的国民待遇有利于实现平等，而金融监管中的国民待遇会使一个主体遵守多

---

① PINE K. Lowering the cost of rent: how IFRS and the convergence of corporate governance standards can help foreign issuers raise capital in the united states and abroad [J]. Northwestern journal of international law & business, 2010, 30 (2): 499.

种法律，带来实质上的不平等，因此呼吁在金融监管中不适用国民待遇。然而本研究认为这种看法过于绝对。一国（地区）确实应顺应全球化潮流，促进资本自由流动。然而在国际资本市场上，与资本自由流动相比，金融安全处在更加重要的地位。一方面，国际金融监管协调必须尊重国家的主权与安全，对资本项目进行一定限制，不完全放开就是一个典型例子。资本具有逐利性，若一国（地区）过于强调资本的自由流动，设限过少，就可能导致国际资本对一国（地区）市场的恶意炒作。另一方面，具体到跨境证券发行行为，若一国（地区）对于跨境证券发行人完全舍弃国民待遇，会导致发行人的质量无法保证，危害一国（地区）的金融稳定。当今国际金融市场联系紧密，若某个国家（地区）特别是重要国家（地区）的金融稳定受害，就可能传导到世界市场，波及范围更加广泛。因此，对国民待遇的适用是处理跨境证券发行人监管中的法律协调问题所必需的，只要国家的界限还存在，这一模式就不应被完全放弃。

但是，由于国民待遇最典型的问题就是容易加剧法律冲突，该模式的适用常常受到一定条件的限制。当国民待遇维护金融安全的收益小于法律冲突对市场吸引力带来的损害时，采用国民待遇就不再合适。

二、国民待遇模式的适用受历史条件影响明显

在所有的监管法律协调模式当中，国民待遇是最先被分析也是本研究着笔最多的一种模式，其适用受历史条件的影响也比较明显。

从历史上来看，国民待遇是各国（地区）首先采用的法律协调模式。在证券市场国际化尚未获得长足发展的时期，这一模式的适用体现了一种"孤立主义"（isolationist approach）的倾向[①]。以美国为代表的成熟证券市场在选择对跨境证券发行人的监管法律协调模式时，一般以本国（地区）为中心，从本国（地区）已有的法律制度出发，探讨对跨境证券发行人应作出何种法律规定，极少对跨境证券发行人进行特殊规定。由于当时国际证券市场的联

[①] MCLEAN W. The Sarbanes-Oxley Act: a detriment to market globalization & international securities regulation [J]. Syracuse journal of international law and commerce, 2005, 33 (1): 329.

系不多，寻求到境外上市的企业有限，因此采用国民待遇模式对于上市地来说相对安全和简便，并且不会给国际市场带来较大的负面影响。以至于从1933年证券法和1934年证券交易法开始实施一直到20世纪80年代，美国证券法中除了对跨境证券发行人豁免了1934年证券交易法第14条的代理规则要求以及第16条的短线交易归入要求之外，对于跨境证券发行人几乎再无其他特别规定。

但是，随着证券市场国际化的发展，越来越多的证券发行人谋求到他国（地区）市场上发行证券和上市。完全坚持国民待遇带来的法律冲突问题以及给跨境证券发行人带来的负担、为市场效率带来的阻碍已经受到了各国（地区）的重视①。因此，目前相对于其他几种法律协调模式的发展，国民待遇的适用范围体现出明显收窄的趋势。

三、国民待遇模式的适用事项范围需要确定

从前文的讨论已经可以看出，国民待遇不适宜全盘适用，在跨境证券发行人监管的法律协调当中，对国民待遇的适用往往应是有限度的。决定适用国民待遇，是监管者综合考量了各个监管目标尤其是安全目标与效率目标的结果。

一方面，若某一事项与他国（地区）规定差异过大或者过于严格，则不适宜适用国民待遇模式。例如，在会计准则方面，美国GAAP规定过于细致、严格，包含很多其他国家（地区）不要求披露的内容，如果强制要求跨境证券发行人适用美国GAAP，给他们带来的负担就会过大。此种情况下，国民待遇的适用就是不合适的。另一方面，若某一事项具有过于强烈的国别属性，证券发行人上市地和注册地作出各自规定的出发点是解决本国（地区）特有的问题时，也不宜适用国民待遇。这方面最典型的例子是公司治理事项。由于公司治理规定主要是为了解决每个国家（地区）特殊的公司治理问题，强制要求别国（地区）证券发行人遵守本国（地区）公司治理规定不仅是无意

---

① 蒋辉宇. 境外企业境内股票发行与上市监管法律制度研究 [D]. 上海：华东政法大学，2010：101.

义的，也给跨境证券发行人增加了很多负担。特别地，当公司治理规定涉及公司的根本结构时，强制要求跨境证券发行人改变其公司治理结构来适应上市地的法律规定，可能会直接将跨境证券发行人阻挡在市场之外①。具体来说，对于国民待遇适用的事项范围可以总结如下。

（一）市场准入的法律协调可以基本坚持国民待遇

考虑对某一事项是否应当适用国民待遇模式，最首要的考量是其能否实现安全目标和效率目标的平衡。而作为进入一国（地区）市场的第一道门槛，在市场准入问题上应当以金融安全作为首要目标。此时，对于法律冲突解决和效率的考量就可以退居到次要位置。并且，各国（地区）的市场准入程序与条件规定都与一国（地区）的经济发展水平、法律传统、投资者素质等密切相关，不宜轻易改变。不因为跨境证券发行人的注册地而给予其有差异的准入规定，才是维护本国（地区）投资者利益和市场安全稳定的最优选择。同时，国民待遇在市场准入事项上适用时会体现出一些灵活性，例如：各国（地区）可以通过允许跨境证券发行人进入多层次资本市场，在保持市场准入国民待遇的同时给予发行人多重选择，增加市场吸引力；国民待遇还可以实现动态适用，即对适用于境内外发行人的标准同时进行调整，以此促进国际标准的趋同，起到降低证券发行人跨境上市难度的作用。因此，在市场准入的法律协调上可以基本坚持国民待遇。本书在第五章中将论及，仅在涉及市场准入的细节性、程序性操作时，才有可能在市场准入问题上对跨境证券发行人进行有限豁免，但这并不影响整体采用国民待遇的判断。

（二）公司治理的法律协调不适宜适用国民待遇

在所有的跨境证券发行人监管协调事项中，公司治理是明确不适宜采用国民待遇的事项。最主要的原因是，在公司治理事项上，国民待遇模式加剧法律冲突的缺陷尤为突出。运用国民待遇进行公司治理法律协调将造成手段与目标的错配。一方面，对公司治理采用国民待遇模式极大地增加了跨境证券发行人的负担。世界各国（地区）公司治理法律规定差异较大，若要求跨

---

① MCLEAN W. The Sarbanes-Oxley Act: a detriment to market globalization & international securities regulation [J]. Syracuse journal of international law and commerce, 2005, 33 (1): 338.

境上市公司同时遵守注册地和上市地两套规定，特别是当相关法律冲突涉及公司的根本组织结构时，甚至会造成公司只能"二选一"，完全丧失在境外市场上市的机会。另一方面，若在公司治理法律协调中选择使用国民待遇模式，以上的成本增加并不能保证上市公司质量和投资者保护程度的提升。这是因为，公司治理事项带有强烈的国别属性，与一国（地区）特定的经济、社会、政治以及文化状况密切相关。公司治理法律规定都是为了解决本国（地区）的特殊问题，在不同国家（地区），要解决的问题以及适合解决这些问题的路径是存在重大差别的①。因此，在公司治理问题上采用国民待遇，既无谓地增加了跨境证券发行人的负担、降低了本国（地区）市场的吸引力，又无法达到解决公司治理问题的目的。

（三）信息披露的法律协调中国民待遇模式不是最优选择

在信息披露的法律协调中，国民待遇模式可以在一定条件下适用。一是对于与发行人资质、境内投资者利益密切相关的重大事项，可以对跨境证券发行人适用国民待遇。此种做法有利于缓解信息不对称，使投资于境内外证券发行人的投资者受到同等水平的保护。二是本国（地区）标准的确比他国标准先进，明显有利于保护本国（地区）投资者利益时，可以适用国民待遇。这是美国在 20 世纪 80—90 年代对信息披露适用国民待遇的主要理由。但是随着各国（地区）标准的不断趋同，一国（地区）标准明显优于他国（地区）标准的情况目前已经非常少。因此，这一理由不再是对信息披露法律协调采用国民待遇的主要理由。

尽管信息披露法律协调中有一定适用国民待遇的可能性，但是目前这种模式已经不是信息披露法律协调的最优选择。这是因为，各国（地区）信息披露规定趋同的趋势越来越明显。特别是进入 21 世纪后，以 IOSCO 为代表的国际组织发布了多套信息披露规则。这为各国（地区）的信息披露规定提供了统一的指引和参考，降低了一体化模式的适用难度，也使得信息披露规定的趋同和一体化成为更好的选择。

---

① 王淼. 我国跨境上市公司监管的法律协调模式研究：以公司治理为视角 [J]. 金融监管研究，2021（9）：88.

第四节 我国适用国民待遇模式的路径探析

一、适用事项：以市场准入事项为主

前已论及，虽然在国际实践中，市场准入、公司治理、信息披露领域均有一些国家（地区）在一定历史时期内采用国民待遇模式，但国民待遇的适用整体上呈现很强的历史性，需要与监管事项实现较高程度的匹配，才能实现其效果。总体来看，国际上对公司治理适用国民待遇模式的效果不佳；对信息披露适用国民待遇的历史条件也逐渐被削弱。而相比之下，出于金融安全的考虑，市场准入事项对国民待遇的需求并没有受历史条件的影响而降低。

对于我国来说，应将市场准入作为国民待遇的主要适用事项。具体来说，由于金融安全的要求，我国对于跨境证券发行人的准入程序和准入实体标准应当坚持国民待遇模式。而对于信息披露，我国更应当积极探索适用除国民待遇以外的其他法律协调模式，例如一体化模式，以更好地实现安全目标与效率目标的平衡，契合我国市场开放的需要。对于公司治理问题，本章已经重点讨论过，该事项并不适合采用国民待遇模式，这一结论在我国市场上也是同样适用的。

因此，在各种监管事项中，需要并且适合采用国民待遇的监管事项应限于市场准入问题。从我国目前法律法规的规定来看，我国在市场准入的程序事项上基本坚持了国民待遇模式，但细则还需要进行一定细化；我国市场准入实体条件上是否采用国民待遇则比较模糊。因此本节还需要讨论的问题就是如何在我国的市场准入问题上有效地适用国民待遇这一法律协调模式。

二、我国适用国民待遇模式的具体路径

（一）证券公开发行上市审核制度全面适用国民待遇

目前，我国证券市场的发行审核制度已全面转换为注册制。本书认为，我国在跨境证券发行人的市场准入审核制度上应坚持国民待遇，即不论来自境内还是境外的证券发行人，适用的发行上市审核制度都应与我国当前的注

册制推进步骤相一致。确定对其适用注册制还是核准制的依据只是其所处的市场层次，而不论该证券发行人的注册地如何。

在我国实行证券发行注册制虽然早在 2013 年就被提出，但全国人大常委会后又将国务院在股票发行注册制改革中调整适用《证券法》的授权进行了延长。这表明虽然证券公开发行的注册制具有一些优势，但是在相当长的一段时间内，我国完全实行证券公开发行注册制的条件尚未成熟。而目前，我国已经具备了适用注册制的条件。注册制的价值观念反映了市场经济的自由性、市场主体的自主性以及政府管理的规范性和效率性。但我们还需要进一步完善相关法律制度、提高市场化程度、规范市场运行、提升投资者与中介机构的成熟度[①]，同步保障投资于境内证券发行人和跨境证券发行人的投资者的利益。

（二）发行上市实体条件在开放多层次资本市场的前提下适用国民待遇模式

对证券发行上市条件的规定将从实体上关系到我国证券市场引入跨境证券发行人的质量。为了保护我国投资者的利益，保证在我国上市的跨境证券发行人的质量，在引入跨境证券发行人时应对其上市条件的规定适用国民待遇模式。

目前，我国《证券法》在第二条和第十二条中概括地规定了跨境证券发行人在我国发行股票、存托凭证时应当符合我国《公司法》《证券法》以及国务院证券监督管理机构规定的其他条件。虽然表面上对跨境证券发行人适用了国民待遇模式，却将进一步细化规定的权力授予其他法律法规和其他机关，实际上是比较模糊的。特别是我国当前对于跨境证券发行人市场准入实体条件的规定仅适用于红筹企业，对于其他不具有我国背景的跨境上市公司是否还适用，有待进一步考量。目前，我国已经全面实行证券发行注册制，交易所制定上市条件和进行上市审核的权限进一步扩大，且不同市场上市条件的严格程度不同。因此，我国除了关注跨境证券发行人的发行条件之外，还更需要关注上市条件的国民待遇，特别需要从交易所等角度分别进行相应的细化规定，要将对跨境证券发行人上市条件适用国民待遇的规定分别纳入发行管理办法、交易所上市条件等规定中。

具体来说，在现阶段，我国在法律法规中还需要更加具体地规定跨境证

---

① 杨峰. 我国实行股票发行注册制的困境与路径分析 [J]. 政法论丛，2016（3）：75.

券发行人申请在我国上市时的各项条件，将《深圳证券交易所股票上市规则》《上海证券交易所股票上市规则》等规则中上市实体条件的适用范围进行扩展，逐步扩大到所有到我国市场进行上市的跨境证券发行人；同时，将境内外证券发行人的上市实体条件所关注的事项进行统一。以主板市值及财务指标标准为例，可以探索将"持续盈利+现金流或收入""市值+盈利+收入+现金流""市值+盈利+收入""营收快速增长+市值+收入"等标准统一适用于境内证券发行人和跨境证券发行人。

在此基础上，如果要实现吸引优质跨境证券发行人的目标，考虑在拟上市的跨境证券发行人财务指标的规定上，以我国当前各市场的标准为基础，设置更高的上市条件，在特定情况下也是合理的。例如，我国目前在《红筹企业上市安排公告》中就对跨境证券发行人的市值标准提出了更高的要求。适用这种模式虽然会使得跨境证券发行人需要遵守的标准比我国境内证券发行人更加严格，但是这将有利于筛选出最优质的证券发行人，也有利于扩大我国证券市场的国际影响力。

对跨境证券发行人的发行上市条件实行国民待遇，势必会使标准显得比较严格，一定程度上增加跨境证券发行人的负担。但这种相对严格的标准不会影响我国市场对跨境证券发行人的吸引力。第一，我国证券市场本身在一些方面具有其他国家（地区）证券市场不具备的特点，这些特点使得我国证券市场本身有较大的吸引力。例如，我国证券市场拥有大量的投资者，有巨大的发展潜力。另外，虽然我国尚未全面允许跨境证券发行人直接在我国公开发行与上市，但我国对外资企业的引进已有长期的历史，这些已经在我国实现本地化经营的公司也迫切需要在我国资本市场获得人民币融资，直接支持其经营。第二，根据"约束假说"，跨境证券发行人遵守严格的标准将有利于提升声誉，且由此提升的收益将超过遵守标准增加的成本。为了践行这一理论，德国、巴西、印度等甚至专门设立了比境内证券发行人标准更高的"外国板"市场。在最初这些市场确实吸引了很多跨境证券发行人。虽然后续的收效并不明显，市场的热度降低，但这主要是由于后续监管不到位，而不是因为最初的上市条件设定过于严格。我国也可以采用对跨境证券发行人较为严格的上市条件，来提升我国市场的吸引力。

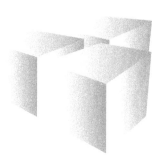

第五章　豁免模式
在我国法律协调中的
适用研究

　　从概念上来看，豁免模式与国民待遇模式是两种相反的模式。国民待遇模式要求跨境证券发行人遵守发行上市地的法律规定，而豁免模式则免除跨境证券发行人遵守发行上市地法律规定的义务。而从实践中看，豁免模式与国民待遇模式则是相辅相成的。发行上市地监管者常在要求跨境证券发行人与境内证券发行人同样遵守某一法律规定与豁免跨境证券发行人遵守某一法律规定之间权衡。

　　随着历史的发展和等效模式、一体化模式的出现，豁免模式的缺陷也开始显现。因此，豁免模式的单独适用日渐式微，其逐渐成为国民待遇模式的补充，二者结合形成"国民待遇+豁免"模式，也被称为"修正的国民待遇"模式。但是，对豁免模式进行研究依然有其重要的意义。第一，研究可以明确在哪些情况下豁免模式仍然适用，能够起到良好的效果；第二，在对豁免模式的适用进行历史分析后，可以更加明确监管者选择适用或放弃豁免模式的政策考量。因此，本章将结合国际实践与价值分析，探讨豁免模式在我国的适用范围与路径。

第一节　我国适用豁免模式的基础与问题

一、我国适用豁免模式的市场环境

　　采取豁免模式势必会降低对跨境证券发行人的某些要求，可能带来损害我国境内投资者利益和市场稳定的风险。因此，在确定豁免模式在我国的适用范围时，必须谨慎评估我国所面临的市场环境。

　　我国证券市场建立后的 20 余年中并未开放证券发行市场。虽然在 2010 年前后我国开始提出"国际板"的建设构想，但我国证券发行市场真正开放于 2018 年，即国务院发布《存托凭证试点意见》后。并且可以看出，这种开放仍然是以试点为基础逐步推进的，是十分谨慎的。截至 2021 年 9 月，按照相关规定在我国境内市场完成公开发行或上市的公司仅有 4 家，且均为具有我国背景的红筹企业。可以说，我国目前发行市场开放的规模、范围还都极其有限，跨境证券发行人进入市场带来的影响还需要继续观察和评估。

而从跨境证券发行人进入我国市场的历史进程和现实状况来看，我国对证券发行市场的开放一直是持稳步推进的谨慎态度。并且正是由于先从具有我国背景的红筹企业回归开始、循序渐进地开放市场，我国引入跨境证券发行人的风险才处于可控状态。在这样的市场环境下，将市场的安全目标放在第一位、在限定范围内使用豁免是必然的要求。

二、我国适用豁免模式的现状与法律基础

在历史上，虽然我国学界也有过对跨境证券发行人是否适用豁免、进行多大程度豁免的研究和争论，但在 2018 年之前，我国还没有真正向跨境证券发行人开放过发行上市市场，相关的法律规定也并没有对豁免的问题加以体现，也没有相应的实践基础。

目前，我国在《证券法》这一层面并没有明确地划定跨境证券发行人的豁免范围，只采用了"在中华人民共和国境内存托凭证的发行和交易适用本法"这样概括的说法，从总体上没有给予跨境证券发行人豁免。这一处理方式也体现了我国对于豁免的采用较为谨慎、原则上不采用豁免的基本态度。但在其他层级的法规、规章和规范性文件中，一些更加细致的规定在个别事项上给予了跨境证券发行人豁免。

前文已述，在国际实践中对于豁免模式的实现途径主要可以分为三种：第一种是基于行政自由裁量权的豁免，即在有限的情况下将豁免跨境证券发行人的权力交给证券监管机构，由其对发行人是否可以不遵守特定的监管规则进行个案判断；第二种是为跨境证券发行人单独制定低于境内证券发行人的法律和监管标准；第三种是直接豁免，即在相关法律中明确指出跨境证券发行人被免除遵守某项特定规定的义务。目前我国的法律规定中对于这三种路径均有体现。

（一）基于行政自由裁量权的豁免

对于"基于行政自由裁量权的豁免"这一路径，最典型的规定体现在我国《存托凭证管理办法》第二十三条第二款和第三款中。根据上述规定，信息披露义务人有其他需要免予披露或者暂缓披露相关信息特殊情况的，也可以根据证监会和交易所的规定享有免于披露或者暂缓披露的权利。但是为了

享受到这一豁免，相关的信息披露义务人必须能够说明原因，并且获得律师事务所就相关事项豁免出具的法律意见。同时，义务人必须及时对上述法律意见进行披露。这种做法类似于前述 SEC 基于自由裁量权进行的个案豁免，有利于把豁免的范围限制在合理限度内。

（二）　直接豁免与单独制定宽松标准

对于这两种路径，我国的法律层面中并无直接体现，但留下了适用豁免模式的可能性。正如前文所述，我国在《证券法》第二条等内容中将对跨境证券发行人进一步细化规定的权力授予其他法律法规和其他机关。而在更低层级的法规、规章和交易所规则层面，我国实际上已经纳入了一些较为宽松的规定。例如在信息披露方面，针对被试点的红筹企业制定的《红筹企业招股说明书指引》第二十三条允许信息披露义务人对一些事项进行适当的信息披露方式调整或进行简化披露，只要不违背信息披露的完整性要求即可。

三、我国适用豁免模式时存在的问题

（一）　豁免的力度和范围过大

目前，我国对于跨境证券发行人豁免问题的规定还存在模糊之处，尤其对于豁免的力度和范围问题还可以探讨。

首先是关于豁免的力度问题。前述我国《存托凭证管理办法》第二十三条第二款、第三款规定了跨境证券发行人及与其相关的披露义务主体可以基于中国证监会、交易所的规则豁免一定的信息披露义务，但要说明原因，并由律师出具相关的法律意见。这是一种类似基于行政自由裁量权进行豁免的规定。但是，该规定缺乏细则的支撑，也没有明确行政机关在对相关发行人等主体进行豁免时需要考量的因素。因此，究竟哪些信息披露事项可以豁免、豁免到什么程度、判断标准是什么都还没有明确。如果保持这种模糊的规定，将可能导致裁量权的过度使用，导致豁免力度过大。而从前述国际经验中可以看到的是，即使在实践中会基于减轻跨境证券发行人负担的考量由行政机关给予跨境证券发行人一定宽松待遇，这种"宽松"也往往是局部性的，是在不影响对跨境证券发行人大部分要求的前提下在程序性问题上给予的一些方便处理。例如，SEC 在发行文件的审核阶段，会在有限的情况下豁免第一次在 SEC 注册的跨境证券发行人预先向社会公开申请材料的要求，但即使是这些非公开提交给 SEC 的发行注册文件，在首次提交时在重大问题上也应当是完整的。并且，上述规定不会免除跨境证券发行人后续正式提交文件的义务。

其次是关于豁免的范围问题。分析我国现有的法律法规规定可以看出，我国在市场准入、信息披露等问题上都对跨境证券发行人的义务进行了一定的豁免，而其中又以信息披露最为典型。例如前述《存托凭证管理办法》中第二十三条第二款、第三款规定的免于披露和暂缓披露的情形，以及前述《红筹企业招股说明书指引》中关于可以适当调整披露方式或简化披露的规定。可以看出，我国目前对于信息披露的豁免规定范围较大，且灵活性很强。但在实行注册制、强调投资者选择和信息披露重要性的市场上，信息披露的质量与内容必然关系到市场价格的有效性，投资者基于市场信息作出的判断也必将直接影响自身利益。后文将会探讨，我国对信息披露采用一体化模式作为主要法律协调手段将是更加有效的路径。在此种情况下将豁免范围扩大到各种信息披露事项，对我国并不一定是最好的选择。

（二）豁免模式与其他法律系协调模式缺乏配合

当确定实践中豁免模式不宜单独适用、不宜过大范围适用后，应当重点探究的就是豁免模式与其他法律协调模式特别是国民待遇模式的配合问题。前文已述，在国际实践中，目前豁免模式主要作为国民待遇模式的补充而存在，形成了"国民待遇+豁免"的法律协调模式。我国目前在法律规定中有一些内容体现了豁免模式的理念，但是还需要进一步加强豁免模式与其他法律协调模式特别是国民待遇模式的配合。一方面，要坚持把豁免模式置于补充、配合的地位，不宜进行大规模、大范围的豁免。另一方面，在制定豁免类规定时，要关注其与我国已有法律规定的协调性，以适用于境内证券发行人的标准为基准，在此基础上进行豁免规定，尽量避免不考虑我国现有的法律规定的内容而直接为跨境证券发行人单独制定宽松标准的做法。

第二节　豁免模式适用的国际实践及评析

尽管豁免模式当前在国际实践中的适用范围日益缩减，但在历史上，豁免模式也对各国（地区）市场的开放发展起到了一定作用。当前，豁免模式仍继续在特定事项上发挥作用。因此本部分将分析豁免模式在国际实践中的历史和当前适用情况，为后文的价值分析与我国问题的解决打下基础。

一、市场准入中豁免模式的适用主要限于程序和形式问题

正如前文所述，不论在证券公开发行上市程序还是实体条件的法律协调中，国民待遇都是占主要地位的法律协调模式，豁免模式的适用空间极其有限。但是，当涉及的市场准入事项仅为形式或程序事项，并不影响对跨境证券发行人的实质要求时，监管者也会在有限的情况下给予跨境证券发行人一定豁免，以减轻其负担。

（一）市场准入监管法律协调中豁免模式的有限适用

跨境证券发行人市场准入监管中豁免模式的有限适用主要体现在程序和形式问题上。虽然很多国家（地区）注册制、核准制等审核制度的适用上会从总体给予境内外发行人国民待遇，但一些国家（地区）的监管机构在具体履行审核程序、处理发行人的注册材料时，会给其一定豁免和协调的空间。其中比较有代表性的就是美国对境内外证券发行人的区别规定。

在证券发行注册制下，美国要求其境内证券发行人在向 SEC 递交公开发行申请材料时必须同时向社会披露申请内容，SEC 才会开始对申请材料进行审查。相比之下，对于第一次在 SEC 注册的跨境证券发行人，在有限的一些情况下，跨境证券发行人可以私下向 SEC 提交申请材料及之后的修改材料，而不需要事先向社会公布①。这样的规定之下，SEC 对跨境证券发行人申请材料的处理过程都可以是保密的。之所以作出这样的规定，是因为 SEC 考虑到

---

① SEC. Accessing the U. S. capital markets: a brief overview for foreign private issuers［EB/OL］. (2013-02-13)［2023-06-14］. https：//www.sec.gov/divisions/corpfin/internatl/foreign-private-issuers-overview. shtml.

了美国与跨境证券发行人注册地证券法律制度的差异。SEC 认为，跨境证券发行人在首次进入美国市场时，对于美国的法律制度不甚了解，难免出现因误解而犯错的情况①。若要求跨境证券发行人在此时就向公众披露申请材料，公众所看到的材料就很可能是有错误的或不完善的。这将对跨境证券发行人的形象造成负面影响，使跨境证券发行人从一开始就在美国市场上处于不利地位。不过，SEC 强调，即使在公开发行审核上给予了跨境证券发行人比较灵活的规定，跨境证券发行人也必须保证秘密提交给 SEC 的公开发行注册文件必须在首次提交时在重大问题上都是完整的。否则，SEC 可以拒绝审查这样的注册文件②。可见，SEC 只是出于各国（地区）法律差异的考虑，减轻了跨境证券发行人的部分负担，想要进入美国市场，跨境证券发行人必须满足最基本的要求。即使 SEC 在审核制度的细节上给予跨境证券发行人一定的宽松安排，但实质上不会允许其与境内证券发行人存在差异，不会因为证券发行人来自境外，注册地法律与上市地法律不同就放松要求。

（二）市场准入的豁免主要基于监管机构的自由裁量权

市场准入中豁免模式的适用不仅较其他事项范围较窄，而且路径也有所区别。其他事项中豁免模式的适用主要体现在具体的法律文件规定中，而市场准入的豁免主要体现在监管机构行政执法的过程中，其豁免主要来自监管机构的自由裁量权。这种基于行政自由裁量权来决定在哪些程序和具体事项上给予跨境证券发行人豁免的做法在很大程度上依赖个案分析。在具体的操作和非实质性规定上给予跨境证券发行人有限的豁免和较为宽松的规定，表明发行上市地监管机构在认识到了各国（地区）法律制度的差异的基础上，希望在可能的范围内缓解和解决法律冲突，属于在立法上坚持国民待遇的情况下在执法中进行的细节性调整。因此，这种豁免并不影响市场准入中适用国民待遇模式的大方向，也可以将豁免模式常见的对

---

① DELAMATER R. Recent trends in SEC regulation of foreign issuers: how the U. S. regulatory regime is affecting the united states' historic position as the world's principal capital market [J]. Cornell international law journal, 2006, 39 (1): 112.

② SEC. Accessing the U. S. capital markets: a brief overview for foreign private issuers [EB/OL]. (2013-02-13) [2023-06-14]. https://www.sec.gov/divisions/corpfin/internatl/foreign-private-issuers-overview. shtml.

金融安全与稳定的危害降到最低。

二、公司治理中豁免模式的适用日益缩减

(一) 豁免模式是公司治理法律协调中最早采用的模式

由于公司治理问题国别性强、协调难度大，对跨境上市公司的公司治理问题进行豁免，似乎是解决相关法律冲突问题的最简单途径。从历史上来看，在证券市场国际化的最初阶段，以美国为代表的主要证券市场的确倾向于适用豁免模式处理跨境证券发行人的公司治理问题，且豁免力度极大。其基本思路是：若跨境证券发行人在公司治理方面已经满足了其注册地的法律规定，原则上就不需要再满足发行上市地关于公司治理的规定即可完成公开发行和上市①。但是在具体的处理方式上，各国（地区）的具体规定有所差异，以下进行展开说明：

我国香港地区对公司治理的豁免模式不是直接免除对跨境证券发行人的任何要求，而是规定这些公司必须符合一些公司治理和股东保护的"底线标准"，才能被直接豁免公司治理要求②。并且，香港联交所在2013年9月对相关规定的修订中着重强调了其对跨境证券发行人公司治理的底线标准更加放宽，更加考虑到非以英国公司法为蓝本制定本国（地区）公司法的情况③。

而就美国的情况来说，在21世纪的《萨班斯法案》以前，SEC和美国的证券交易所一直在公司治理问题上给予跨境证券发行人大力度的豁免。早在1934年，美国的《证券交易法》就豁免了跨境证券发行人"短线交易归入"的要求。短线交易归入是限制高管权力的典型例证，但考虑到当时跨境证券发行人在美国公开发行和上市的情况很少，美国在规则制定之初就豁免了跨境证券发行人这一规定。之后，考虑到跨境证券发行人注册地与美国公司治

---

① FANTO J. The absence of cross－cultural communication：SEC mandatory disclosure and foreign corporate governance [J]. Northwestern journal of international law & business，1996，17 (1)：176.

② 唐应茂. "向中国标准看齐"？：后金融危机时代的国际证券监管竞争 [J]. 交大法学，2014 (2)：85.

③ 证监会与联交所修订有关海外公司来港上市的联合政策声明 [EB/OL].［2023-06-14］. https://sc.hkex.com.hk/TuniS/www.hkex.com.hk/News/News-Release/2013/1309272news? sc_lang＝zh-CN.

理制度的差异问题，美国对跨境证券发行人的这一项豁免一直持续至今。1986 年，美国主要的股票交易所纽交所和美国证券交易所提出了豁免跨境证券发行人一系列规定的提案，其中的重要内容就包括公司治理。上述交易所建议，应允许有资格的跨境证券发行人遵守符合其注册地法律规定的公司治理要求，而不必遵守美国各交易所的公司治理要求。这项建议被 SEC 采纳①。根据上述提案，纽交所主要对跨境证券发行人进行了以下豁免：如果跨境证券发行人注册地的法律没有相关要求，跨境证券发行人就可以被豁免独立董事要求、独立审计委员会要求、股东大会法定人数要求、股东投票权的"一票一权"要求②、股东对于特定股票期权计划的批准要求等③。

（二）豁免模式在当前条件下的公司治理问题上难以适用

对公司治理问题适用豁免模式，最直接的目的是减轻跨境证券发行人的负担，提升本国（地区）市场对跨境证券发行人的吸引力。但最深层次的原因是，公司治理问题经常与一国（地区）特定的经济、社会、政治、文化状况密切相关④，更适合由跨境证券发行人注册地的法律进行监管。可以说，各国（地区）的公司治理制度是一个重要的文化产品⑤。公司治理法律制度归根结底就是为了解决各国（地区）在处理公司、股东、管理层之间关系时遇到的特殊问题。正是由于这种强烈的国别属性存在，公司治理的法律协调一直有很大的难度。

因此，对于公司治理问题适用豁免模式，无疑大大降低了跨境上市公司的负担，似乎促进了效率目标的实现。但在各国（地区）市场不断发展、国际市场的联系与交织日益紧密的情况下，豁免模式带来的潜在风险也是巨大

---

① FANTO J. The absence of cross‐cultural communication: SEC mandatory disclosure and foreign corporate governance [J]. Northwestern journal of international law & business, 1996, 17 (1): 176.

② KARMEL R. Will convergence of financial disclosure standards change SEC regulation of foreign issuers? [J]. Brooklyn journal of international law, 2000, 26 (2): 505.

③ PINE K. Lowering the cost of rent: how IFRS and the convergence of corporate governance standards can help foreign issuers raise capital in the United States and abroad [J]. Northwestern journal of international law & business, 2010, 30 (2): 494.

④ FANTO J. The absence of cross‐cultural communication: SEC mandatory disclosure and foreign corporate governance [J]. Northwestern journal of international law & business, 1996, 17 (1): 120.

⑤ FANTO J. The absence of cross‐cultural communication: SEC mandatory disclosure and foreign corporate governance [J]. Northwestern journal of international law & business, 1996, 17 (1): 123.

的。各国（地区）公司治理监管的法律规定虽然没有优劣之分，但是一些具体问题上的确存在宽严的区别。若简单地采用豁免模式，会产生监管套利、风险传染和损害发行上市地境内投资者利益的风险，特别是当某一国家（地区）仍处于开放的初期阶段，制度环境、监管能力和投资者素质与结构都相对薄弱的情况下①。

三、信息披露中豁免模式的适用通常作为国民待遇的补充

前文已述，对跨境证券发行人的信息披露适用国民待遇的实践已不常见，而相比之下，在信息披露问题上豁免模式比国民待遇模式适用的时间更长、范围更广。豁免模式常作为国民待遇模式的补充，与之共同形成"国民待遇+豁免"的法律协调方式。

（一）信息披露监管法律协调中豁免模式的适用

从具体内容上来看，世界各国（地区）对信息披露的规定有所差异。如果直接要求跨境证券发行人全部适用境内证券发行人的信息披露规则，不论是财务还是非财务的信息披露都会给跨境证券发行人带来一定的困扰。例如，美国信息披露要求给跨境证券发行人带来最大的困扰是，经常要求跨境证券发行人披露在其注册地很敏感的信息，如秘密储备金、养老保障福利金责任等。这些信息的披露或不符合跨境证券发行人注册地的禁止性法律规定，或对其竞争对手有利。此外，SEC强制要求的信息披露内容一般都很精确细致②。可见，若直接要求跨境证券发行人在信息披露问题上适用发行上市地标准，各国（地区）标准的差异将会加大跨境证券发行人尤其是进行交叉上市的跨境证券发行人的负担，使本国（地区）市场面临吸引力降低的风险。因此随着历史的发展，各国（地区）都不断尝试对跨境证券发行人的信息披露法律制度进行协调。当法律差异存在时，运用豁免模式直接免除跨境证券发行人披露特定信息的义务，表面上是最简便的方式。

---

① 王森.我国跨境上市公司监管的法律协调模式研究：以公司治理为视角［J］.金融监管研究，2021（9）：87.

② HANSEN J. London calling?: a comparison of London and U. S. stock exchange listing requirements for foreign equity securities［J］. Duke journal of comparative & international law, 1995, 6（1）：211.

但是，由于涉及投资者利益、市场安全等多种问题，对豁免模式适用的具体事项、程度往往争议很大。本部分首先以美国、英国为例对信息披露豁免模式的实践展开阐述。

1. 英国对跨境证券发行人信息披露法律协调适用豁免模式的实践

作为以自律监管为典型监管方式的证券市场，英国对于跨境证券发行人信息披露问题的规定主要体现在伦敦交易所的上市规则中。伦敦交易所的上市准则中规定，跨境证券发行人必须披露的信息包括负责人的有关信息，拟发行证券的有关信息，发行人资本、业务、管理、产品的有关信息以及证券发行人近期业务的发展状况及其前景的信息。另外，伦敦交易所保留要求跨境证券发行人提供其认为适合的信息的权力。在持续信息披露方面，跨境证券发行人需要提交年报和半年报，形式上仍没有特殊要求。半年报需要采用与年报相同的形式，但是不需要经过审计。对于临时信息披露，在伦敦交易所上市的跨境证券发行人有责任报告在其活动范围内新发生的任何尚未公开的，将对证券发行人资产、负债、财务状况、总体经营过程造成重大影响，进而对已上市股票的价格造成重大影响的事件。类似地，伦敦交易所规则要求跨境证券发行人应在预期到财务状况发生变化且将对其股价产生影响时进行披露。

但相较于境内证券发行人，伦敦交易所对跨境证券发行人信息披露的要求豁免较多，有很大弹性。一方面，在信息披露的形式上，伦敦证券交易所对跨境证券发行人没有任何要求，如果跨境证券发行人可以说服伦敦交易所，相关的信息不重要，不会损害公共利益、证券发行人利益和投资者利益，它还可以不披露一些本应被要求披露的信息。另一方面，伦敦交易所对在伦敦市场上市的跨境证券发行人需要披露的信息内容进行了详细的规定，但相比境内证券发行人进行了很大程度的宽松处理。例如，跨境证券发行人必须披露有关年度和半年度财务与分红状况的初步财务信息，跨境证券发行人必须公开资本结构的任何重大变化、股权的重大转移、重大的并购或资产重组、董事会成员的变化。但伦敦交易所给予跨境证券发行人一些弹性，一些项目可以经协商后稍微延时披露。另外，跨境证券发行人必须提交年报，年报采用的会计处理要与提交的发行声明一致，但会计准则的选择空间较大，在有关经营管理问题的披露上，也没有美国要求得那么细致。例如，英国要求高管薪酬可以进行总体披露，而可以不用单独披露每位高管的薪酬①。伦敦交易所对跨境证券发行人信息披露的要求也给予了跨境证券发行人避免披露敏感问题更大的空间②。

2. 美国对跨境证券发行人信息披露法律协调适用豁免模式的实践及变化

相比前述英国的实践，美国在信息披露豁免模式的适用中体现了更多的历史变化，经历了从豁免较多到豁免变少的过程。分析这样的变化过程，对研究历史因素对跨境证券发行人监管法律协调模式选择的影响有非常重要的作用。总体来说，在 20 世纪 30 年代—70 年代，美国对于跨境证券发行人的信息披露实行了较多的豁免；在 20 世纪 80 年代—90 年代，美国对于跨境证券发行人的信息披露虽然基本转向国民待遇，但保留了一定的豁免，形成了"国民待遇+豁免"的实践。

第一阶段是 20 世纪 30 年代—70 年代的总体豁免。按历史发展来看，美国在信息披露问题上对于跨境证券发行人的宽松要求从 1935 年就已经开始，SEC 当时单独为跨境证券发行人制定了表格 20 和表格 20-K 作为注册和报告文件。表格 20 是跨境证券发行人在证券交易法下注册票证券的注册声明，表格 20-K 是年报表格。SEC 在 1967 年对表格 20 进行了修订。修订后，表格 20 要求披露的内容有：关于证券发行人注册地的信息、关于证券发行人所有权和控制权的信息；证券发行人业务的总体情况和近五年内发生的重大变化；主要工厂和其他主要单位的特征与地址；股本、长期债券以及其他将要注册的债券；外汇管制；董事高管薪酬；按照表格 10-K 要求制作的财务报告、附件和会计师的证明。跨境证券发行人还需要提交最近两年的可比较的资产负债表、最近三年的损益表、关于资金来源的报告以及股东权益说明和补充的损益表。财务报表不需要针对《S-X 条例》进行调节，但应在可行的程度上披露所使用的会计原则与《S-X 条例》的重大区别及其影响③。这一时期，

---

①　HANSEN J. London calling?： A comparison of London and U. S. stock exchange listing requirements for foreign equity securities ［J］. Duke journal of comparative & international law, 1995, 6 (1)：216.

②　HANSEN J. London calling?： A comparison of London and U. S. stock exchange listing requirements for foreign equity securities ［J］. Duke journal of comparative & international law, 1995, 6 (1)：221.

③　KARMEL R. Barriers to foreign issuer entry into U. S. markets ［J］. Law & policy in international business, 1993, 24 (4)：1211.

跨境证券发行人需要披露的信息内容大大少于境内证券发行人，尤其是财务报表不需要根据《S-X 条例》进行调整，避免了跨境证券发行人的很多额外支出。

到 20 世纪 70 年代中期，随着国际市场的变化，美国国内产生了对于信息披露进行豁免的争议。其中最典型的是美国 1976—1979 年修订适用于跨境证券发行人年报表格的实践。该年报表格的征求意见稿从 1976 年提出，一直到 1979 年才最终通过，且与最初意欲大幅修改跨境证券发行人豁免的目标有很大出入，仍将大量的豁免坚持了下来。

具体来说，1976 年以后，美国对跨境证券发行人的信息披露体制做了重大的修改，其中最典型的代表就是颁布适用于跨境证券发行人的年报披露表格 20-F、实行跨境证券发行人综合信息披露体系、对跨境证券发行人适用储架登记制度等。这背后有两大主要原因。一是 70 年代的贿赂丑闻对美国公司利益和市场产生了负面影响。二是有效市场假说的兴起和发展影响了 SEC 制定政策和规则的基本理论和导向。SEC 在 1976 年后修改适用于跨境证券发行人的信息披露表格 20 和表格 20-K，将其合并为新的表格 20-F，并向公众征求意见。在此之后年报表格 20-F 成为监管跨境证券发行人信息披露的核心制度①。SEC 认为，提议的修改不仅能更好地保护境内的投资者，向其提供更有用的信息，还可以为跨境证券发行人扩大境内市场，促进国家间的资本自由流动。在这一时期，美国境内证券发行人的年报披露表格已经被修改，采用了新的表格 10 和表格 10-K 取代了以往的表格，而适用于跨境证券发行人的相关表格还没有被修改。以往的表格 20 和表格 20-K 对于跨境证券发行人信息披露的规定，相比于最近境内发行人新适用的表格 10 和表格 10-K 来说已经过于宽松②，造成了境内外证券发行人负担的不平衡。但反对观点认为，在征求意见稿中，SEC 没有关注到境内外的文化差异，也没有意愿用自己的法律去适应境外的框架。相反，SEC 仍认为，对于跨境证券发行人来说"更好"

---

① TANEDA K. Sarbanes-Oxley, foreign issuers and United States securities regulation [J]. Columbia business law review, 2003, 2: 724.

② FANTO J. The absence of cross-cultural communication: SEC mandatory disclosure and foreign corporate governance [J]. Northwestern journal of international law & business, 1996, 17 (1): 160.

的信息披露就是遵守美国的法律规则①。SEC 试图在公司治理信息披露等方面对跨境证券发行人施以严格的规定。这种做法引来了诸多的反对意见，在社会反馈的很多意见中，都批评了 SEC 没有注意美国法律制度与境外法律制度和现实情况的差异。最终，出于对减轻跨境证券发行人负担、保持本国市场国际竞争力的考虑，SEC 在 1979 年的定稿中放弃了这些意图对跨境证券发行人信息披露进行更加严格规定的条款。

最终，虽然跨境证券发行人需要进行的披露内容仍然在框架上与美国发行人具有可比性，但是要披露的内容仍比境内证券发行人少很多。例如，SEC 在表格 20-F 的最终稿中规定跨境证券发行人的公司治理信息披露问题时，用一份梗概式的披露要求代替了美国式的披露要求。关于公司的控制权，SEC 要求跨境证券发行人披露持有 10% 及以上有投票权股票的股东，而不是持股 5% 以上的股东。另外，在最终稿中，SEC 要求跨境证券发行人只有在其注册地法律有要求时，才需要披露管理利益冲突问题。SEC 承认，最终的定稿与之前的征求意见稿相比几乎是完全相反的。之前希望的是能够达到境内外发行人披露负担的一致。SEC 没有按照原有的征求意见稿进行规定的原因是市场情况的变化，使得信息披露标准的协调需求增加，而来自国际的竞争也使得美国必须降低本国法律给跨境证券发行人带来的负担。随着证券市场的国际化，美国境内的投资者越来越多地购买具有不同商业结构和信息披露体制的其他国家（地区）的证券。而且在国际化趋势下，不仅是 SEC 这样的国家机构，超国家组织也在考虑国际标准的制定问题。美国希望参与这一过程并发挥作用。另外，随着欧洲债券市场的发展，美国不再是在世界上占有统治地位的资本市场，证券发行人和投资者有了其他的选择，不希望承担过重负担的证券发行人可以选择不进入美国市场②。

第二阶段是 20 世纪 80—90 年代的"国民待遇+豁免"。如前文所述，从 20 世纪 80 年代至 90 年代初，总体上来看，美国对跨境证券发行人信息披露

---

① FANTO J. The absence of cross – cultural communication：SEC mandatory disclosure and foreign corporate governance ［J］. Northwestern journal of international law & business，1996，17（1）：161.

② FANTO J. The absence of cross – cultural communication：SEC mandatory disclosure and foreign corporate governance ［J］. Northwestern journal of international law & business，1996，17（1）：165.

要求已转向总体上的国民待遇。但是，豁免模式作为一种重要的监管法律协调模式仍然得到坚持，作为国民待遇模式的补充，与其共同构成了信息披露监管法律协调模式的体系。美国在信息披露问题上一直对跨境证券发行人坚持着几项重要的豁免，体现了美国重视各国（地区）法律差异和希望进行法律协调的基本态度。值得注意的是，SEC 在修订相关法律时也非常注重法律的体系性和一致性。SEC 在对境内证券发行人实行某一新规时，若该新规涉及对跨境证券发行人一直豁免的事项，一般 SEC 也会坚持对跨境证券发行人的豁免。美国跨境证券发行人信息披露核心文件表格 20-F 很好地体现了对豁免模式的坚持，并且这一阶段的豁免内容主要体现在非财务信息披露中。

第一个领域是关于高管薪酬的披露要求。美国要求境内证券发行人对公司高管的薪酬进行细致的披露。但是，管理层的薪酬情况在很多国家（地区）看来都是一个非常敏感的问题，因此针对跨境证券发行人，美国规定不需要逐个披露薪酬列前五位的高管每人的具体薪酬情况，只要不违反该发行人注册地的规定，跨境证券发行人仅需要披露高管薪酬的总体情况。虽然对这一条规定，美国在 20 世纪 70 年代修改表格 20-F 时想要使其更加严格，但是最终鉴于国际竞争的日益加剧和相关利益主体的反对，仍坚持了这一条豁免。高管薪酬信息披露法规的变化过程也体现了 SEC 注重法规一致性的做法。例如，在 2013 年，SEC 根据《多德-弗兰克法案》的要求制定新规，要求证券发行人进行付费人数比例披露（pay ratio disclosure），并对跨境证券发行人豁免了这一要求。虽然有评论认为这种豁免是不合理的，但 SEC 认为，这条规定是《S-K 条例》第 402 条项下的规定。由于跨境证券发行人一直不被要求按照第 402 条进行信息披露，所以其也应当被豁免新规定。

第二个领域是关于分部信息披露（segment disclosure）要求，即单独的业务应被单独的描述。这常会引起很大的问题。若在美国公开发行和上市的跨境证券发行人同时经营着多种业务，而其注册地的法律从来没有要求该发行人在注册地市场单独披露其中一个业务部门的盈利情况，此时该发行人若在美国市场上进行了分部披露，就将其本能保密的信息披露给了市场和竞争对手，使其在竞争中处于不利地位。据此，SEC 在 1982 年版本中的表格 20-F 中降低了对跨境证券发行人的分部信息披露要求，并对此种豁免一直保留。

跨境证券发行人只需要披露相关的收入以及每个部门对此的贡献即可，对于分部的利润情况，只有当每个部门对其收入的贡献有重大不同时才需要进行详细阐述。SEC 解释，进行这种豁免的原因是分部信息披露当时在很多国家（地区）都是不要求披露的①。这种做法降低了跨境证券发行人的负担。

第三个领域是关于重大合同的披露。如果某一证券发行人依赖一个或者两个供应商，并且基于合同关系，SEC 就会要求发行人对合同条款全部披露。但对于跨境证券发行人来说，若这些合同中存在保密条款，SEC 就可能会允许跨境证券发行人对特定的、一旦泄露就会给公司带来极大损害的信息进行保密②。

值得注意的是，上述规定大多属于非财务信息披露的范畴。在涉及财务信息披露问题时，虽然美国也给予跨境证券发行人有限的豁免，但是态度更加强硬。虽然负担加重招致了跨境证券发行人的不满，但是 SEC 一直出于保护境内投资者利益的考虑，坚持对跨境证券发行人比较严格的标准，相关内容已经在第四章中进行了论述。

（二）信息披露中的豁免模式逐渐成为一种补充

通过上一部分的探讨可以看出，英国与美国的信息披露豁免模式是有一定不同的。英国的信息披露豁免模式灵活性强，与交易所的自律监管权和自由裁量权相配合，是与英国证券市场自律监管历史密不可分的。而在美国，信息披露的豁免力度则随着时间不断降低，逐渐变为与国民待遇相配合、相补充的一种法律协调方式，这也符合信息披露中豁免模式的一般发展方向。

一方面，在信息披露上对跨境证券发行人适用豁免模式，是在立法操作上比较简单的一种方式，也有利于降低跨境证券发行人的负担，增加市场的吸引力。信息披露的监管法律协调不仅被监管者视为减少各国（地区）法律

---

① GREENE E, RAM E. Securities law developments affecting foreign private issuers〔J〕. International financial law review, 1983, 2：6.

② JENSEN F. The attractions of the U. S. securities markets to foreign issuers and the alternative methods of accessing the U. S. markets：from a legal perspective〔J〕. Fordham international law journal, 1994, 17（5）：S24.

差异的手段，也被视为增加市场吸引力、参与国际竞争的工具。但另一方面，随着国际市场的发展，对信息披露问题适用豁免模式带来的争议越来越大。以美国的实践为例，对于信息披露监管的法律协调来说，简单的"国民待遇"与"豁免"的二分法虽然在操作上简单易行，却常常难以达到平衡各方利益的要求。美国历史上每对跨境证券发行人增加或减少一项重要豁免，就会引起各个利益相关方的强烈争论，尤其当其影响难以量化时。对跨境证券发行人适用豁免的具体程度和事项也是一个难以把控的问题。各国（地区）的信息披露制度差异很大，特别是在本部分讨论的 20 世纪 80—90 年代，各国证券市场发展程度不一，法律传统差别也大。豁免的内容太少，就达不到降低跨境证券发行人负担、吸引其在境内发行上市的目的。而豁免的内容太多，又会违背信息披露制度的初衷，降低市场的透明度和效率，极大增加牺牲境内投资者利益的风险。

因此，当证券市场发展到一定程度时，在信息披露的法律协调问题上，豁免模式就不应再作为一种主要的法律协调模式，只能作为一种补充存在。由于信息披露事项的法律协调难度较小，因此各国（地区）和国际组织努力寻求通过其他模式来达到信息披露事项上更高程度的协调。

第三节　豁免模式适用的价值与难点

豁免模式在一定历史时期和特定事项范围内具有降低跨境证券发行人成本、提升市场吸引力的优势，但豁免的适用范围和适用程度是一个较为难以确定的问题。这是因为当前随着金融证券市场国际化水平不断提升，各国（地区）证券市场联系的范围和方式都在不断扩展，因此，各国（地区）的金融风险容易发生传染。过度的豁免不仅可能对某一国家（地区）自身的金融安全稳定产生负面影响，也可能影响整个国际市场。在市场准入、公司治理、信息披露等各个事项中，豁免模式的适用都是相对有限的，不存在任何一个事项可以通过豁免模式解决所有法律协调问题。因此，本节将结合前述国际实践，探讨豁免模式适用的价值与难点，并从总体上探讨豁免模式适用的事项，为我国豁免模式的适用提供思路。

一、豁免模式的实践价值

豁免模式的最大特点在于，该模式能够同时降低立法、监管机构和发行人面临的成本。一方面，豁免模式是协调各国（地区）法律差异的最简单途径，能够以很低的法律成本实现法律协调。另一方面，豁免模式直接降低了跨境证券发行人的合规要求，能够直接提升一国（地区）市场的吸引力。豁免模式的另一个实践价值在于其具有一定的灵活性，适合作为其他法律协调模式的补充。例如，当某一监管事项总体上采用国民待遇、一体化、等效等模式，但是个别程序性事项的确会给跨境证券发行人带来过大负担甚至在实践上不可行，或者个别事项的法律规定需要阶段性地给予跨境证券发行人宽松待遇时，豁免模式就有了其发挥作用的空间。

但是，豁免模式有很多局限性，导致其无法大规模地适用，在实践中必须严格控制其适用范围。因此，下文所提到的"豁免模式的适用难点与限制"往往是在实践中更需要重点考虑的。

二、豁免模式的适用难点

（一）豁免模式发挥作用需要严格的条件

虽然豁免模式在当前仍然存在一定实践价值，但其适用的难点和限制更加明显。与国民待遇模式强调安全目标不同，豁免模式的适用主要强调效率目标的实现①。发行上市地对跨境证券发行人适用豁免模式会减轻跨境证券发行人的负担。但是，豁免模式若无限制地适用于各种情况，会造成公司进入市场的标准太低，降低市场上公司的质量，使得市场安全遭到损害，由此带来的损失无法弥补提升市场吸引力带来的益处。豁免模式发挥作用需要严格的条件，由于这些条件全部达成非常困难，目前对于一些事项豁免的适用呈现了收窄的迹象。

一方面，需要合理确定豁免的程度。在把金融安全作为根本的前提下，

---

① LEHMAN K. Recent development：executive compensation following the Sarbanes-Oxley Act of 2002 [J]. North Carolina law review，2003，81（5）：2132.

以美国为代表的发达国家对于豁免模式的适用逐渐谨慎。一般情况下，不会出现对所有法律规定或某一事项的法律规定完全豁免的情况，豁免模式常作为国民待遇模式的补充出现。在一些情况下，一国（地区）也可能完全对跨境证券发行人在某一领域的要求实行豁免，但这种豁免往往是有前提的。例如，美国在历史上曾经几乎完全豁免跨境证券发行人公司治理的要求，但这是以该公司已经遵循了其注册地的公司治理要求为前提的，体现的是对不同国家法律传统的尊重；英国 AIM 市场不要求跨境证券发行人满足关于公司运营时间、公众持股数量、最低市值等方面的任何定量要求，但这是以保荐人以自身信誉作为担保以及进行持续督导为前提的。

另一方面，适用豁免模式需要时刻关注他国（地区）法律的变化，否则容易进一步增加监管套利的风险。与其他法律协调模式相比，豁免模式呈现出的历史性更强，受他国（地区）法律变化的影响也更大。一国（地区）若出于减轻跨境证券发行人负担的出发点适用豁免模式，就必须关注境外、国际法律发展的动态，确保这种豁免有持续的必要，这使得豁免模式的适用范围常处于变化之中。以美国为例，由于各国（地区）的证券法律不断发展甚至借鉴了美国的严格规定①，在这种情况下，美国再坚持对跨境证券发行人实施相关豁免反而会引发监管套利，使自己处于不利地位。虽然从历史上来看，美国对跨境证券发行人适用了较多豁免，但随着时间的推移，美国监管机构对于豁免的态度越来越谨慎。以往法律中大量豁免的存在可以被认为是一个"历史遗留问题"，因为美国的豁免制度大部分形成于证券市场国际化程度不高以及国际金融危机的威胁不严重之时。近年来，美国对跨境证券发行人各方面的豁免都处于逐渐缩紧的状态。虽然每次对于是否适用豁免这一问题，社会都会长期激烈的讨论，但是美国国会、SEC 往往倾向于坚持严格的态度。SEC 抓紧一切机会来收紧对跨境证券发行人的豁免，最终有一些被成功取消，有些则迫于利益相关方的压力给予保留。只有一小部分因为各国（地区）法律差异确实很大，不适用豁免将极大加大跨境证券发行人的负担，才被保留下来。

---

① OBI E. Foreign issuer access to U. S. capital markets: an illustration of the regulatory dilemma and an examination of the securities and exchange commission's response [J]. Law and business review of the Americas, 2006, 12 (3): 409.

（二）豁免模式当前一般仅作为国民待遇模式的补充

考虑到豁免模式过度适用可能给一国（地区）金融安全带来危害，对于其适用的事项范围、适用方式都应加以考虑。在实践中，各国（地区）常将豁免模式作为监管跨境证券发行人的一种补充性方式。例如，美国对跨境证券发行人信息披露的规定实际就是将豁免与国民待遇相配合，形成"国民待遇+有限豁免"的模式，即上述"修正的国民待遇"模式①。

20 世纪 80 年代至 90 年代，总体上来看美国坚持对跨境证券发行人的信息披露要求等同于境内证券发行人。但是，豁免模式作为一种重要的监管法律协调模式仍然得到坚持。特别在非财务信息披露方面，虽然美国对于跨境证券发行人信息披露监管宽严的态度随时间和特定事件的发生不断变化，但是在一些涉及美国与跨境证券发行人注册地法律制度可能产生重大分歧的法律制度中，美国一直坚持着几项重要的豁免。从这一时期开始，美国对于跨境证券发行人适用豁免的态度日益谨慎，从豁免较多变为豁免较少。可以看出，豁免模式作为吸引跨境证券发行人手段的作用日益下降，监管者只有在法律差异确实难以协调或者发行人注册地法律与发行上市地法律确实类似时才倾向于适用豁免模式。

而且需要注意的是，美国的法律规定本身比较严格，即使对跨境证券发行人进行了有限的豁免，其最终适用的标准仍然可能严于世界上很多国家（地区）。因此，一国（地区）若考虑借鉴美国经验处理法律协调问题，实现安全目标与效率目标的平衡，不应仅停留于美国针对境内外证券发行人监管规定宽严的对比，而应该更进一步考虑自己国家（地区）的法律是否已经成熟、完备，实行豁免是否会让跨境证券发行人遵守的规则过于宽松，进而损害本国（地区）市场的稳定。

三、豁免模式的适用事项应有限制

由于各种法律协调模式自身的特点，不同的法律协调模式一般都与相应

---

① KARMEL R. Will convergence of financial disclosure standards change SEC regulation of foreign issuers? [J]. Brooklyn journal of international law, 2000, 26 (2): 485.

的监管事项有一定匹配度。但与其他法律协调模式不同的是，当前并没有一个完全适用豁免模式的监管事项。这是因为豁免模式的明显优势仅有降低跨境上市公司负担、增强市场吸引力，而随着市场国际化程度的不断发展、市场主体和市场行为的日益复杂，保证金融安全的难度加大，豁免模式的优势随之减弱，劣势更加明显。对于各种监管事项，在国民待遇模式、等效模式、一体化模式中进行选择是更合适的做法。将豁免模式作为其他法律协调模式的补充、对相应事项是否适用豁免进行较为细致的分别判断，是一种更合适的做法。

总体来看，对于程序性和形式性事项适用豁免模式是合适的。对部分程序性问题的豁免表明一国（地区）监管机构注重各国（地区）的法律差异，尽量不为跨境证券发行人设置不必要负担的态度。程序性问题的豁免主要体现在具体操作上，监管机构在执法过程中可以行使自由裁量权，对履行程序的细节根据跨境证券发行人的特殊需求进行调整。但是从根本上来说，证券发行人需要经过何种审核制度才能进入一国（地区）市场，不会根据境内外证券发行人的身份产生变化。

而对于形式性问题的豁免则体现了"实质重于形式"的考虑，这一现象可以用有效市场假说来解释。在有效市场上，证券价格反映了所有已经公开在市场上的信息。价格中所包含的当然是信息的实质内容，而与信息披露的具体形式无关。在当今的市场条件下，证券中介机构的专业性不断提高。如果市场上能够有成熟的机构对证券发行人公布的信息进行分析，并向中小投资者提供分析报告，那么中小投资者所获知的信息受信息披露形式的影响就进一步降低。形式性要求严格程度的下降，可以在不损害投资者利益和市场稳定的前提下降低跨境证券发行人的负担。

第四节　我国适用豁免模式的路径探析

一、导向：对于豁免模式的适用应当极其谨慎

我国引入跨境证券发行人这一举措经过了多年的酝酿才开始实施，并且目前还处在比较有限的试点过程中。可以看出，我国对于证券发行市场的开

放一直非常谨慎。若要配合这种开放的步伐，在开放中一直坚持"以我为主"，就必须对豁免模式适用的范围与程度加以限制，对特定事项采用豁免的必要性进行谨慎评估。

从国际经验上来看，豁免模式在美国、英国等发达国家的历史上曾经是协调本地法律与跨境证券发行人注册地法律差异的重要模式。但通过本章第二节对相关国际实践的分析可以看出，美国对跨境证券发行人的豁免也在日益缩减，且主要适用"国民待遇+豁免"的模式。持这种态度的主要原因有三个：一是历史条件的变化，安然事件和 2008 年金融危机的发生更加体现了金融安全的重要性；二是美国对自身法律标准的信心，美国的法律标准几乎成为国际资本市场上最先进的标准，因此基于约束理论，要求跨境证券发行人遵守美国标准不会降低美国市场的吸引力；三是国际证券法律标准逐渐建立，这使得一体化模式成为协调各国（地区）法律差异的更好模式，免去了一国（地区）内部讨论具体豁免的复杂过程。

在我国的背景下，也可以从这几个角度分析豁免模式不宜广泛适用的原因。第一，无论证券市场达到多大程度的开放，金融的稳定与安全将一直是我国金融监管的最重要任务。金融监管必须守住不发生系统性金融风险的底线。引入跨境证券发行人会使我国的证券市场更大程度地参与国际竞争，国际金融市场上的风险也由此更加容易传导到我国市场。因此，不论在市场准入还是后续监管方面，都应当从监管标准上做好把关，防止由过度豁免带来监管不严而引发的金融风险。第二，从法律规则的水平上来看，我国的相关法律制度与发达市场相比仍有差距，存在众多不成熟的地方。发达市场为了保护自身的市场安全，尚需要谨慎地适用豁免模式，坚持本国（地区）的法律标准，我国的法律标准就更不能因为发行人来自境外而降低。第三，当今国际证券监管标准逐渐建立，这是世界各国（地区）共同面临的现实与机遇，使得我国可以更多地考虑适用一体化模式来协调我国法律与他国（地区）法律的差异，适用豁免模式实现法律协调的必要性大大降低。除此之外，我国目前市场、法治、投资者素质等方面的成熟度依然不够高的现实，也使得我国必须严格控制适用豁免模式的范围。

因此，虽然按照本章第一节所述，我国在目前的红筹企业试点过程中进行了一些豁免的规定，但是未来市场开放程度进一步扩大，更多的不具有我国背景的证券发行人进入我国市场时，保持前述的豁免程度是否合适就是一个值得探讨的问题。

二、适用事项：形式与程序性事项上的细节性规定

从我国的现实情况以及面临的国际大环境来看，日前豁免模式已经不是我国在确定跨境证券发行人监管的法律协调模式时所需要重点考虑的模式，只应作为其他模式的补充出现，在其他模式确实无法解决问题时，才应考虑对部分法律规定实行有限的豁免。

在这一前提下，豁免在我国跨境证券发行人监管的形式与程序性事项上的细节性规定中仍然有一定的适用性。对于程序性事项和形式性事项，我国在现阶段就可以考虑给予跨境证券发行人一定的豁免以及较宽松的标准。因为在市场开放过程中将会不可避免地有对我国市场与规则不甚熟悉或者已经在其他国家（地区）上市的公司进入我国市场。特别是对于我国市场还不熟悉的公司，对其豁免一些形式要求或者一些程序性的细节要求，既能够为其降低一定负担，增强我国市场对其的吸引力，又不会影响我国市场安全稳定的大局。

三、我国适用豁免模式的具体路径

前文已述，我国目前的法律规定对于豁免模式中的基于行政自由裁量权的豁免、直接豁免、单独制定宽松标准三种路径均有所适用，但本研究认为应当相对谨慎，相对限缩豁免模式的适用范围，并对确定保留豁免的事项制定较为详细细则。

具体来说，在这三种路径当中，我国可以更多地倾向于选择基于行政裁量权的豁免。一方面，我国对此已经有了一定的法律基础①，可以在此基础上继续细化规定。另一方面，由于豁免模式的适用范围限制于程序性和细节性事项，基于自由裁量权的豁免可以避免法律规定过于繁杂带来的成本，也可以在一定程度上增加监管的灵活性。例如，在跨境证券发行人公开发行上市

---

① 即前述《存托凭证管理办法》中第二十三条第二款和第三款规定。

的审核制度上，我国在坚持注册制的前提下，在提交文件的时间上可以规定一定的宽限，并且在具体法律的实施当中强调证券监管机构的自由裁量权，由监管机构针对跨境证券发行人的注册地风险、跨境证券发行人在我国以往的经营状况、对我国市场的了解程度等方面，对跨境证券发行人公开发行上市具体程序的细节作出差异化对待。

第六章　一体化模式在我国法律协调中的适用研究

在跨境证券发行人监管的各种法律协调模式中，一体化模式代表着最高程度的法律协调，是各国（地区）证券市场和国际组织自 21 世纪以来形成的重要法律协调目标。一体化模式在所有法律协调模式中形成最晚，但目前最具有生命力。在一体化模式出现之前，各国（地区）在理论与实践中讨论的重点集中在对跨境证券发行人适用国民待遇还是实行豁免。而随着证券市场国际化、一体化水平的提升，制定国际标准、统一各国（地区）法律规定，以一体化模式达成跨境证券发行人监管的法律协调，成为众多国家（地区）、国际组织共同的努力方向。目前，市场准入、公司治理、信息披露等各个监管事项中都出现了推进一体化模式的实践。但是，各事项与一体化模式的匹配度不同，其一体化模式的适用效果也有所差异。本章将在明确我国适用一体化模式现状与问题的基础上，结合国际实践，研究一体化模式的适用优势与难点，探讨各事项中一体化模式的适用性，最终确定一体化模式在我国的适用范围与具体路径。

第一节　我国适用一体化模式的基础与问题

一、我国适用一体化模式的现状和法律基础

一体化模式追求的是尽量统一采用国际标准。随着 2020 年新修订《证券法》的生效以及近年来的法律发展，我国信息披露标准与以 IOSCO 标准为代表的非财务信息披露规则、以 IFRS 标准为代表的财务信息披露规则等国际规则的趋同性不断增强。上述标准也得到了美国、欧盟等主要市场的承认。因此，在现行的法律与市场环境下，我国也具有了与上述国际标准进一步实现一体化的条件，尤其在信息披露问题上具有了适用一体化模式较为坚实的法律基础。目前我国在制定修改证券法律时实际上已经逐步纳入了 IOSCO 信息披露标准等国际标准，我国标准与国际标准的差距已经逐渐弥合。本部分将从非财务信息披露和财务信息披露两个方面分别探讨我国在信息披露事项上适用一体化模式的法律基础。

（一）非财务信息披露方面的法律基础

1. 发行信息披露

目前，我国对于一体化模式适用最广的领域是非财务信息披露。具体来说，对于信息披露的规定可以按照披露时间分为发行信息披露和持续信息披露。分析对比我国相关法律法规以及相关信息披露标准中对于发行信息披露的规定可以看到，我国发行信息披露的规定在总体原则上已经与 IOSCO 的规定基本实现一体化，但具体规定的一体化程度还需要提升。具体来说，IOSCO在《境外发行人跨境证券发行与首次上市信息披露准则》（以下简称《IOSCO首次信息披露准则》）中规定了 10 个方面的发行信息披露问题：①提供董事、高管、顾问和审计人员的身份、地址、职责等信息。②发行概况和预计的时间安排，包括发行的预期总金额、数量、价格或确定价格的方法，以及发行的预期时间表，包括要约开放的时间、申购方式、付款方式和日期、公开配售结果的方式以及退还申购人超额付款的方式等。③关键信息，包括摘录的财务数据、股本和负债情况、发行目的、资金的使用和风险因素。④公司的信息，包括公司历史与发展、业务情况概览、组织架构、财产、工厂和设备。披露这些信息的主要目的是提供有关公司业务运营、制造产品或提供服务以及影响业务因素的信息。⑤公司经营财务回顾和前景展望，包括经营业绩、流动性和资本来源、研发情况、专利许可、趋势信息等。本部分实际上属于管理层讨论与分析，主要目的是由管理层对影响公司财务状况和经营成果的因素进行解释、分析，并对未来发展趋势进行评估和预测。⑥董事、高管和雇员的情况，包括董事和高层管理部门人员和薪酬情况、董事会议事规则、雇员情况和股份所有权的情况。通过这些情况，投资者可以评估公司董事、高管、职员的经验、资格、薪酬水平以及他们与公司的关系。⑦大股东和关联交易，包括大股东情况、关联交易情况、专家和顾问的利益。⑧财务信息，包括合并报表和其他财务信息以及上述信息的重大变更。⑨发行与上市情况，包括发行与上市的细节、分销计划、发行与上市的市场、出售股份的股东、股权稀释状况、发行的费用。⑩附加信息，包括股本状况、公司章程大纲和章程细则、重大合同、外汇管制、税收、分红派息代理机构、专家声明和文件展示的渠道①。其中包含的问题大部分属于非财务信息披露问题，是本部分重点探讨的对象。财务信息披露问题则会在下一个部分重点探讨。

我国《证券法》规定，发行人在证券发行申请经注册后，还应当在证券公开发行前公告公开发行募集文件（包括招股说明书）等，并将该文件置备于特定场所供公众查阅。发行人的证券发行募集和申请文件应当充分披露投资者作出价值判断和投资决策所必需的信息，内容应当真实、准确、完整②。此即法律层面对于发行信息披露的规定，已经体现了 IOSCO 准则的总体标准。但是目前，我国更加详细的规定则主要体现在适用于境内发行人的《招股说明书准则》中。其中包含的各项规定比 IOSCO 的要求更多更复杂，制定时间早于现行《证券法》，并没有完全接受 IOSCO 的规定。这些规定如果直接适用于跨境证券发行人，可能带来一定困难。虽然目前我国又为跨境证券发行人单独制定了新的招股说明书格式指引（即前述《红筹企业招股说明书指引》），但其规定与 IOSCO 规则仍有一定的差别。

2. 持续信息披露

在持续信息披露方面，我国的法律规定与 IOSCO 规定的一体化程度很高。IOSCO 在《上市公司持续信息披露与重大事项报告准则》（以下简称《持续信息披露准则》）中主要对披露的时间、内容进行了规定：①临时信息披露的重大性要求。上市公司有义务对能够实质性影响投资者投资决策的信息进行持续披露。这一规定是对临时披露"重大性"的表述，并主要采用"投资者决策标准"作为重大性的判断标准。②持续信息披露的及时性要求。上市公司应对重大事项"立即"披露。在实际立法中，一些国家（地区）将这一要求规定为"尽快"披露，例如欧盟采用了"毫不迟延"这一表述。一些国家（地区）则规定了披露的具体期限，如美国规定在事件发生 2 个营业日内披露。这两种规定方式都为《持续信息披露准则》所接受。③同时、相同披露要求。若一家公司同时在多个国家（地区）上市，那么该公司若在一个上市地进行了持续信息披露，就也应该在其他的上市地进行同时的、内容相同的

---

① IOSCO. International disclosure standards for cross-border offerings and initial listings by foreign issuers [EB/OL]. [2023-06-14]. https://www.iosco.org/library/pubdocs/pdf/IOSCOPD81.pdf.

② 参见《证券法》第十一条、第十三条、第十九条。

披露①。

分析我国《证券法》对于持续信息披露的规定可以看到，我国在《证券法》中设专章"信息披露"，规定了上市公司持续信息披露问题，其中也涉及上述 IOSCO 标准的各个方面要求，与 IOSCO 规定的结构也是基本一致的，明显体现了我国在信息披露问题上已经基本实践了一体化模式：①规定了对重大信息的临时报告要求，并且采用了价格标准，将"重大信息"界定为可能对股票价格产生较大影响的事件，同时进一步明确列举了重大事件的范围。上述要求总体与 IOSCO 一致，但需要指出的是，我国目前对于"重大性"标准采用的是"价格敏感性标准"，这一标准的选择与 IOSCO 采用的"投资者决策标准"是有差异的。②规定了持续信息披露的及时性要求。即对于前述重大信息的披露时间进行了界定。公司必须在投资者尚未知晓该信息前采用临时报告的方式，"立即"将该重大事件的相关情况向证监会和证券交易所报告，并将临时报告进行公告。此处要求"立即"进行临时报告，已经与 IOSCO 的严格标准达到了一致。③同时、相同披露要求。对于 IOSCO 的同时、相同持续信息披露要求，我国目前也已经明确写入了前述《证券法》第七十八条的规定中，改变了以往仅将该规定写入《信息披露管理办法》的情况。上述规定的内容同时体现在我国《存托凭证管理办法》的第二十条、第二十二条等规定中，在不同层级的法律法规之间都实现了一致。

（二）财务信息披露方面的法律基础

我国证券市场的财务信息披露标准已经较早地与国际标准实现了趋同，这也为我国引入跨境证券发行人时对其财务信息披露问题适用一体化模式铺平了道路。不过，我国证监会在《存托凭证试点意见》中指出，试点红筹企业在境内发行证券披露的财务报告信息，可按照已经被我国相关机关认定为等效的会计准则编制，也可以采用类似于前述美国"差异调节"的方式，在按照 IFRS 或美国 GAAP 编报的基础上进行差异调节。可见，对于财务信息披露问题，我国已经给予了跨境证券发行人更多的选择空间。此后生效的《存

---

① 马其家，刘慧娟，王淼．我国国际板上市公司持续信息披露监管制度研究［J］．法律适用，2014（4）：51-52.

托凭证管理办法》也明确说明，信息披露义务人应当按照《证券法》、《存托凭证试点意见》、证监会规定和交易所规则进行信息披露①。

二、我国适用一体化模式时存在的问题

（一）一体化模式在信息披露中的适用还有待扩展

目前，我国的信息披露法律协调已经在多处采用了"转化"的方式，将国际信息披露标准中的很多内容纳入我国的信息披露要求，并且明确对跨境证券发行人也适用这些要求，从总体上实现了一体化模式。但是在更加细致的信息披露具体问题的法律协调上，还存在一些模糊之处。例如，我国《存托凭证管理办法》第二十三条授权证监会和交易所对已在境外上市的跨境证券发行人及相关主体作出更加具体的、更加有特殊性的信息披露规定。可见，目前我国除了对前述的及时披露、同时披露等总体要求与 IOSCO 标准实现了一体化之外，对于跨境证券发行人的具体信息披露要求则授权给证监会和交易所来制定，而目前这些具体规定还是缺乏的。

从披露时间层面来看，我国在发行信息披露方面的问题比较明显。从我国现有的《招股说明书准则》等发行信息披露规则来看，其与 IOSCO 的规定具有一定差别。如果把这些规定直接适用于跨境证券发行人，明显会给跨境证券发行人带来很大困难。最典型的是，IOSCO《发行信息披露准则》中提出了信息披露的"重要性原则"，即要在发行人招股说明书中披露对投资者决策有重要影响的信息。我国最新修订的《证券法》虽然已经纳入了这一原则，但在较早制定的《招股说明书准则》中，这一原则并未得到充分贯彻。例如，适用于境内证券发行人的《招股说明书准则》三十一条规定，发行人应该详细披露自设立以来股本的形成及变化情况，这一条规定并未限定为披露重要情况。而适用于跨境证券发行人的《红筹企业招股说明书指引》第十一条涉及股本变化的披露问题，要求合并或汇总披露股本变动情况的简况，但这种"简要"与 IOSCO 的"重要性原则"的规定有差别。

从披露内容层面来看，我国对财务信息披露的一体化模式适用也不够充

---

① 参见《存托凭证管理办法》第十六条。

分。我国的会计准则实际上已经与国际准则达到了很高程度的趋同，也被欧盟认定为"等效"，可以说已经有了很好的适用一体化模式的基础。但是在这样的前提下，我国仍然要求跨境证券发行人选择适用我国会计准则，或者针对 IFRS 和美国 GAAP 进行差异调节①。这种做法虽然能更好地保护投资者利益，但是并未对我国已有的法律协调基础加以充分运用，一定程度上也增加了跨境证券发行人的负担。

（二）一体化模式的适用程度需要探讨

一体化模式只承认了各国（地区）法律标准的趋同，而并不强行要求各国（地区）的法律规定完全一致。与此相适应，IOSCO 只规定了各国（地区）满足总体标准即可。在此标准的指引下，我国在实现一体化的过程中究竟应当做到何种程度才能平衡法律协调模式的各个目标，还是一个需要进一步探讨的问题。在本研究视角下的一体化模式绝不是指实现各国（地区）证券法律规定的完全一致，也不是要将我国的法律规定修改得与某一国家（地区）的法律完全一致。这不符合金融证券监管的规律，也不是尊重我国法律传统和市场情况的最佳选择。

但我国现在的法律规定情况尚不能达到这种要求较为宽松的"一体化"。虽然理念和总体要求已经逐步与 IOSCO 实现了一致，但我国的规则还在逐步发展和调整，信息披露的具体内容、格式规定还与 IOSCO 及其他国家（地区）有所不同。例如，我国的《招股说明书准则》要求发行人披露的方面包括发行概况、风险因素、发行人基本情况、业务和技术、同业竞争与关联交易、董监高与核心技术人员、公司治理、财务会计信息、管理层讨论与分析、业务发展目标、募集资金运用、股利分配政策等。其中的内容与结构就与 IOSCO 要求的 10 项信息披露内容有区别。此种情况下，我国不仅需要确定一体化模式的适用程度，在达成一体化之前，可能还特别需要等效模式的配合作为实现一体化的过渡。

（三）一体化模式的实现路径需要明确

从前述各国（地区）适用一体化模式的实践来看，各国（地区）并没有

---

① 参见《存托凭证试点意见》第七条。

过于追求实现与他国（地区）标准或者国际标准完全一致，而是在确定一个广泛认可的国际标准后，由各国（地区）选择采用"转化"或"并入"的方式将其纳入本国（地区）标准。这样，即使各国（地区）的标准不能完全达到一致，从国际视角上来看，各国（地区）法律标准一体化的进程也在逐步推进。

而对于我国来说，还需要进一步明确，在未来进一步推进信息披露一体化模式的适用时究竟采用"转化"还是"并入"的方式，抑或混合的方式将国际标准纳入我国立法。目前的一些实践表明，我国更倾向于采用"转化"的方式处理国际标准，直接将国际组织的一些规定纳入我国立法中。但是，由于我国的信息披露具体内容格式等与他国（地区）还存在一定差异，单纯采用这一方式还不足以使信息披露一体化程度达到满足我国开放程度的要求。我国还需要进一步探索促进一体化的其他路径。

第二节　一体化模式适用的国际实践及评析

一、公司治理一体化模式的适用存在一定障碍

（一）国际组织推动公司治理规则一体化的努力

如前文所述，国民待遇模式与豁免模式在对公司治理法律进行协调时都有不可避免的缺陷。那么，有什么样的做法可以解决公司治理的法律协调问题，既能保证股东利益得到应有的保护，又能尊重各国（地区）的法律传统呢？此时，就出现了对公司治理问题适用一体化模式的尝试。已有国际组织着力推动各国（地区）上市公司治理规则的一体化，只是效果仍不甚明晰。

随着经济全球化和资本市场国际化的推进，早在 20 世纪末，以 OECD 为代表的国际组织就进行了推动公司治理规定趋同以及一体化的尝试。OECD 在1999 年提出《公司治理原则》。《公司治理原则》后来还经过两次修订，第一次在 2004 年，第二次在金融危机后的 2014 年。《公司治理原则》的宗旨是帮助各国（地区）的政策制定者对所在国家（地区）公司治理的法律和监管制度进行评估和完善，以保证经济效率、可持续发展和金融稳定。《公司治理原则》不具有约束力，不详细规定各国（地区）应当如何进行立法，而是确定

目标并提出实现这些目标的手段，以在国际市场上发挥指导作用①。

《公司治理原则》主要包括六项公司治理方面的内容和目标，对应六项公司治理原则：①确保公司治理框架的有效性。为了实现这一目标，公司治理框架应能够提高市场的透明度和公平性，促进资源高效配置，符合法治原则，并能为有效的监督和执行提供支持。②确保股东的权利和公平待遇。为了实现这一目标，公司治理框架应保护和促进股东行使权利，确保包括少数股东和外资股东在内的全体股东享受平等待遇。③注重发挥市场上各个主体，包括机构投资者、证券交易所和其他中介机构在构建良好公司治理结构中的作用。为了实现这一目标，一国（地区）的公司治理框架应当在投资链条的每个环节中都提供健全的激励机制，并规定证券交易所的运行应当有利于促进良好的公司治理实践。④发挥利益相关者（含投资者、雇员、债权人、客户等）在公司治理中的作用。为了实现这一目标，公司治理框架需要承认利益相关者依照法律或合同享有的权利，并鼓励公司与利益相关者在实现盈利、维护企业财务稳健等方面开展合作。⑤公司治理框架能促进有效信息披露的实现。为了实现这一目标，公司治理框架应确保公司能够真实、准确、完整、及时地披露有关公司所有重要事务的信息，包括经营财务状况、股权变动、公司治理状况等。⑥公司治理框架应能确保董事会对公司的战略指导和对管理层的有效监督，确保董事会对公司和股东的问责制②。

自发布以来，《公司治理原则》得到了世界上众多国家（地区）的支持，世界各国（地区）就公司治理的基本原则、要求和框架等重要问题达成了一些基本共识并纷纷开展了对本国（地区）公司治理的改革，包括英美模式、德日模式在内的各公司治理模式相互借鉴，取长补短，出现了各国（地区）的公司治理制度互相趋近的现象③。但是，由于《公司治理原则》仅作出原则性规定，且没有法律约束力，其对各国（地区）公司治理模式的影响还是有一定限度的。

---

① G20/OECD principles of corporate governance［EB/OL］.（2016-03-03）［2023-06-14］. http://www.oecd-ilibrary.org/governance/9789264250574-zh.

② G20/OECD principles of corporate governance［EB/OL］.（2016-03-03）［2023-06-14］. http://www.oecd-ilibrary.org/governance/9789264250574-zh.

③ 林琳. 公司治理国际趋同观的中国现实分析［J］. 山东财政学院学报，2010（3）：79.

虽然各国（地区）的公司治理法律制度不同程度地接受了这些原则，但其具体规定还有很大差异。在这种现实情况下，各国（地区）的公司治理究竟能不能实现有效的趋同和一体化，一直是学术界和实务界争论很大的问题。

（二）对于公司治理规定能否实现一体化还存在争议

在公司治理这一问题上，对各国（地区）的监管规则能否实现有效的趋同即一体化，学界目前主要有两种观点：一是强趋同观，二是弱趋同观。这两种观点都不否认公司治理规则的趋同，但对于其趋同的程度有不同看法。

强趋同观认为，在当今经济全球化的背景下，公司面临来自世界市场的激烈竞争。能否在竞争中取胜，取决于公司能否通过有效的公司治理机制降低产品成本。因此，理性企业将会寻求采用最优的公司治理模式。当各个公司纷纷选择采用最优公司治理模式后，次优的公司治理模式就将被淘汰。当市场上仅剩下最优公司治理模式之时，公司治理模式的趋同也即完成[①]。而弱趋同观认为，一国（地区）的公司治理模式受到多种因素的影响，除了经济因素之外，还包括历史、法律、文化等方面的影响。来自国际市场的竞争压力无疑会促进各国（地区）改善公司治理结构，但这并不是影响公司治理的唯一和决定性因素，并不必然导致全球的公司治理模式向某一特定的模式趋同。当前各国（地区）公司治理模式之间的相互借鉴与趋同倾向并不是大趋势，而只是一种局部的、一定程度上的相互借鉴。由于公司治理问题受到多种复杂因素的影响，各国（地区）对某种所谓最优公司治理模式的全盘接受是不可能的[②]。

本研究持弱趋同观。第一，公司治理制度在变革的过程中将不可避免地产生路径依赖问题。各国（地区）现有的公司治理模式都是依循本国（地区）公司治理制度的发展历史，按照自身特有的路径不断演进、自我增强而来的，公司治理制度的变革不会完全偏离原来的路线。虽然目前各国（地区）的公司治理出现了趋同，各国（地区）开始接受一些国际化的公司治理原则和公司治理手段，但这都是在原有制度上的修补。各国（地区）的公司治理

---

① 林琳. 公司治理国际趋同观的中国现实分析 [J]. 山东财政学院学报，2010（3）：79.
② 林琳. 公司治理国际趋同观的中国现实分析 [J]. 山东财政学院学报，2010（3）：80.

制度仍在原有的轨道上运行，不可能被轻易推翻。尽管趋同存在着巨大的动力，但公司治理标准的协调将不可避免地受到路径依赖因素的影响而延缓。此时，虽然可以通过国家（地区）立法等方式强行排除这些因素，但也可能因为路径依赖的存在而出现无法达到预期效果的情况①。

第二，公司治理制度的变革会面临制度的互补性问题。互补性是指在一个制度体系内各个组成要素不可分离。这些制度要素相互联系，相互作用，相互影响，形成了一个有机整体。这样的制度体系一旦形成，若单独改变其中一个制度要素而不考虑其他互补的制度要素，就可能损害整个制度体系的有效性②。根据前文的分析，各国（地区）的公司治理结构差异巨大，公司治理不仅是一项经济制度或者法律制度，也是一种文化产品，体现了一国（地区）的传统和现实情况，与一国（地区）的政治、法律、经济、文化等因素相适应。因此，公司治理是一个具有强烈互补性的事项。并且，公司治理制度还必须与权利的分配与均衡、管理层激励和约束机制等内部因素相互协调③。所以，公司治理不可能完全脱离一国（地区）特有的情况，实现全世界统一的最优模式。

并且，不可忽视的是，本研究仅在证券法的语境下讨论公司治理问题，要解决的是证券法规则如何规定跨境证券发行人的公司治理问题，才能实现对其有效的监管，同时保持本国（地区）市场的吸引力。公司治理属于组织法上的问题，本身应属于公司法规定的事项。证券法对于这一事项的部分入侵，只是为了解决对上市公司中小股东利益保护的问题。因此，证券法并不应在规制跨境证券发行人公司治理的问题上走得过远。

二、信息披露一体化模式的适用较为顺利

（一）信息披露国际规则一体化顺利发展

20 世纪 90 年代末以来，证券市场的国际化提升到了一个新的高度。例

---

① 李明辉. 公司治理制度变迁与国际趋同：一个分析框架［J］. 东北大学学报（社会科学版），2009，11（6）：501.

② 李明辉. 制度互补性与公司治理趋同［J］. 经济评论，2007（1）：144.

③ SCHMIDT R，SPINDLER G. Path dependence, corporate governance and complementarity［J］. International finance，2002，5（3）：311-333.

如，2016年，在美国纽交所上市的公司达到2 307家，其中境外企业达到了485家之多①。但正由于前文讨论的国民待遇模式和豁免模式都存在一定局限性，仅限于单边或双边的信息披露法律协调，全球化程度越高，这种模式就越显得效率低下。为此，各国（地区）证券监管机构迫切需要一个能够实现交流和合作的全球性国际组织，建立一套能够被共同遵守的国际信息披露准则，为证券的跨境发行上市监管提供统一的标准，降低各国（地区）法律的不一致性，提高监管的效率②。

在推动信息披露国际规则一体化的过程中，IOSCO是最重要的角色之一。各国（地区）通过采纳IOSCO标准，成为推动对信息披露法律协调适用一体化模式的重要力量。IOSCO是拥有约127个成员的非盈利证券监管组织。其行动对成员没有约束力，其标准必须由成员根据自己的法律实施和执行。关于跨境证券监管，IOSCO提出了一系列重要的国际标准，其中最基本的是《证券监管目标与原则》。在这份文件中，IOSCO指出，国际证券监管的目标是保护投资者，保证市场的公平、效率和透明度，降低系统性风险③。IOSCO最初还设定了证券监管的30条原则，在2008年后增加为38条原则，更加强调对防范系统性风险的关注④。这些目标和原则成为IOSCO制定规则的基础，在IOSCO后续的规则中也得到了坚持。本部分讨论的信息披露问题是IOSCO在建立之初最为关注的问题，也是IOSCO持续推动各国（地区）法律协调和合作的重要问题。

关于信息披露，最重要的IOSCO文件是《首次信息披露准则》和《持续信息披露准则》。其中，《首次信息披露准则》主要规定跨境证券发行人在首次跨境公开发行证券和上市时的信息披露标准，相关规定可用于招股说明书、公开发行与上市的注册声明、申请文件等；《持续信息披露准则》适用于跨境

---

① world federation of exchanges. WFE annual statistics guide 2016 [EB/OL]. [2023-06-14]. https://www.world-exchanges.org/home/index.php/statistics/annual-statistics.

② 刘进军. IOSCO跨境信息披露机制对我国国际板信息披露制度构建启示 [J]. 证券法律评论, 2015 (1): 390.

③ IOSCO. objectives and principles of securities regulation [EB/OL]. [2023-06-14]. https://www.iosco.org/library/pubdocs/pdf/IOSCOPD82.pdf.

④ 刘进军. IOSCO跨境信息披露机制对我国国际板信息披露制度构建启示 [J]. 证券法律评论, 2015 (1): 393.

证券发行人完成公开证券发行和上市以后的其他信息披露，既包括披露定期报告（如年报），也包括以临时报告的形式对两次定期报告之间发生的重要事项进行披露。在上述文件中，IOSCO 都强调了跨境证券发行人信息披露中的重大性标准问题、预测性信息披露问题、对等披露问题、披露形式问题等，期望各国（地区）通过适用这些标准切实地缩小信息披露规定的差别，达到国际信息披露标准的协调。

IOSCO 建议其成员在其法域内采取所有必要的步骤，将 IOSCO 的信息披露标准纳入各自的信息披露文件中①。在证券监管领域，实现跨境证券发行人信息披露监管法律协调的一体化模式，最典型的做法就是采纳 IOSCO 的标准。由于 IOSCO 的规则和标准并无约束力，各国（地区）若要采纳《首次信息披露准则》《持续信息披露准则》等规则，需要通过一定形式将 IOSCO 的信息披露标准纳入自己的法律中，实践中主要通过两种方式来实现。一是转化适用，即在本国（地区）法律中加入 IOSCO 标准。其中又包括几种不同做法：英国将 IOSCO 的标准纳入本国法律中，但对本国原有的严于 IOSCO 标准的规定加以保留；新加坡在修改国内法时选择性地加入了 IOSCO 的标准；美国在修改国内法时加入了 IOSCO 的标准，使二者尽可能地趋于一致。二是并入适用，即赋予 IOSCO 信息披露规则与自身法律同等的效力，并将适用的批准权交给了境内的有权主体自主裁量，适用这种做法的主要成员包括德国、日本、中国香港等②。比较而言，美国的做法最大程度地承认了 IOSCO 的标准，最大程度地达到了国内法与国际标准的融合，是一种典型的一体化模式。

1999 年 11 月，IOSCO 技术委员会"多国信息披露与会计"工作组进行了一项调查，确认成员实施国际信息披露准则的情况。调查表明，17 个回复调查的成员中，有 16 个已经接受了按照 IOSCO 标准编制的信息披露文件或计划在 2000 年开始接受③。

---

① WOLFF S. Implementation of international disclosure standards [J]. University of Pennsylvania journal of international law, 2001, 22 (1): 92.

② 马其家，涂晟. 跨境上市首次信息披露国际准则的适用：兼论我国证券市场国际板相关制度的构建 [J]. 江西社会科学，2016 (2): 137-138.

③ 邱永红. 信息披露监管的国际合作与协调探析：以 IOSCO 为中心 [EB/OL]. (2008-09-23) [2023-06-14]. http://capitallaw.com.cn/article/default.asp? id=135.

另外，在非财务信息披露方面，IASB 成为推动非财务信息披露规则一体化的重要国际组织，其制定的会计准则 IFRS 逐步受到了国际认可，也是国际规则一体化的重要组成部分。

（二）各国（地区）重视推进信息披露规则的一体化

整体来看，国际上对于信息披露法律协调适用一体化模式的进程较为顺利。本部分主要以美国、欧盟为对象，分析上述信息披露国际标准在各国（地区）内的适用情况。需要注意的是，各国（地区）多采用的是将已有国际标准逐步纳入本国（地区）立法的方式实现对一体化模式的适用。

1. 各国（地区）适用非财务信息披露国际标准的实践

根据前文分析，美国对跨境证券发行人信息披露的法律协调模式存在比较明显的历史变化。第一个阶段是 20 世纪 80 年代至 90 年代，主要体现为国民待遇模式与豁免模式的选择与争议。第二个阶段是 1999 年后，即 IOSCO 的国际信息披露标准提出以后。在此阶段，美国在跨境证券发行人的信息披露文件中适用了 IOSCO 标准。1999 年 10 月，SEC 发布了《国际信息披露标准》，并依此修改了表格 20-F，对于非财务信息披露的要求用 IOSCO 标准替换当时的标准，标志着对跨境证券发行人非财务信息披露监管的法律协调开始适用一体化模式。

在 1999 年 10 月，美国要求跨境证券发行人在 1934 年证券交易法下的注册声明文件以及上市注册文件（即表格 20-F）的披露必须适用 IOSCO 于 1998 年新通过的《首次信息披露准则》。SEC 在文件中称，这么做是因为 IOSCO 的标准质量很高，也是美国实现证券信息披露标准一体化的第一步[①]。美国最大程度地保留了 IOSCO 标准原有的表述，该文件在向公众征求意见的过程中也获得了所有社会评价的支持[②]。由于采纳了这一标准，SEC 对表格 20-F 和表格 F-1、表格 F-2、表格 F-3、表格 F-4 的非财务信息披露内容都做了很大的改变。

以表格 20-F 为例，接受国际标准之后，原有的 1 至 14 项（除原有 9A 项

---

① GEIGER U. The case for the harmonization of securities disclosure rules in the global market [J]. Columbia business law review, 1997, 2: 270.

② International Disclosure Standards, 64 FR 53900.

外）都被替换为 IOSCO 标准中的 10 项标准。原有 9A 项关于市场风险定性和定量披露的规定得以保留，变为第 11 项。原有的第 15 项（优先证券违约）和第 16 项（证券的变化）变为第 12 项和第 13 项，并且修改了要求的语言表述，以符合 IOSCO 标准对于"平易英语"（plain English）的要求。由于原表格 20-F 中的第 17 项和第 18 项涉及的是财务信息披露的问题，而 IOSCO 标准主要涉及非财务信息披露问题，因此此次修改没有涉及第 17 项和第 18 项的内容①。

有观点认为，修改后的要求实际上比 IOSCO 的要求要严格，比如在每一条要求后面都增加了更加细致的说明（instructions），另一些修改还可以看作对跨境证券发行人增加了额外的负担。第一，需要披露信息的大股东的持股比例标准从原来的 10% 降低到了 5%；第二，对跨境证券发行人增加了披露关于其证券交易市场性质信息的要求，包括新的优先权发行、交易中止以及其他缺乏流动性的问题；第三，关于高管薪酬、管理层在某个交易中的利益的披露要求更加细致②。但 SEC 表示，这些要求的增加并不会加重跨境证券发行人的负担，因为所增加的要求实际已经存在于很多国家（地区）的法律当中，另外一些标准只是依据 IOSCO 的标准改变了文字表述，没有改变要求的实质内容③。因此这种做法实际上更有利于各国（地区）标准的协调。

美国在 IOSCO 标准的适用中起到了引领作用。与美国几乎同时或者在美国之后，新加坡、意大利、墨西哥等多国也都逐渐采纳了 IOSCO 的信息披露标准，这可以说是全球证券监管规则协调的重要一步④。

2. 各国（地区）对于财务信息披露国际标准的实践——以会计准则为例

从国际上来看，欧盟是认可 IASB 会计准则的重要主体。历史上，欧盟对来自其成员国之外的跨境证券发行人在进行财务信息披露时所适用的会计准则没有在欧盟层面加以统一规定，跨境证券发行人需要依照其上市地规定的

① International Disclosure Standards，64 FR 53900.

② KARMEL R. Will convergence of financial disclosure standards change SEC regulation of foreign issuers？[J]. Brooklyn journal of international law，2000，26（2）：493.

③ International Disclosure Standards，64 FR 53900.

④ 马其家，涂晟. 跨境上市首次信息披露国际准则的适用：兼论我国证券市场国际板相关制度的构建 [J]. 江西社会科学，2016（2）：137-138.

会计准则编制财务报表。从欧盟内部来看，2005 年欧盟即对在其成员国境内公开发行和上市的证券发行人编制财务报表进行统一要求，要求它们全部适用 IFRS①，认可了 IFRS 标准的质量与效力。自 2007 年起，欧盟也要求来自成员国境外的第三国发行人适用 IFRS 编制财务报表。

与欧盟相比，美国允许跨境证券发行人适用 IFRS 标准，实现财务信息披露标准一体化的历程更加漫长与曲折。美国在历史上曾经要求跨境证券发行人编制财务报表时适用美国 GAAP，或者适用其注册地会计准则或其他会计准则，并针对美国 GAAP 进行调节。在权衡各种做法的利弊和自身的目标之后，SEC 开始逐渐改变要求跨境证券发行人针对美国 GAAP 进行调节的做法，开始探索用其他方式规定跨境证券发行人的会计准则问题。随着证券市场国际化日益加深，特别是美国对跨境证券发行人非财务信息披露的要求开始适用国际标准后，美国也开始日益接纳国际会计准则，探索对会计准则的协调适用一体化模式。但是这一过程经历了多个阶段，晚于对 IOSCO 非财务信息披露标准全面接受的过程，其间也经历了很多波折。一方面，这是因为最初的国际会计准则委员会（International Accounting Standards Commission，IASC）推出的国际会计标准（International Accounting Standards，IAS）及后来继承 IASC 的 IASB 推出的 IFRS 都不是基于美国标准制定的，与美国 GAAP 差异较大，美国在接受国际会计标准的过程中缺乏动力。另一方面，在 2002 年安然等公司的财务丑闻发生后，出于对美国证券市场的安全和境内投资者利益的考虑，美国对于国际财务标准一直持谨慎态度，对其效果进行了长期的论证。

自 20 世纪 90 年代起，SEC 允许了对跨境证券发行人财务报表调节要求的一些例外。1992—1993 年，SEC 同意了在现金流量表、商业合并、外汇汇率变化影响中对 IASC 标准的适用②。1994 年，SEC 允许跨境证券发行人直接使用某些 IAS 标准而不用调节，包括适用 IAS7 制定现金流量表、适用 IAS21 披露恶性通货膨胀的影响、在商业合并中运用 IAS22 关于会计方法的特定规定。SEC 指出，适用这种方式的原因是要求进入美国市场的所有公众公司提

---

① 李宗彦. 欧盟对第三国会计准则等效的认定：回顾与启示 [J]. 财会通讯，2010（4）：135.

② KARMEL R. Will convergence of financial disclosure standards change SEC regulation of foreign issuers? [J]. Brooklyn journal of international law，2000，26（2）：495.

供的高质量财务信息可以满足投资者的信息需求。实际上，这表明 SEC 已经认为 IAS7、IAS21、IAS22 可以与美国的相关规定提供相同的信息①。

随着时间的推移，SEC 表示其正在考虑更加广泛地接受 IAS。在 2000 年 2 月发布的概念公告②中，SEC 请公众（包括境内外证券发行人、承销商、经纪交易商、分析师、会计师、律师、投资者等）对 SEC 应在何种情况下认可跨境私人发行人按照 IASC 标准制定的财务报表做出回应，要求他们评价 IAS 是否：①为会计工作打下了全面的、广为接受的基础；②具有高质量；③可以严格地解释和执行。但这次评价后，SEC 认为 IAS 没有达到这个标准，因此没有接受 IAS 作为在美国上市跨境证券发行人的会计准则。SEC 的理由主要包括：第一，高质量的会计标准能够提供相关的、可信的信息，以供投资者做出投资决定，但 IAS 有一些标准没有达到这个要求；第二，IAS 与美国 GAAP 的区别会损害证券市场上信息的透明度和可比性；第三，SEC 质疑 IAS 是否能够被严格地解释和执行，因为 IAS 没有提供充足的执行指南；第四，SEC 还提出了提升财务报告基础设施建设的需要。IASC 重视这些评价并且作出了改变，推动了该组织 2000 年 5 月的结构调整和新章程的出台。但是 SEC 认为，这些改变解决的只是基础设施的问题，更改后的 IAS 仍然缺乏国际通行的审计标准和严格的独立性要求③。

美国对跨境证券发行人会计准则的协调适用一体化模式的实质性进展发生在 2007 年之后。2005 年，欧盟通过了一项规则，要求所有公开交易的公司编制 2005 年 1 月的合并报表时适用 IFRS，世界上很多国家顺应了这一潮流，超过 100 个国家要求或者允许证券发行人在财务报表中使用 IFRS。而在这几年中，IFRS 也较以往的 IAS 有了新的发展。最终，美国允许跨境证券发行人直接适用 IFRS 而不用针对美国 GAAP 进行调节。时任 SEC 首席会计师尼古莱森（Nicolaisen）表示，世界需要可以一致使用的高质量会计标准，希望 IFRS

---

① WEI T. The equivalence approach to securities regulation [J]. Northwestern journal of international law & business, 2007, 27（2）: 270.

② International Accounting Standards Concept Release, Securities Act Release No. 7801, 65 Fed. Reg. 8896, 8899.

③ KARMEL R. Will convergence of financial disclosure standards change SEC regulation of foreign issuers? [J]. Brooklyn journal of international law, 2000, 26（2）: 498.

可以在世界范围内得到使用①。美国采用了两个重要步骤接受 IFRS。首先，美国允许境外证券人发行人提交按照 IFRS 编制的财务报表，不用针对美国 GAAP 进行调节；接下来，美国在 2008 年 11 月发布了一份路线图，计划使美国境内证券发行人在 2014 年之前也开始使用 IFRS②。自此，美国对跨境证券发行人强制适用严苛的美国 GAAP 的时代终于结束，进入了在会计准则上承认国际标准的时期。

虽然在历史上有批评认为 SEC 坚持美国 GAAP 是出于"美国 GAAP 是世界最优会计标准"的错误认识③，但是纵观美国对跨境证券发行人逐步放弃适用美国 GAAP 要求到最终允许跨境证券发行人适用 IFRS，以及允许境内证券发行人也适用 IFRS 的漫长过程，可以看出美国对于会计准则这一重要事项的重视。美国实现会计准则一体化模式的进程缓慢，主要是由于其对国际标准的采纳非常谨慎，必须在保证高标准以及本国市场稳定和投资者利益时才允许适用。

第三节　一体化模式适用的价值与难点

一体化模式是国际证券市场法律协调发展到较高级阶段的产物。一体化模式在所有模式中协调程度最高，在实践中也体现出多种优势。但需要注意的是，这并不表明一体化模式可以不加区别地适用于所有监管事项，也不代表一体化的实现可以一蹴而就。本部分将对一体化模式的价值与适用事项进行具体探析。

一、一体化模式体现了各国（地区）与国际组织对法律协调的期待

20 世纪末以来，多个国家（地区）和国际组织相继进行了多领域的一体

---

① WEI T. The equivalence approach to securities regulation [J]. Northwestern journal of international law & business, 2007, 27 (2): 270.

② PINE K. Lowering the cost of rent: how IFRS and the convergence of corporate governance standards can help foreign issuers raise capital in the united states and abroad [J]. Northwestern journal of international law & business, 2010, 30 (2): 497.

③ SHERBET E. Bridging the GAAP: accounting standards for foreign SEC registrants [J]. The international lawyer, 1995, 29 (4): 885.

化模式努力，体现了其对证券市场进一步交流和国际化的需求与期待。在这一过程中，各国（地区）和国际组织都是一体化模式适用的重要推动力，二者的互动将更加有利于一体化模式的发展。从国际组织层面来看，各个国际组织制定高质量、易适用的统一国际标准，将吸引更多的国家（地区）接纳国际标准、适用一体化模式，进而提升国际证券法律的一体化和协调程度。IOSCO 信息披露标准、IFRS、OECD《公司治理原则》被越来越多的国家（地区）适用，就是这方面的例证。而从国家（地区）层面来说，众多国家（地区）也积极接纳和适用了国际标准，这可以在免除为跨境证券发行人单独制定规则负担的同时增加市场对跨境证券发行人的吸引力，进而推动国际市场的融合。越多的国家（地区）支持和适用一体化模式，证券市场监管法律的一体化程度就会越高，这样就形成了一种良性循环。

21 世纪以来，一体化模式的更广泛适用表明各国（地区）监管机构的视野更加开阔，在选择法律协调模式时不再过分强调以法律规定的宽严作为吸引跨境证券发行人的手段，而通过较高的法律协调程度达到各国（地区）之间的共赢，通过促进国际资本的自由流动实现各国（地区）资本市场的共同发展。

二、一体化模式可以实现确定性和灵活性的统一

一体化模式虽然追求各国（地区）之间监管规则的趋同与一致，但是也尊重各国（地区）之间的重大法律差异，现有的国际组织也从不认为各国（地区）应当不加区别地对国际标准进行完全相同的适用。例如，IOSCO 的信息披露标准就给予各国（地区）监管机构一定空间，特别考虑了按照一国（地区）惯例必须进行补充信息披露的情况，以及按照各国（地区）的公共政策必须对某些信息进行保密的情况；OECD 的《公司治理原则》也更倾向于制定原则性规定，供各成员采纳和适用，而不要求成员适用的标准在内容和表述上完全达到一致。由于各国（地区）现实情况、法律传统的巨大差异，完全实现各国（地区）法律的一致只是一种理想的状态，但在可能的范围内最大程度地达成一致，提升市场效率，仍然是一体化模式最重要的目标。可以说，一体化模式不是僵化地要求各国（地区）法律条文完全一致，而是在

尊重各国（地区）法律传统和特殊需求的前提下尽量达到法律协调，是确定性和灵活性的统一。若拟进行跨境证券法发行人监管法律协调的各国（地区）监管者认识到这一点，一体化模式的实现将会更加顺利。

三、一体化模式的实现不能一蹴而就

在跨境证券发行人监管的法律协调中，一体化模式本身具有较为明显的优势。但是在具体的适用中可能产生一些问题。例如，追求一蹴而就地实现最大程度的法律协调，或不分事项地完全适用一体化模式。这种做法将对本国（地区）的金融安全带来损害，也会使投资者陷入不公平的待遇当中。因此，在适用一体化模式时，若无相关法律基础，可以考虑先将其作为局部的、补充性的法律协调模式加以适用，后续视情况推进。即使在最适合采用一体化模式的领域中，也要仔细考量本国（地区）的哪些特别规定必须予以保留。例如，可以先制定适用于跨境证券发行人的标准，并逐步修改适用于境内证券发行人的标准，最终实现针对境内外证券发行人信息披露标准的真正一体化。可以先对国际标准已经比较成熟的信息披露领域适用一体化模式，也可以与国民待遇、豁免、等效相配合逐步实现一体化。

四、信息披露法律协调的一体化模式发展空间较为广阔

相比其他监管事项，在信息披露法律协调中适用一体化模式最为合适，其进一步发展的空间也更为广阔，这主要基于以下原因：

第一，信息披露中适用一体化模式有利于平衡安全目标与效率目标。对信息披露监管的法律协调适用一体化模式，将在极大降低跨境证券发行人成本的基础上仍然达到维护市场稳定的效果，同时促进资本的自由流动。以IOSCO标准为例，IOSCO的非财务信息披露要求将使得跨境证券发行人可以仅准备一套发行文件，就可以将其作为同时在多国（地区）发行或上市的"国际通行证"（尽管证券发行人可能需要进行某些微小的调整来满足具体法域的特定要求）。如果这一模式得以实现和推广，需要融资的跨境证券发行人就可以迅速通过审查、获得融资，成本大幅降低。同时，这样一份经过国际组织制定和认可的统一标准是高质量的，能够在法律协调的同时制止各国

（地区）之间恶性的监管竞争，保护投资者的利益①。

第二，信息披露的一体化模式为各国（地区）监管者的灵活处理留下了空间。以 IOSCO 标准为例，其明确提出了跨境证券发行监管中各国（地区）监管机构可以提供的灵活性。IOSCO 标准特别指出，由于各国（地区）监管者对于不同行业部门（如银行、保险、石油天然气公司）、非常规的股票形式（如存托凭证、委托投票凭证）以及特定的信息形式（如预测性信息披露）等的不同要求，有时可能需要跨境证券发行人进行补充信息披露。IOSCO 标准也考虑到了各国（地区）按照公共政策需要进行信息保密的情况。这使得 IOSCO 标准在未来的发展中获得了更高的适应性和更强的生命力。

对于信息披露的一体化模式，有学者指出 IOSCO 和各国（地区）还应该努力推动信息披露标准的进一步一体化，推动"全球招股说明书"的形成，以进一步降低跨境证券发行人的融资成本②。但笔者对此持怀疑态度。信息披露的国际标准有必要也有可能不断细化，以达到各国（地区）更高程度的法律协调，但这与保留一定的灵活性并不冲突。信息披露法律协调的一体化模式，应为涉及各国（地区）惯例、特殊问题的标准留下一定的缓和空间，而不应追求在所有信息披露标准上完全实现一致，否则标准将变得过于僵化，反而不利于国际资本的正常流动。

第四节　我国适用一体化模式的路径探析

一、导向：与国际组织标准趋同，并参与制定标准

对于我国来说，适用一体化模式就要将国际标准纳入我国法律当中，使我国法律标准与国际标准实质趋同。需要注意的是，此处的蓝本应该主要是

---

① HICKS J. Harmonization of disclosure standards for cross－border share offerings：approaching an international passport to capital markets ［J］. Indiana journal of global legal studies，2002，9（2）：365.

② WOLFF S. Implementation of international disclosure standards ［J］. University of Pennsylvania journal of international law，2001，22（1）：92.

现存的 IOSCO 等国际组织的权威标准，而不是某一个国家（地区）的法律规定，因为 IOSCO 标准本就是各国（地区）法律协调程度提升的体现，使用其标准，不仅能够更加便捷地提升法律协调程度，而且可以避免单纯参照单一国家（地区）的标准而带来新的不协调。而从我国证券市场实际需求的角度来看，考虑适用国际组织制定的标准也是有重要意义的。首先，相关国际标准的适用有助于我国资本市场监管规则更好地与国际先进的跨境证券监管规则保持一致，使我国更快地融入全球资本市场。其次，相关国际准则的适用有助于防止跨境证券发行人利用制度差异进行全球监管套利。再次，相关国际准则的适用有利于缩小规则的差异，减少跨境证券发行人编制多份信息披露文件的成本，吸引更多优质的跨境证券发行人。最后，相关国际准则的适用可以提升跨境证券发行人在我国披露信息的准确性和公平性，有助于保护我国投资者[①]。

另外，我国一些标准已经在世界上处于领先地位，对于这样的标准内容，我国自然不能为了迎合国际标准而降低自身的要求，而应当以适用一体化模式为契机，进一步积极推动我国的相关标准成为国际标准。

二、适用事项：以信息披露为主

通过本章第二节对于一体化模式适用国际实践的分析可以发现，在各种监管事项中，市场准入和公司治理都只能在一些大原则上实现趋同，而并不适合大范围地采用一体化模式。相比之下，信息披露是各监管事项中最适用一体化模式的事项。从国际上来看，一体化模式在信息披露领域的适用最为广泛，为之做出努力的国际组织与国家（地区）也最多。20 世纪 90 年代末期以来，信息披露法律协调一体化模式的适用明显反映了证券市场国际化的大趋势。以美国为代表的发达国家（地区）不再局限于跨境证券发行人是否应当遵守与境内证券发行人相同的信息披露标准，而通过努力推动 IOSCO 标准、IFRS 等国际标准的适用，从更高的层面通过国际法律的趋同与一体化来

---

① 马其家，涂晟. 跨境上市首次信息披露国际准则的适用：兼论我国证券市场国际板相关制度的构建 [J]. 江西社会科学，2016（2）：137.

实现信息披露标准的协调。虽然由于信息披露法律规定的内容庞杂，一国（地区）在确定跨境证券发行人相关监管法律协调模式的过程中往往应综合运用国民待遇、豁免、一体化等各种模式，但是从总体上来看，在多数信息披露事项上适用一体化模式是大势所趋。

据此，在国际实践已经证明一体化模式对于其他监管事项的不适用性和对信息披露适用的最优性，并且我国有相应的法律基础和市场环境的条件下，我国应在信息披露问题上重点探索一体化模式的适用。一方面，对于非财务信息披露，应将体现一体化模式适用的规定进一步细化。另一方面，对于财务信息披露，我国应当适时推动一体化模式的适用，扩大允许跨境证券发行人直接适用特定国际标准并且不需要进行"差异调节"的范围。

三、我国适用一体化模式的具体路径

国际信息披露制度的一体化是大势所趋。结合我国的实际情况，在对跨境证券发行人进行监管时，我国应尽量采纳 IOSCO、IFRS 等国际组织的相关标准，逐步实现对一体化模式的适用。但需要注意的是，对于一体化模式，本研究并不主张在全世界采用一致的信息披露标准，这在金融证券监管领域尤其不可能实现。从各国（地区）实践来看，各国（地区）主要通过转化或并入国际标准的方式实现信息披露规则的一体化。而对于我国来说，出于兼顾我国法律发展现状和提升法律协调程度的需求，可以暂时先为外国证券发行人依照 IOSCO 标准制定单独的信息披露文件。在确认了这种适用模式的基础上，再进一步探讨我国如何参照国际标准，制定适用于境外证券发行人的信息披露规定。

（一）国际标准的适用模式：对跨境证券发行人单独制定标准

在我国对跨境证券发行人的信息披露要求适用国际标准时，可以采用为跨境证券发行人单独立法的方式，即首先将这些标准适用于跨境证券发行人，而我国境内证券发行人对于国际标准的适用则可以通过逐步修改立法来完成。由于《证券法》《信息披露管理办法》对于上市公司信息披露义务的规定大多是总括式的，因此我国可将包含国际组织规定精神的针对跨境证券发行人的特殊要求以单独的法律条文纳入现有立法，在原有法律基础上增加相应条款，以规定对跨境证券发行人的要求。对于上市公司招股说明书、注册文件、年报、半年报、季报以及临时报告的具体内容和格式，由于具体应披露的事项纷繁复杂，专业性强，可与我国现行的《招股说明书准则》等规定相对应，专门根据国际标准制定一套仅适用于跨境证券发行人的格式标准，以达到促使这些公司完整、真实披露的目的①。前文已述，美国是采用这种方法的典型国家。其在适用于境外发行人的信息披露表格中首先使用了 IOSCO 的规定，由此既可以提升法律的一体化程度，也会适度降低跨境证券发行人遵守美国披露规定的负担。

对跨境证券发行人单独制定信息披露标准对我国也有很多好处。

第一，可以保证我国法律制度的稳定性，不会因为引入跨境证券发行人而对我国法律制度造成太大冲击。特别是我国对于引入跨境证券发行人采用了多步走的办法，先从与我国联系较为紧密的红筹企业开始。未来，我国开放的步骤还将不断推进，先使跨境证券发行人的信息披露规定单独成体系，便于根据开放程度的变化逐步修改规则，而不影响我国信息披露法律规定的主体内容。第二，IOSCO 和 IFRS 的标准目前已被世界多国（地区）认可和适用，在法律协调的过程中起到了重要作用。采纳这些规定，可以最大程度地使信息披露规则与跨境证券发行人注册地及发行人其他发行上市地的规则达到一致，可以在保证信息披露质量的同时降低跨境证券发行人在我国公开发行与上市的成本。

在单独为跨境证券发行人制定信息披露规则后，我国还需要继续探索如何修改我国适用于境内证券投资者的法律，将国际组织的标准也逐步纳入针对境内证券发行人的信息披露规定中，实现信息披露监管法律更高程度的一体化。

（二）对跨境证券发行人信息披露具体内容进行协调规定

1. 基本要求

在规定内容方面，首先应强调 IOSCO 标准的几项基本要求，并且这些基

---

① 马其家，刘慧娟，王淼. 我国国际板上市公司持续信息披露监管制度研究 [J]. 法律适用，2014（4）：52.

本要求应同时适用于财务信息披露和非财务信息披露，同时适用于发行信息披露与持续信息披露：一是信息披露必须真实、准确、完整，这是世界各国（地区）证券监管法律一致遵循的基本原则；二是重大性原则，即跨境证券发行人披露的应当是重大信息以及能够实质性影响投资者投资决策的信息；三是及时性原则，即跨境证券发行人对上述重大事项在发生后应立即进行披露；四是公平披露，即同时、相同的披露，跨境证券发行人若同时在多个国家（地区）公开发行或上市，那么该发行人在一个上市地根据持续披露要求所公布的信息，也应该在我国市场上同时作出相同内容的披露，这一要求对监管多国（地区）发行、交叉上市的证券发行人极为关键①；五是披露的格式和语言要求，IOSCO 标准要求跨境证券发行人的信息披露文件应当以发行上市地大众能接受的语言编写，这一标准适用在我国市场上，就是要求跨境证券发行人不论已经在哪些国家（地区）公开发行和上市过，提交过多少版本的文件，只要进入我国市场，就必须提交公开发行上市文件的中文文本。同时，为了尽量增加我国境内证券发行人与跨境证券发行人在信息披露形式上的可比性，减少境内投资者理解的难度，在设计信息披露文件条款时可以以我国现行的《招股说明书准则》等规定为基础，对相关内容进行增加或删减。

2. 非财务信息披露

对于具体的信息披露事项，在发行信息披露方面，我国需要进一步探索如何将前述 IOSCO 的 10 项内容更好地融入我国的法律规定当中。原则上，适合我国情况的内容都应被纳入我国的标准。并且，我国可以借鉴美国对跨境证券发行人信息披露的具体做法，明确跨境证券发行人信息披露的格式和内容。另外，IOSCO 标准给予各国（地区）制定信息披露标准一定的弹性，我国应该利用这一规定，在对我国市场有重要影响的方面进行额外规定，这种做法既不违背信息披露标准一体化的精神，又可以保护我国利益。

3. 财务信息披露

2010 年 4 月，我国财政部发布了《中国企业会计准则与国际财务报告准

---

① 马其家，刘慧娟，王淼. 我国国际板上市公司持续信息披露监管制度研究 [J]. 法律适用，2014（4）：50.

则持续趋同路线图》，指出我国的企业会计准则体系早在 2005 年即受到了国际认可，被 IASB 认定为实现了与 IFRS 的趋同。在涉及关联方交易的披露、公允价值计量和同一控制下的企业合并等特殊问题上，中国的规定方式还为国际标准提供了新思路，被纳入国际会计准则当中。世界银行对中国的会计准则与国际会计准则趋同的情况进行了评估，并于 2009 年 10 月发布了评估报告，明确表示中国对于会计准则内容和会计准则实施的改进可以为世界其他国家提供良好的示范，肯定了中国努力实现与国际会计准则趋同的效果。在此基础上，我国还持续跟进 IASB 相关会计准则的重大修改和制定工作，保持了会计准则与国际标准的持续趋同。

因此，对于跨境证券发行人，可以对其提交的根据 IFRS 制作的财务报表予以认可，也可以允许其自愿适用中国企业会计准则编制财务报表。由于我国会计准则实现国际一体化的程度明显高于其他领域，可以争取率先在会计准则领域实现一体化模式的完全适用。

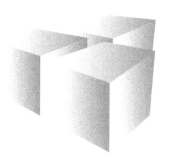

第七章　等效模式
在我国法律协调中的
适用研究

等效模式虽然是跨境证券发行人监管中一种重要的法律协调模式，但是这种模式与其他三种法律协调模式存在一定区别。最主要的区别在于，其他三种法律协调模式下，发行上市地监管者在制定相关法律时可以仅从本国（地区）出发，分析与评估他国（地区）法律规定的必要性不大；而在等效模式下，发行上市地监管者为了保证其法律规定与发行人注册地在效果上达到一致，必须获取和分析发行人注册地的法律规定，也必须适用严谨的标准和认定程序作为等效模式实现的支撑。其对标准与程序的要求要明显高于其他三种法律协调模式。

尽管前文已经分析过等效模式作为跨境证券发行人监管法律协调模式的优势，但从目前的整体国际实践来看，由于出现时间较晚，等效模式在国际上的应用不如其他三种法律协调模式广泛，目前仅有欧盟对第三国发行人的信息披露监管、美国对场外金融衍生品的监管适用等效模式，并且形成了较为完善的规定和程序。在其他国家（地区），适用等效模式的实践并不丰富，因此在对等效模式的研究中可借鉴的经验和可供分析的对象较少。但等效模式的优势使其成为现今值得研究的一种法律协调模式，其适用也并不应局限在信息披露领域，还可以进一步探索并向公司治理等事项加以扩展。基于此，本书将等效模式作为与国民待遇模式、豁免模式、一体化模式并列的新的法律协调模式加以研究，分析我国适用等效模式的基础与问题，并探究扩大适用等效模式的具体路径。

第一节　我国适用等效模式的基础与问题

总体来看，我国已经具备了在一些领域适用等效模式的市场环境，但相关的法律基础还比较薄弱，在等效模式的适用上还存在一些问题。本节将结合前文对等效模式的论述，对我国适用该模式的基础与问题进行分析。

一、我国适用等效模式的市场环境与法律基础

（一）我国适用等效模式的市场环境

从市场环境来看，我国引入跨境上市公司的酝酿时间已超过 10 年，但直

到 2018 年后，引入跨境上市公司的具体做法与法律制度才被明确确定下来。这说明，我国当前具备了进一步开放证券市场的条件。但是，我国对于证券市场的开放问题仍应抱有谨慎的态度。资本市场的开放应以服务我国实体经济发展为首要目的，开放的步骤、节奏、路径应该由我国自己掌控。在此种市场环境下，我国就有可能在一些领域中适用等效模式。一方面，适用等效模式能够更好地坚持"以我为主"，以我国的法律制度为标准，对跨境法律制度是否与我国达到相同标准加以认定，以此化解豁免模式"增加市场风险"的最大缺陷①。另一方面，我国可以采用循序渐进的方式，通过推进等效模式的适用逐步增加我国法律制度与国际规则的协调程度。

（二）我国已有在公司治理中适用等效模式的法律基础

我国在相关法律中已经有了适用等效模式的初步尝试。目前，我国对跨境证券发行人公司治理事项的法律协调方式体现了等效模式"结果导向"的基本理念。具体来说，《存托凭证管理办法》第三条中明确，"境外基础证券发行人的股权结构、公司治理、运行规范等事项适用境外注册地公司法等法律法规规定的，应当保障对中国境内投资者权益的保护总体上不低于中国法律、行政法规以及中国证监会规定的要求"。其中"不低于"的要求已经体现了我国监管机构依照法律实施效果来实现公司治理法律协调的基本思路，且判定法律实施效果的核心指标也是等效模式常用的"投资者保护程度"。截至2021 年 9 月，我国科创板市场上的 4 家红筹企业均遵守了这一规定，由保荐人按规定出具了结论性意见。由此可见，我国对于等效模式本身就有一定法律基础和认可度，将该模式纳入立法不存在实质性障碍，过程将会相对顺畅②。

另一方面，从法律的实体内容来看，我国现行的法律规定已经体现了国际规则对于公司治理问题的最新要求。例如我国《上市公司治理准则》新增"机构投资者参与公司治理"专章、明确要求上市公司董事会设立审计委员

---

① 王淼．我国跨境上市公司监管的法律协调模式研究：以公司治理为视角 [J]．金融监管研究，2021（9）：89．

② 王淼．我国跨境上市公司监管的法律协调模式研究：以公司治理为视角 [J]．金融监管研究，2021（9）：92．

会、优化融入环境保护与社会责任要求等，与国际最新规则和他国（地区）的法律差异进一步缩小。这样，未来等效认定的难度也会随着各国（地区）法律冲突的减弱逐步降低。

二、我国适用等效模式时存在的问题

虽然根据前文所述，我国已经有了适用等效模式的环境、可行性与基础，但在等效模式的适用方面，我国目前还面临法律基础相对薄弱等问题。一方面，我国并未建立起一套从实体标准到程序性配合机制的完整体系，对于等效模式具体机制的规定和应用还有很多内容需要完善。另一方面，我国等效模式的初步适用还仅局限于公司治理事项，能否将其扩大到其他事项中，也是值得研究的。

（一）我国现行规定尚不属于真正的"等效模式"

相对于前述的国民待遇模式、豁免模式和一体化模式来说，目前我国对于等效模式适用的法律基础还比较薄弱。虽然我国《存托凭证管理办法》为等效模式的使用打下了基础，相关的规定都可以在此基础上进行修改完善，但需要注意的是，现行的规定还不能被称作"等效模式"。

一方面，目前规定中对跨境上市公司投资者保护程度不低于我国法律规定的判断，仍然是一种"个案判断"，而非对于一国（地区）法律的整体判断。这是我国目前规定与"等效模式"最显著的区别。我国证监会明确要求，需要由保荐机构做出关于对境内投资者权益的保护总体上不低于境内法律、行政法规及中国证监会要求的结论性意见。可见，目前对于这一问题的判断是由保荐机构来完成的，并且针对的仅是此次需要上市的某一家公司。这些意见明显不是由等效模式下要求的监管机构做出的，认定的范围也限于单个企业，远远达不到对某国（地区）相关法律"整体认定"的要求。

另一方面，等效模式要求两国（地区）法律规定在效果上相同或类似，能够使投资于境内外公司的投资者均受到相同的保护。而目前我国规定中"不低于"的表述仍会造成投资于两种公司的投资者受到不同程度的保护，甚至出现投资于跨境上市公司获得的保护程度更高。这可能会给投资于境内公司的投资者带来新的不公平①。

（二）等效认定的实体标准缺失

若确定在跨境上市公司治理的法律协调上适用等效模式，就应进一步制定认定等效的实体标准。根据前述《存托凭证管理办法》，我国认定跨境法律规定效果的主要指标是"投资者保护程度"。然而，投资者保护本身是一个极为广泛的概念，涉及多项细化指标，需要制定全面的指标体系进行具体指引。目前，我国证监会于2018年发布的《上市公司治理准则》规定了上市公司治理中各主体的权利和义务，全面加强了公司治理中对投资者的保护，但其中仍然缺少判断投资者保护程度的具体标准和指标，无法直接通过该规则判断境外的公司治理规定能否与我国法律规定的要求达成等效。由于具体认定标准的缺失，实践中已回归境内上市的红筹企业对投资者权益保护的相关信息披露也不尽一致。例如，对于投资者可能获得的救济，有企业明确指出"持有人权益受损时能获得与境外投资者相当的赔偿"，也有企业仅说明境内投资者在权益受损时有权在中国境内法院提起诉讼，获得执行。这反映了不同发行人对该问题认识的差异，使得投资者难以从信息披露中做出一致判断，反而不利于对投资者的保护②。

（三）等效认定的程序性配合机制缺失

与其他法律协调模式相比，等效模式更大程度地体现了跨境上市公司注册地与上市地之间法律的互动。由于判断境内外法律规定是否在效果上达到一致是一个严格且持续的过程，因而除了法律文本的规定之外，等效模式的实现还需要一系列细致可操作的配合机制。我国目前的法律并没有对相关内容做出规定。

第一，我国法律没有规定等效认定的程序。与其他几种法律协调模式不同，等效模式是对一国（地区）法律效果的总体评价，而非针对某一特定公司，因此更需要严格谨慎的程序规定。第二，我国法律未规定对等效进行持

---

① 王淼. 我国跨境上市公司监管的法律协调模式研究：以公司治理为视角［J］. 金融监管研究，2021（9）：94.

② 王淼. 我国跨境上市公司监管的法律协调模式研究：以公司治理为视角［J］. 金融监管研究，2021（9）：94-95.

续性评价。各国（地区）的法律规定一直处于变动之中，使得判断境内外法律规定是否在效果上达到一致成为一个严格且持续的过程，也使得定期与临时持续性评价成为等效模式的重要配合机制。第三，未明确等效认定如何与我国的证券国际合作机制相衔接，会给我国的等效认定带来一定障碍①。

（四）等效模式在我国的适用范围能否扩大还有待探索

我国目前对于等效模式的应用还仅限于公司治理领域。由于公司治理事项的特殊性，适用国民待遇模式、豁免模式、一体化模式进行法律协调均不是最优的选择。在这种情况下，等效模式就是一种合适的法律协调模式。我国可以设立一定标准和程序，来判断证券发行人注册地的公司治理要求是否能在保护投资者利益、保护市场稳定等方面与我国规定达到一致效果。若能够达到一致效果，则应允许跨境证券发行人适用其注册地的公司治理法律，否则即要求该发行人适用我国法律。这种模式的适用避免了其他几种法律协调模式的缺陷，可以很好地平衡安全目标、效率目标以及解决法律冲突目标。不过，等效模式在我国的公司治理事项上能否进一步深入适用、能否继续适用于除公司治理之外的其他事项、如何准确界定等效模式的适用范围和路径，都还是值得探索的问题。本章将在第四节中对这一问题进一步进行研究。

第二节　等效模式适用的国际实践及评析

由于等效模式是一种较新的法律协调模式，我国在尝试适用这种模式时，借鉴国际上的成功经验是非常必要的。目前，国际上对于等效模式的应用实践有欧盟和美国两个典型案例。其中，欧盟是最早适用等效模式的国际组织，在对跨境证券发行人信息披露要求中首先适用了等效模式。之后，美国在其金融衍生品的监管协调中也开始适用等效模式。欧盟在等效认定实体标准和认定程序的规定上具有特色，而美国对于双多边合作机制在等效认定中的应用进行了较多的探索。欧美等效认定制度的具体事项和标准虽有差别，但其

---

① 王淼. 我国跨境上市公司监管的法律协调模式研究：以公司治理为视角［J］. 金融监管研究, 2021（9）：95.

最根本的关注点都在于各国（地区）监管目标、监管原则、监管效果是否足够相似并达到等效的程度。欧美构建等效认定机制的思路可以为我国等效模式的适用提供包括实体认定标准、程序性配合机制、多边合作机制在内的系统化经验①。

一、等效认定的总体标准

制定可行的实体标准，以确定跨境证券发行人注册地与发行上市地的法律是否达到等效，可以说是建立等效认定机制的第一步。等效认定标准应分为总体标准和具体标准两个层面。若要形成科学有效的等效认定标准，总体标准与具体标准缺一不可，二者相互配合才能形成一套完整的认定标准体系。总体标准是对于等效和可比性判断的通行标准，而具体标准是根据各个监管领域和事项的特点确定的更加详细可操作的认定标准。本部分首先探讨等效认定的总体标准。

根据 IOSCO《证券监管目标与原则》的规定，证券市场监管的目标包括保护投资者，确保市场的公平、效率和透明度，减轻系统性风险，其中最首要的目标就是保护投资者②。因此，国际实践中制定等效标准时一般也以投资者保护程度为最重要的总体标准。美国与欧盟分别在适用等效模式的领域中制定了相应的总体标准。

（一）美国的等效认定总体标准

美国在监管金融衍生品市场的《多德–弗兰克法案》中首次在法律层面引入了"替代合规"模式，即本研究所称的"等效模式"。根据官方定义，替代合规是指境外主体在满足一定前提的情况下，可以遵守其注册地法律而不遵守美国法律③，而这个前提就是二者的法律规定能够达到一致的实施效果，或者说在实施效果上具有"可比性"。

---

① 王淼．我国跨境上市公司监管的法律协调模式研究：以公司治理为视角［J］．金融监管研究，2021（9）：92.

② IOSCO. Objectives and principles of securities regulation［EB/OL］．［2023 - 06 - 14］. https://www.iosco.org/library/pubdocs/pdf/IOSCOPD82.pdf.

③ Cross - Border Application of Certain Swaps Provisions of the Commodity Exchange Act, 77 Fed. Reg. 41, 214.

美国对于金融衍生品的监管机构主要是 CFTC（商品期货交易委员会）和 SEC。对于等效认定的总体标准，CFTC 指出，境外主体注册地的法律规定并不需要与美国完全一致，但需要从以下几个方面通过等效与否的检验：①两国（地区）法律是否有可比的范围与目标；②两国（地区）法律是否有可比的全面性；③两国（地区）是否具有可比的监管能力和执行能力①。SEC 指出，进行"可比性"判断，不应对境外主体的法律规定与美国的法律规定逐条对比，而要从整体上考虑境外主体若适用其注册地在某一领域的法律规定（包括所有相关的法律、法规、规章），是否能够达到与适用美国法律相同的监管效果②。

（二）欧盟的等效认定总体标准

欧盟对于等效模式的适用主要体现在第三国发行人信息披露的监管法律协调上。其总体标准主要规定在欧盟 2003 年颁布的、主要规制证券公开发行信息披露的《招股说明书指令》及 2004 年颁布的、主要规制持续信息披露的《透明度指令》中。若欧盟认定跨境证券发行人注册地的信息披露制度和信息披露文件与欧盟规定"等效"，该发行人就可以被豁免大部分的信息披露要求，仅提交已经在注册地公开发行和上市时使用过的招股说明书等文件即可。

总体上，欧盟已经认定一些国际组织标准和一些国家（地区）的相关标准与欧盟标准等效。例如，《招股说明书指令》第 20 条规定，在欧盟成员国市场公开发行证券或上市的跨境证券发行人，如果其编制的招股说明书符合国际组织制定的标准（如 IOSCO 标准），或者该证券发行人注册地的信息披露要求（包括财务信息披露要求）与《招股说明书指令》的要求等效，就可以直接向发行上市地监管机构提交这样的招股说明书，而不用另行制作。《透明度指令》还授权欧盟委员会制定关于如何判断第三国相关规则等效性的实施细则，以确保该指令的统一适用③。

---

① GRIFFITH S. Substituted compliance and systemic risk: how to make a global market in derivatives regulation [J]. Minnesota law review, 2014, 98（4）: 1334.

② GRIFFITH S. Substituted compliance and systemic risk: how to make a global market in derivatives regulation [J]. Minnesota law review, 2014, 98（4）: 1338.

③ Directive 2003/71/EC, Article 20.

　　类似地，《透明度指令》第 23 条规定，在欧盟成员国境内公开发行或上市的跨境证券发行人，如果其境内关于持续信息披露的法律规定被发行上市地监管机构认定为与欧盟规定等效，该跨境证券发行人就可以被豁免一系列的持续信息披露要求，直接提交按照其注册地标准制定的文件即可。这些被豁免的持续信息披露要求具体包括：①《透明度指令》第 4 条至第 7 条规定的所有文件，即年度财务报告、半年报、中期管理声明等；②12.6 条及 15 条规定的大股东持股变化信息的披露；③14 条规定的发行人增持自身股票每超过 5% 和 10% 的披露义务；④16 条规定的附加信息的披露义务，包括发行人所发行的各类股票上所附权利的变化，发行人的贷款和担保义务的变化。若其注册地相关信息披露要求与欧盟规定等效，跨境证券发行人可以不按照欧盟的规定披露上述信息①。但是，除了上述列明的条文之外，跨境证券发行人仍需要披露其他条文所规定的信息，特别是重大事项披露和临时信息披露，而不论其注册地规定如何。可见，欧盟倾向于在认定他国（地区）规定等效的基础上减轻跨境证券发行人定期披露的负担。《透明度指令》第 23 条还授权欧盟委员会建立判断跨境证券发行人注册地持续信息披露要求是否与欧盟指令等效的机制②。

　　在信息披露标准的判断上，欧盟适用的等效模式是基于最低标准规定的。并且，这种规定模式更加注重实质而不是形式。跨境证券发行人披露信息的内容只需要满足欧盟所列出的定性要求，而对于具体披露哪些详细的内容、采用何种形式披露，欧盟都没有进一步进行要求。欧盟对于等效的认定是基于国别的，欧盟基于上述标准和特定程序，可以认定某些国家（地区）的法律与欧盟规定等效。认定后，来自这些国家（地区）的跨境证券发行人就可以在欧盟市场上按照注册地标准进行信息披露。这种一揽子的认定方式减少了跨境证券发行人在欧盟市场公开发行和上市所面临的负担和不确定性。可见，在跨境证券发行人的监管中，等效认定的总体标准应指出跨境证券发行人发行上市地与注册地的法律规定在总体监管目标、全面性、可执行性方面

---

①　Directive 2004/109/EC, Article 23.

②　Directive 2007/14/EC.

可以达到相同的监管效果。

二、等效认定的具体标准

在等效认定的具体标准问题上，美国与欧盟制定的等效标准较为具体、详细，具有较强的可操作性，可以为等效认定具体标准的确定提供一些思路。例如，对于域外金融衍生品市场监管规则的等效性，CFTC 主要从头寸限制的可控性、勤勉的监督、商业的可持续性和灾后恢复能力、研究和消除矛盾的能力、披露信息的可获取程度和数据存储能力几个方面进行考量①。而相比于美国来说，在等效认定具体标准的问题上，欧盟对于信息披露等效标准的制定更加详细且具有代表性，本部分将主要以欧盟的标准来说明等效认定具体标准的国际实践。

（一）欧盟财务信息披露的等效认定标准

财务信息披露尤其是会计准则方面对等效模式的适用，是欧盟对第三国证券发行人适用等效模式的最典型体现。与非财务信息披露相同，在《招股说明书指令》与《透明度指令》的基础上，欧盟在 2007 年另行发布了更加细化的《建立认可第三国证券发行人采用的会计标准等效机制》的条例（以下简称《等效条例》），明确提出了在会计准则语境下"等效"的含义及等效的认定机制。

欧盟对一国会计准则与 IFRS 等效的认定大体上从欧盟单方面出发，并不一定要求对方国家（地区）履行对等的义务。欧盟对会计准则"等效"的认定有严格的程序限制，并且对于等效的认定结论是具有法律效力的，最终的结论需要由欧盟委员会做出并以法令的形式发布生效②。

负责等效认定的欧洲证监会（Committee of European Securities Regulators，CESR）于 2008 年对包括我国在内的 6 个国家的会计准则与欧盟采纳的 IFRS 是否等效发表技术意见。CESR 认为，美国、日本的会计准则与欧盟所适用的 IFRS 等效；中国最新颁布的企业会计准则在内容上已经与 IFRS 达到了实质性

---

① 唐波，黄骜. 域外金融监管的困局与"替代合规"制度的尝试：评美国商品期货交易委员会对域外监管规则的可比性认定 [J]. 上海金融，2016（10）：63-67.

② 李宗彦. 会计准则等效：会计准则国际协调的新路径 [J]. 财会月刊，2009（30）：104.

趋同，但对中国企业会计准则与 IFRS 等效的认定，还需要在之后一段时期内结合中国企业会计准则的执行情况、公司治理效果以及审计质量等方面的信息才能够得出最后的结论。因此，CESR 建议在 2008—2011 年暂时认定中国会计准则与 IFRS 等效。对于加拿大、韩国、印度的会计准则，CESR 也建议欧盟暂时认定其与 IFRS 的规定等效①。最终，欧盟委员会基本认可了 CESR 的技术建议。

从上述讨论来看，欧盟设立的标准是很多国家（地区）需要一定努力才能达到的。但是这些要求都是实质上的要求，并不注重形式，从这一角度来说，这些标准是在考虑到各国（地区）法律前提下作出的比较宽松的规定，是对他国（地区）比较友好的。

（二）欧盟对非财务信息披露的等效认定标准

在非财务信息披露方面，欧盟委员会在 2007 年颁布了《透明度指令实施细则》②，详细规定了跨境证券发行人注册地法律规定满足何种标准才会被认定为与欧盟规定等效，具体表现在以下几个方面：

（1）对于公司年报中的非财务信息披露部分，即"年度管理报告"部分，跨境证券发行人注册地的法律必须规定对发行人经营的发展与表现及其风险与不确定性进行公平审查。审查必须结合发行人的规模与业务的复杂程度，对发行人的经营与发展进行均衡的、全面的分析，并包含理解发行人状况所必需的财务性和非财务性关键指标。跨境证券发行人注册地法律还应规定，年度管理报告需要披露从上个财政年度末以来发行人发生的所有重大事件，并写明发行人未来可能获得的发展。

（2）对于半年报中的非财务信息披露，即"半年度管理报告"部分，跨境证券发行人注册地法律应至少规定含有以下信息：对涉及期间的审查；本财政年度后 6 个月的公司发展情况预测；重大的关联方交易。此外，还应要求证券发行人在中期管理报告之后附一份精简版的财务报告。

（3）对于证券发行人内部责任人声明，只要跨境证券发行人注册地的法

---

① 李宗彦. 会计准则等效：会计准则国际协调的新路径 [J]. 财会月刊，2009（30）：104.

② Directive 2007/14/EC.

律下有特定的内部人员对公司披露的年报和半年报信息负责，即可以视为与欧盟规定等效。

（4）对于大股东持股情况变动的披露要求，只要按照跨境证券发行人注册地的法律规定，证券发行人向公众披露和通知的时间不晚于事项发生 7 个交易日即可。

（5）对于证券发行人持有自己发行股票变动情况的披露，如果跨境证券发行人注册地法律规定满足以下条件，就可以被认定为与欧盟规定等效：当跨境证券发行人注册地仅允许发行人持有自己股票的 5% 及以下的股份时，只要达到这一比例，就要求发行人披露；当跨境证券发行人注册地允许发行人持有自己股票的 5% 至 10% 时，发行人持有自己股票超过 5% 以及达到法律允许的最大比例时，都要求发行人披露；当跨境证券发行人注册地法律允许发行人持有自己股票的比例超过 10% 时，发行人持有自己股票的比例达到 5% 和 10% 时都被要求披露。而该比例超过 10% 以后，在认定等效的问题上，欧盟对于跨境证券发行人注册地的法律如何规定没有要求①。

三、等效认定的配合机制

与其他法律协调模式相比，等效模式更大程度地体现了发行人注册地与发行上市地之间法律的互动。由于判断境内外法律规定是否在效果上达到一致是一个严格且持续的过程，因而除了法律文本的规定之外，等效模式的实现还需要一系列细致可操作的配合机制，其中最主要的就是等效的认定程序、双多边合作机制以及持续评估的开展。

（一）等效的认定程序

欧盟对于等效的认定有严格的程序，以此保证市场主体注册地的法律规定确实能与发行上市地法律规定达到相同的效果，对市场上的投资者也能达到相同程度的保护。

以会计准则为例，对于跨境证券发行人注册地会计准则与 IFRS 等效的认定有严格的程序限制。根据《等效条例》，认定等效需要经过四个程序。首

---

① See Directive 2007/14/EC, Article13. 3.

先，欧盟委员会要求 CESR 从技术层面评估跨境证券发行人注册地 GAAP 是否符合等效标准；其次，CESR 进行技术层面的调研，并根据证券持有者的建议出具一份意见书提交欧盟委员会；再次，欧盟委员会依据 CESR 的建议和其他公开信息做出等效决定；最后，由欧洲议会和欧盟理事会按专家委员会机制程序形成决议①。该决议具有法律效力。

在上述所有程序中，CESR 的技术评估是最重要的一个环节，也是欧盟对一国（地区）标准是否与 IFRS 等效判断标准的最集中体现。CESR 对会计准则等效认定的技术程序可以分为三个步骤：发布会计准则等效概念公告、按照公告对相应会计准则进行评估、得出是否等效的技术结论②。CESR 在评估的过程中不仅注重该国（地区）会计准则条款本身的规定，还充分考虑了会计准则在该国（地区）的施行和应用的效果与具体情况，关注该国（地区）的法律基础、市场环境、监管措施水平能否真正保证会计准则应用效果的等效。财务报告使用者的需求、审计师及审计质量、监管机构的监管程序和效率等指标③都是等效评估时需要考虑的因素。这样严格的认定程序也将保证会计准则的等效不仅是条款规定之间的等效，更是会计准则实施效果的一致。

（二）双多边合作机制

虽然证券发行人注册地法律与发行上市地法律等效与否归根结底是发行上市地的决定，但等效评估的开展需要跨境证券发行人注册地提供信息，需要双多边合作机制的配合。因此，虽然等效的认定不必然要求两国（地区）具有合作关系，但是合作机制的建立将有利于等效模式更有效地实现。

对于等效模式来说，双方最合适的合作机制就是签订谅解备忘录（memorandum of understanding，MOU）④。传统的 MOU 主要用来实现各国（地区）对跨境证券违法行为监管的信息共享，以便于法律的执行。如果要实现对等效的判断，在 MOU 中除了现有的与执行有关的信息（包括获得被监管主体的银行、证券经纪账户流水、法人组织文件、证人证言等）共享之外，还

---

① 王俊杰．欧洲会计准则等效机制与我国的应对 [J]．石家庄经济学院学报，2012，35（1）：81．
② 李宗彦．欧盟对第三国会计准则等效的认定：回顾与启示 [J]．财会通讯，2010（4）：135．
③ 李宗彦．欧盟对第三国会计准则等效的认定：回顾与启示 [J]．财会通讯，2010（4）：135．
④ 目前 IOSCO 也制定了一套标准 MOU，供各国监管机构采用。

应当有更多的日常监管信息的交换，不仅是基于某一个特定的违法违规案件的信息交换。对于等效的判断来说，及时获得和评估对方监管机构法律法规的变化是进行信息共享最重要的目的。另外，在这样的信息交换机制下，双方监管机构还可以及时得知等效模式下被豁免主体的风险评估状况和检查状况。这些信息中有一部分在正常情况下是应当保密的，而 MOU 应允许双方监管机构交换这些非公开信息①。此外，如果双方可以通过 MOU 或非正式方式举行监管机构和监管人员层面的定期会议，讨论双方的相关监管问题，等效模式就将取得更好的后续效果②。

美国在等效认定过程中就较为注重双多边合作与协商机制在该制度中的作用，较为充分地发挥了 MOU 的作用。截至 2021 年 8 月，SEC 共认定法国、德国、西班牙、瑞士、英国 5 个国家基于证券的互换交易市场监管规则与 SEC 相关规则等效。在被认定等效后，这些国家的监管机构都与 SEC 签订了专门的双边谅解备忘录，就磋商、监管合作及监管信息共享等问题进行了更加详细的约定③。

（三）持续评估的开展

与其他法律协调模式相比，等效模式更大程度地体现了跨境上市公司注册地与发行上市地之间法律的互动，判断境内外法律规定是否在效果上达到一致是一个严格且持续的过程④。由于各国（地区）的监管法律法规都会随着时间变化，而等效的认定至少涉及两个国家（地区），因而除了法律文本的规定之外，等效模式的实现还需要一系列细致可操作的配合机制。各国（地区）监管机构还应每隔几年就重新进行等效的评估，这会使双方了解到各自是否有法律、法规、政策等方面的变化。当发行上市地法律有所变化时，跨

---

① TAFARA E, PETERSON R. A blueprint for cross‐border access to U. S. investors: a new international framework [J]. Harvard international law journal, 2007, 48 (1): 62.

② TAFARA E, PETERSON R. A blueprint for cross‐border access to U. S. investors: a new international framework [J]. Harvard international law journal, 2007, 48 (1): 63.

③ Exchange act substituted compliance applications for security‐based swap markets [EB/OL]. [2023‐06‐14]. https://www.sec.gov/page/exchange‐act‐substituted‐compliance‐and‐listed‐jurisdiction‐applications‐security‐based‐swap.

④ 王淼. 我国跨境上市公司监管的法律协调模式研究：以公司治理为视角 [J]. 金融监管研究，2021 (9): 95.

境证券发行人注册地需要修订自己的法律法规，以保证继续与发行上市地法律等效；反过来说，发行上市地在修订本国（地区）法律的时候，也必须考虑这种修订会对已经认定的等效造成何种影响①。等效的重新评估应分为定期评估与临时评估。发行上市地应每隔固定的几年就开展一次定期评估。在两次定期评估期间若双方的监管法律有任何实质性的变化，都应进行临时评估，由任何一方提出重新进行等效评价②。必要时，双方可以开展磋商，确定哪些法律规定需要调整，并确定合适的过渡期来修改相关法律。

第三节　等效模式适用的价值与难点

通过本章第二节对等效模式实践的梳理可以发现，在各种法律协调模式中，等效模式具有很强的特殊性。在适用其他法律协调模式时，立法和监管机构主要考量如何调整本国（地区）的法律。而为了有效适用等效模式，还必须更多地考虑本国（地区）与他国（地区）法律的互动情况，也需要为此建立一系列的法律标准与程序性配合机制，使得等效模式的适用难度较大。本节结合等效模式的上述特点和适用等效模式的国际实践，进一步总结出等效模式的价值、局限，并从总体上判断等效模式的适用事项，以为我国下一步适用等效模式提供参考。

一、等效模式的实践价值

（一）等效模式有利于确保跨境上市公司质量和市场安全稳定

等效模式是一种结果导向的判断，以能否实现跨境上市公司注册地法律与发行上市地法律的效果一致特别是在投资者保护上的效果一致为最终判断标准。相较于其他三种法律协调模式，等效模式更加有利于确保上市公司的质量和市场的安全稳定，并且完成"吸引跨境上市公司"与保护境内投资者

---

① VO L. Substituted compliance: an alternative to national treatment for cross-border transactions and international financial entities [J]. Georgetown journal of law & public policy, 2015, 13 (1): 123.

② TAFARA E, PETERSON R. A blueprint for cross-border access to U.S. investors: a new international framework [J]. Harvard international law journal, 2007, 48 (1): 63.

利益"两大监管目标的平衡。虽然等效模式的内涵是允许符合条件的跨境上市公司不遵守发行上市地的公司治理法律规定,但此处的条件非常严格,公司注册地的法律必须与发行上市地法律达到一致的效果。同时,这种效果一致的判断还需要经过严格把握,其关注的不是具体法律规定是否一致,而是法律实施是否能够达到相同结果。鉴于此,为了等效模式的有效运行,除了要建立严格、多层次、有效的等效认定实体标准外,还要有认定权限配置、持续评估机制、双多边合作机制等充分的程序性机制与之配合,构成一套完整的等效认定机制,这些措施都能最大程度地保障安全目标的实现①。

(二) 等效模式能够降低重复合规与监管的成本

等效模式能够降低重复合规与监管的成本,这一优势是对国民待遇模式缺陷的直接回应。例如,在公司治理问题上,前述美国《萨班斯法案》强制要求所有境外公司都设立审计委员会等机构,不仅提升跨境上市成本,还使很多公司无法再选择在美国上市。而等效模式只关注公司治理的实施效果,而非具体的法律规定和治理结构。只要注册地法律与上市地法律等效,公司不需要改变治理结构与内容即可实现跨境上市。这避免了公司重复合规增加的成本和对上市地"二选一"的困境。

等效模式也能够降低监管机构的成本,避免了重复监管。等效模式的实施需要建立标准、设定程序,并进行可能的双多边协商谈判,在初始阶段的确需要花费较多成本。但该模式是对一国(地区)法律的整体认定,在最初花费这些成本之后,就可以实现一次认定、多次使用。即一旦公司注册地的法律规定被某国(地区)认定为等效,后续来自该地的所有跨境上市公司也都可以仅遵守其注册地法律标准。另外还有研究指出,对于跨境上市地来说,这一过程相当于运用注册地监管资源完成了对跨境上市公司的初始监管,可以在节约监管资源的前提下保证监管效果②。

(三) 等效模式灵活性更强,避免僵化

相较于其他三种法律协调模式,等效模式更加具有灵活性,能够更加适

① 王淼. 我国跨境上市公司监管的法律协调模式研究:以公司治理为视角 [J]. 金融监管研究,2021(9):89.

② 王淼. 我国跨境上市公司监管的法律协调模式研究:以公司治理为视角 [J]. 金融监管研究,2021(9):90.

应具体情况的变化。具体来说，国民待遇模式和豁免模式在是否需要跨境证券发行人遵守发行上市地法律规定之间选择其一，一体化模式则要求跨境证券发行人统一适用某种国际标准。这几种模式的适用容易造成"非此即彼"的状态，缺少灵活性。而在等效模式下，法律效果的同等性被置于更加重要的位置，跨境证券发行人具体需要遵守什么样的法律规定，主要是由法律实施的效果决定的。监管者可以通过等效模式下的评估机制定期或临时对法律实施效果展开持续评估，使得跨境证券发行人的法律遵守成为一个动态的过程，能更好地保证各个监管目标的实现。

与其他三种法律协调模式相比，等效模式更需要跨境证券发行人注册地与发行上市地法律的互动。国民待遇模式与豁免模式下，监管机构只需根据本国（地区）的现实情况，评估是否需要跨境证券发行人遵守本国（地区）法律。一体化模式下，监管机构需要接受的是国际标准。而在等效模式下，监管机构则必须判断发行人注册地的法律与发行上市地法律是否能够达到一致的效果。在这一过程中，由于双方对话与磋商的开展以及信息共享机制的建立，监管机构可以更加清晰地了解要求跨境证券发行人遵守何种法律才是最优选择。因此，等效模式既可以避免其他三种法律协调模式的僵化结果，又可以保护本国（地区）的金融安全与稳定。

二、等效模式的适用需要较高的立法技术和较多的配合机制

相比于其他几种法律协调模式，等效模式需要较高立法技术和较多配合机制。这将为监管者带来较高的监管成本。从立法技术方面来看，等效认定的总体标准与具体标准都要求法律能够真正达到保护投资者利益的效果，这需要立法机关综合考虑多种因素，承担较高的立法成本。从配合机制方面来看，与其他几种法律协调模式主要讨论如何制定标准实现法律协调有所不同，等效模式的实现需要双方监管者的努力，且需要监管者对法律等效性进行持续的评估，这可能需要监管机构额外构建程序性配合机制和双多边合作机制，这也将带来持续的成本投入。

然而严格地说，等效模式的上述特点并不属于该模式的局限性，因为这些成本将被等效模式带来的收益抵消。从跨境证券发行人注册地的角度

来看，只有该地的立法达到了一定水平，才会被认定为等效。而其他模式几乎没有关注到跨境证券发行人注册地应如何制定法律规定的问题。从这一层面上来看，等效模式加重了注册地的负担。但是，等效是对一国（地区）相关法律规定的总评价，一旦某国（地区）的法律规定被认定为等效，那么来自该国家（地区）的所有证券发行人就都可以享受到便捷和利益。此外，由于等效模式更注重实质而不注重形式，各国（地区）在致力于达到等效认定标准的过程中可以在不改变本国（地区）法律传统的前提下制定实质上优于以往的标准，使本国（地区）的立法水平和投资者保护水平都得到提升。

三、等效模式与公司治理事项的匹配度最高

根据前文论述，等效模式更加关注法律协调的实施效果而非形式和内容，具有较高的灵活性和监管收益。但与其监管收益相对的是更高的立法技术、更多的合作机制和更多的法律程序。因此，等效模式更加适用于各国（地区）法律差异巨大、难以通过其他方式协调，且采用等效模式的确能够实现良好效果的领域。笔者认为，在本研究关注的市场准入、信息披露、公司治理三大领域中，公司治理是最符合这一特点的领域。

公司治理事项与等效模式具有最高的适配性。相比较来看，国民待遇模式不能解决公司治理国别属性强的问题，对跨境证券发行人的公司治理问题适用国民待遇将意味着对一国（地区）公司的根本结构进行改变，有可能造成更严重的法律冲突。一体化模式要求各国（地区）规则协调程度较高，而受路径依赖、制度互补性等影响，公司治理事项只能形成一种"弱趋同"，难以实现一体化。豁免模式更不能适用于公司治理法律协调。根据前文所述，任何一个监管事项都不适宜直接完全适用豁免模式，豁免模式在当前的市场条件下只能成为一种补充。而等效模式对上述模式在公司治理中的不适应性进行了有效回应，其关注监管效果而非形式的思路在公司治理的法律协调中体现出了巨大的潜力。

除此之外，在公司治理以外的信息披露等领域，我国也可以探索适用等效模式。对于这一问题，笔者将在本章第四节展开探讨。

第四节　我国适用等效模式的路径探析

一、导向：应认可等效模式的积极作用，避免其弊端

实际上，在美国与欧盟选择使用等效模式进行证券市场监管的法律协调时，学术界与实务界对此并非没有争议。尤其是美国 SEC 和 CFTC 的实践，在当时引起了较多的争论。我国在选择是否使用等效模式时，也要首先关注这些争议。对于等效模式效果的争论主要体现在以下方面：①监管套利与投资者保护问题。有观点认为，外国（地区）法律不能完全与本国（地区）法律等效，不足以支持替代合规。金融公司也容易因发现和利用各国（地区）法律规定的不对称性实现监管套利①。②监管成本过高的问题。有观点认为，虽然使用等效模式可以给美国带来一定收益，但这种收益不足以弥补美国因使用等效模式而增加的成本。因此美国更应当坚持基于本国利益的"微边主义"立场②。③即使外国（地区）法律与美国法律足够相似，监管机构也未必会采取足够措施来确保外国（地区）法律得到类似执行，而法律得不到有效执行就没有意义③。

以上争议，有的与我国资本市场开放的出发点和实际情况并不相符，有的可以通过合理构建等效认定标准与配合机制加以解决。总之，以上争议并不能否认等效模式在我国的可行性，具体来说：

第一，关于监管套利与投资者保护的问题。监管套利风险发生的原因是

---

① Comments on cross–border security–based swap activities and re–proposal of regulation SBSR and certain rule and forms relating to the registration of security–based swap dealers and major security–based swap participants [EB/OL]. (2013–08–21) [2023–06–14]. https://www.sec.gov/comments/s7–02–13/s70213–42.pdf.

② COFFEE J. Extraterritorial financial regulation：why E. T. can't come home [J]. Cornell law review, 2015, 99 (6)：1302.

③ Comments on cross–border security–based swap activities and re–proposal of regulation SBSR and certain rule and forms relating to the registration of security–based swap dealers and major security–based swap participants [EB/OL]. (2013–08–21) [2023–06–14]. https://www.sec.gov/comments/s7–02–13/s70213–42.pdf.

外国（地区）监管规则与本国（地区）监管规则并未达成一致效果。因此，如果等效模式能真正得到有效实施，存在这些风险的外国（地区）主体根本没有机会被引入本国（地区）市场。从这一层面来说，我国要解决的是如何有效建立和实施等效模式，而非是否要使用这一模式的问题。国际上已经存在丰富的等效模式使用经验和可参照的标准，我国近年来也开始了认定他国（地区）会计准则等效的实践，即已有了使用等效模式的实践基础。而近年来我国新《证券法》的实施、资本市场全面深化改革的持续推进、国际合作的不断深化，也使我国具备了在开放资本市场使用等效模式的条件。

第二，关于监管的成本效益的问题。监管资源的有限性其实是每一个国家（地区）在最初建立等效模式时都要面临的问题。对此，可以将认定重点放在已知法律标准的相似程度较高的国家（地区），以及已存在较密切合作关系的国家（地区），以此来降低认定过程和合作机制建立的难度。同时，我国资本市场开放的阶段性目标本身就很明确，目前针对的主要是满足特定要求的红筹企业，这也阶段性地缩小了我国等效认定的范围，有利于控制监管成本。

第三，关于执法有效性的问题。一方面，随着我国资本市场全面深化改革的不断推进，近年来我国证券市场执法力度不断加大。监管机构在日常监管中改"轻触式"监管为刨根问底式的"侵入式"监管，立足于投资者角度，更加关注监管的及时性和有效性①。另一方面，已经在使用等效模式的国家（地区）都承认，认定外国（地区）规则等效与相关主体接受上市地持续监管并不冲突。外国（地区）公司基于等效获得进入市场的机会后，若其行为违反了上市地的反欺诈法规，上市地监管机构依然有基于属地管辖原则对相关公司进行执法的权力②。

二、我国可适用等效模式的事项探析

在跨境证券发行人监管的法律协调中，等效模式的适用还不广泛，但其

---

① 胡汝银. 中国资本市场演进的基本逻辑与路径［M］. 上海：格致出版社，2018.
② GREENE E. Beyond borders：time to tear down the barriers to global investing［J］. Harvard international law journal，2007，48（1）：89.

适用范围的扩大有很大的可能性。当然，由于等效模式的实现往往需要严格的标准与程序的配合，一国（地区）监管机构对于跨境证券发行人监管的法律协调若选择适用等效模式，容易产生比其他法律协调模式更高的成本，适用该模式的领域需要能够使其监管收益超过监管成本。因此，等效模式更加适用于各国（地区）由于现实情况差异造成法律差异巨大的领域，以及适用其他法律协调模式难以达到良好效果的领域。

（一）我国公司治理法律协调最适合采用等效模式

公司治理属于各国（地区）法律差异巨大并且适用其他法律协调模式难以达到良好效果的领域。公司治理事项特殊性强、协调难度大，并不意味着我国可以放弃公司治理法律协调的努力。在我国市场当前的情况下，由于此前从未允许跨境证券发行人在我国公开发行与上市，我国境内投资者对跨境证券发行人的情况并不熟悉，更加需要法律的保护。因此，必须找到一个合理的公司治理法律协调模式，保护我国境内投资者的利益。

由于公司治理事项的特殊性，适用国民待遇模式、豁免模式、一体化模式进行法律协调均不是最优的选择。具体来说：第一，公司治理事项不适合适用国民待遇模式。公司治理事项是一国（地区）的"文化产品"，带有强烈的国别属性。对跨境证券发行人的公司治理要求适用国民待遇模式，将意味着对一国（地区）公司的根本结构进行改变，不仅会给其带来困难，还有可能造成严重的法律冲突，使得一国（地区）公司一旦建立了符合一国（地区）法律规定的公司治理结构和制度，就无法再去遵守另一国（地区）的相关规定。第二，公司治理事项不适用一体化模式。虽然国际上对于公司治理问题的规定已经出现了趋同，但是由于一国（地区）公司治理制度的变革具有路径依赖和制度互补性的问题，只能形成一种"弱趋同"。这一进程较为缓慢，并且各国（地区）的制度基本是在吸纳了 OECD 等基本原则的前提下，对本国（地区）制度进行修补。要求各国（地区）公司治理制度在规定上完全等同是不可能的。第三，公司治理问题不适宜完全适用豁免模式。公司治理是涉及公司与董事、股东等各方关系的事项，更是保护中小股东利益的有力手段，这也是证券法在公司治理领域"入侵"公司法的意义所在。投资于跨境证券发行人的投资者相比于境内投资者本身就具有很多劣势，由于地域较远、人数不占优，常会面临参与路径断裂、信息不对称的风险。证券法对公司治理这一组织法问题进行规定，最重要的目的就是保护投资者的利益，而适用豁免模式将与这一目标背离。

在此种背景下，相对于国际上已经形成的几种传统法律协调模式，等效模式更能够兼顾各种监管目标，可以作为我国的一种合适选择。即由我国监管机构认定某国（地区）的公司治理法律与我国的公司治理法律可以产生相同的效果，进而允许来自这一国家（地区）的所有跨境证券发行人都仅遵循其自身的公司治理规定。来自未与我国公司治理规则达到等效的国家（地区）的跨境证券发行人，则仍需要遵循我国关于公司治理的规定。虽然美国、欧盟等发达国家和地区并没有把等效模式运用到公司治理事项的规定中，但是，根据我国的具体情况和等效模式的特点、优点，笔者认为可以在我国对跨境证券发行人公司治理法律协调中适用等效模式。将等效模式适用于我国跨境上市公司治理的法律协调，能够发挥等效模式的独特优势，也能够回应公司治理事项的特殊需求。

第一，相对于豁免模式，等效模式能够通过严格的标准和科学的配合机制确保上市公司的质量和市场的安全稳定。由于等效的认定主要关注法律的具体实施结果而非形式，一国（地区）的法律规定必须在保护投资者等方面与我国法律达到相同的效果，才会被认定为等效，因此不会对我国投资者的利益产生负面影响。第二，相对于国民待遇模式，等效模式在实践上更加具有可行性。等效模式只关注公司治理的实施效果，而非具体的法律规定和公司治理结构，避免了公司重复合规增加的成本和对上市地"二选一"的困境。符合要求的跨境证券发行人不需要为了在我国公开发行上市而更改其公司治理结构，尤其是对于交叉上市的跨境证券发行人，不会为其增加不合理的负担。第三，相对于一体化模式，等效模式注重效果类似、灵活性高，适用难度更低且效果并不会有所减损。此外，鉴于我国的公司治理制度已经开始体现与国际制度趋同的势头，他国（地区）公司治理规定被我国认定为等效的可能性也大大增加。

基于前文对于我国就公司治理事项适用等效模式的市场环境与法律基础的分析，我国对于公司治理的监管法律协调法律问题最适宜采用等效模式。当然，等效模式的适用不是一蹴而就的。在过渡期，我国可以先与同我国法律传统差异较小、法律制度协调性较高、具有合作关系的国家（地区）适用等效模式，并逐步扩展其适用范围，最终达到在公司治理问题上全面适用等效模式的目标。

（二）我国信息披露法律协调可以适用等效模式作为过渡

尽管公司治理事项与等效模式的匹配性最高，但是信息披露事项也具有适用等效模式的可能性。不过，信息披露监管法律协调的最合适方式还是一体化模式，可以将等效模式的适用限制在一定的时间或空间范围之内，作为实现一体化模式之前的过渡。对于某一国家（地区）来说，如果适用一体化模式的条件尚未达成，可以考虑先与标准相似、合作关系较为密切的国家（地区）适用等效模式，并逐步扩大适用的对象范围，以便在条件成熟时转化为一体化模式。

对我国来说，若要对信息披露法律协调在一定范围内适用等效模式，除了考虑信息披露规定本身的异同之外，还必须综合考虑我国与其他国家（地区）在市场结构、法律环境等方面的差异以及合作机制情况等。

我国内地（大陆）可以先与我国香港、台湾地区等证券市场开展信息披露的等效认定。这是因为等效认定的参加者彼此更加熟悉各自的法律、监管、市场情况等，法律协调的难度更小。并且，我国香港、台湾等地区也与内地（大陆）有了较为紧密的合作关系。例如，内地与香港在 20 世纪 90 年代就已经签订了监管合作备忘录，近年来又通过"红筹股""沪港通"等方式进一步加强了资本市场的联系和交流①。

在我国与欧美等其他发达市场之间不能简单认定信息披露规则的等效。我国与欧美国家（地区）的信息披露规定在历史上就有很多差别，我国需要谨慎评估我国与这些国家（地区）的法律规定的差异程度以及其对我国市场稳定和投资者保护的影响。若对于其等效认定的障碍过多，我国也可以选择不对这些国家（地区）适用等效，而是直接采用前文所述的一体化模式，达到监管成本与效益的平衡。

与公司治理、信息披露不同的是，市场准入法律协调明显不适合采用等

---

① 马其家，涂晟. 论国际证券监管中的相互认可机制及我国国际板的借鉴 [J]. 厦门大学法律评论，2015（2）：103-104.

效模式。因此，本部分不再展开讨论市场准入中等效模式的适用问题。

三、我国适用等效模式的具体路径探讨

（一）建立总体与具体两个层面的完整认定标准

本部分重点以公司治理为例探讨等效认定实体标准的确定。一套完整的等效认定实体标准需要由总体标准和具体标准共同构成。《存托凭证管理办法》中"对中国境内投资者权益的保护不低于中国法律的规定"，明确了以对投资者保护效果作为认定等效的核心要素，可以构成等效认定的总体标准，因此需要进一步解决的就是具体标准的问题。对此，OECD《公司治理原则》虽然无法促成国际公司治理规则实现完全一致，但提供了公司治理有效性判断标准的完整维度，可以为我国提供有益参考。具体来说，我国可以借鉴《公司治理原则》的内容，从以下几个角度建立具体评价标准：

一是跨境上市公司注册地要求的公司治理结构应当与我国的公司治理结构在对股东的保护水平上达到同样的效果，并且能确保包括境内外投资者在内的全部股东权利受到平等保护；二是跨境上市公司注册地规定的股东大会程序应与我国要求的股东大会程序一样能保证境内投资者权利的全面行使；三是跨境上市公司注册地要求的公司治理措施应与我国的相关规定对董事会、股东大会的权力制衡达到相同的效果；四是跨境上市公司注册地要求的公司治理措施应当保证董事会对公司的战略指导和对管理层同样有效的监督，并且保证对于董事会权利、义务、责任的规定至少与我国规定达到相同效果；五是跨境上市公司注册地的公司治理制度对于有效信息披露起到的作用应至少与我国规定相同，公司治理制度应确保公司能够真实、准确、完整、及时地披露重要信息，包括经营财务状况、股权变动、公司治理状况等。

以上标准涵盖了股东权利与公平对待、公司所有者与经营者权力制衡、董事会责任、公司治理信息披露等事项，包括了公司治理涉及的多方面重要问题，能够与平等保护境内外投资者的目标相契合[1]。

---

[1] 王淼. 我国跨境上市公司监管的法律协调模式研究：以公司治理为视角 [J]. 金融监管研究，2021（9）：95-96.

(二) 建立完整的等效认定程序性配合机制

我国在等效模式的适用中还需要明确等效的认定程序、建立等效持续评估机制，以与等效认定的实体标准共同成为等效认定的完整机制。

1. 等效认定程序规定

笔者认为，对于等效认定程序和持续评估机制，可以适当借鉴欧盟对该问题的程序设置和职责分配。我国可以通过证券法律在较高的层级上确定总体的等效认定程序，并考虑授权证监会制定程序性细则。在具体操作上，可以由证监会或其专门委员会负责等效的技术认定，并牵头开展定期与不定期的等效持续评估。

2. 双多边合作机制的配合

双多边合作机制是等效模式的另一重要程序性配合机制。虽然跨境上市公司注册地与上市地法律是否等效归根结底是由上市地决定的，但是申请、等效认定、等效持续评估的开展则需要跨境上市公司的注册地提供信息与支持。因此，虽然等效的认定不必然要求与涉及的国家（地区）具有合作关系，但是双多边合作机制的建立更有利于等效模式的有效实现。

为了实现等效模式的目标，最合适的合作机制就是签订谅解备忘录。在这一过程中，也需要对传统谅解备忘录的内容进行一些改进。此外，可以积极探索 IOSCO 最新 "增强版多边谅解备忘录" 在我国的使用，加强监管合作[1]。根据现有的公开数据，截至 2021 年 12 月，中国证监会已经与境外证券（期货）监管机构签订了 67 个监管合作谅解备忘录。我国监管机构可以现有的谅解备忘录为基础，发展更加有效的双多边信息共享与合作机制[2]。

---

① 刘凤元，邱铌. 证券市场跨境监管研究：以 EMMoU 为视角 [J]. 金融监管研究，2019（12）：100-111.

② 中国证监会与境外证券（期货）监管机构签署的备忘录一览表（截至 2021 年 12 月）[EB/OL].（2021-12-31）[2023-06-14]. http://www.csrc.gov.cn/csrc/c105940/c1673684/content.shtml.

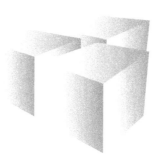

第八章　结论与展望

本书在明确了跨境证券发行人监管法律协调模式的内涵、类型、特点的基础上，分别深入分析了国民待遇模式、豁免模式、一体化模式、等效模式在我国各监管事项中的适用性，对我国法律协调模式的适用提出了具体建议。本书研究最重要的目的就在于确定我国在现阶段以及未来引入跨境证券发行人时应当适用的法律协调模式，明确优化适用相应法律协调模式的具体路径。具体来说，本研究形成了以下研究结论和展望。

第一节　研究结论

一、我国应总体以事项为纲确定适用的法律协调模式

通过本研究的理论分析、各国（地区）实践的梳理以及我国实际情况的考量可以发现，在跨境证券发行人监管的法律协调中，不同的监管事项对于法律的协调程度有着不同的需求，每一个监管事项自身的特点和对市场影响程度也不同，这就导致法律协调模式的选择总体上应当以监管事项为纲。这样既避免了立法的分散和法律体系内部的不协调，也会使法律协调模式选择的思路框架更加清晰一致，有利于后续开放范围不断扩大时对于相关法律规定进行恰当调整。

对于我国来说，在选择法律协调模式时也要总体遵循这样的思路。通过前文的研究，总体思路可以总结为：对于市场准入的程序和实体标准，均应总体上坚持国民待遇模式。对于公开发行上市公司的公司治理问题，应当以采用等效模式为主。对于公开发行上市公司的信息披露问题，应主要坚持一体化模式。当然，上述总体方向并不排斥局部的法律协调模式综合适用，也并不排斥在过渡期阶段性地采用其他法律协调模式。

（一）对市场准入应主要采用国民待遇模式，同时提供多种标准供发行人选择

如前文所分析，各国（地区）在发行上市条件上的协调空间较小。美国、英国、中国香港地区等基本对跨境证券发行人适用与境内证券发行人相同的上市条件，有时针对跨境证券发行人的发行上市条件甚至严于境内证券发行人。但是，这些国家（地区）的上市条件规定实际上具有较高的灵活性。一

方面，跨境证券发行人在某一市场上市时可以从多种标准中进行选择，这些标准可以吸纳更多实质上符合上市条件以及有潜力的跨境证券发行人，获得融资；另一方面，上述国家（地区）都建立了完善的多层次资本市场，每个市场都不禁止跨境证券发行人进入，使得跨境证券发行人不会因为主板标准过于严格就丧失在该国（地区）上市的机会。

我国也应当在跨境证券发行人公开发行上市程序与条件的规定中适用国民待遇模式，并在各层级的法律法规中更加具体地规定跨境证券发行人申请在我国发行上市的各项条件。特别要对其进入我国包括主板、创业板、科创板、北交所等多层次资本市场的条件都加以明确，如此才能实现国民待遇严格性与多层次资本市场标准灵活性的配合，实现我国引入跨境证券发行人的目的。

（二）对公司治理主要适用等效模式

不论是从历史的角度纵向对比还是同一历史时期不同国家（地区）的横向对比，都可以看出对公司治理法律协调模式问题的解决往往难以形成一致答案。从国际实践来看，豁免模式曾经是公司治理最主要的法律协调模式，但是其成型的时间较早，随着历史的发展，完全的豁免已经逐渐被抛弃；国民待遇模式将安全目标放在首位，但公司治理完全适用国民待遇模式难逃跨境证券发行人的诟病。OECD制定《公司治理原则》后，公司治理的趋同即一体化模式开始发展，但OECD的规定过于原则化，跨境证券发行人仍有可能为了满足他国（地区）要求而改变自身的治理结构。可以说，公司治理法律协调受到阻碍的最主要原因就是公司治理事项强烈的国别属性，一国（地区）公司的治理结构与其经济、法律、文化传统都密切相关，而证券法规定公司治理问题本身就是对公司法的"入侵"，也难以具有撼动一国（地区）公司治理结构的力量。

在这种情况下，等效模式在公司治理问题上更能兼顾有效控制市场风险、合理分配上市公司成本以及适应公司治理"弱趋同"的特点，是我国跨境上市公司治理监管法律协调模式的最优选择。此外，我国的市场环境和法律基础也可以支撑等效模式的有效适用。我国应为实现等效模式建立有效的总体标准、具体标准、程序性配合机制，并有效利用国际合作机制。在过渡期，我国可以先与同我国法律传统差异较小、法律制度协调性较高、具有合作关系的国家（地区）适用等效模式，并逐步扩展其适用范围，最终达到在公司治理问题上全面适用等效模式的目标。

（三）对信息披露主要适用一体化模式

虽然在全球化程度较低的 20 世纪 90 年代以前，以美国为代表的发达国家也产生过对于跨境证券发行人的信息披露是否适用豁免、豁免多少的争论，但是当时间开始接近 21 世纪，国际上各地证券市场被日益紧密地联系到一起时，国际信息披露标准的协调程度迅速增加。不论是美国的一体化模式还是欧盟的等效模式，都从这一时间开始发展。其原因主要有两个：第一，信息披露本身的性质。信息披露的产生是为了缓解市场上的信息不对称，使投资者在充分获知信息的条件下作出投资决定，这一目标在各国（地区）市场上都是一致的。而且了解一个证券发行人的经营情况需要多个维度、多种事项的组合，不论在哪一个国家（地区），都需要类似的信息组合来勾勒一个证券发行人的整体情况。因此，除了由各国（地区）具体情况差异造成的公司治理、保密信息等方面所涉及的事项有所不同，其他所需要的信息披露事项应是类似的。第二，信息披露问题的协调离不开国际组织的推动。由于各国（地区）投资者所需要获得的信息在本质上类似，一旦有一个科学、合理的标准出现，就容易获得推广和适用。因此，IOSCO 的非财务信息披露标准与 IASB 制定的 IFRS 因其高质量得到了越来越多的国际认可。

我国应当在信息披露问题上主要适用一体化模式。国际实践已经证明一体化模式对于其他监管事项的不适用性和对信息披露适用的最优性。并且，国际上已经制定了一系列可供一体化模式适用的标准和规则，我国也已经逐步将国际规则纳入规则体系中，适用一体化模式已经具有了相应的法律基础和市场环境。我国可以采用为跨境证券发行人先单独制定信息披露标准的方式实现与国际规则的一体化，再逐步过渡到适用于境内外发行人规则的一致。这样既可以保持我国现有法律规则的稳定性，也可以最大程度地保证投资者之间的公平性。

（四）程序性、形式性等非实质事项适用豁免模式更加合适

从历史上来看，国际上对跨境证券发行人适用豁免的领域比较分散，在公开发行审核、公司治理、信息披露等多个方面都有适用豁免的实践。这些豁免与制定法律时的历史条件相适应，随着时间的推移产生较大的变化。但在所有领域当中，对程序性、形式性问题的规定往往比较灵活，给予跨境证券发行人豁免的态度也比较稳定。这样做是因为各国（地区）在程序性、形式性问题的规定上有很大差异，而在这些非实质问题上适用适度的豁免不会对投资者利益和金融安全产生很大影响。我国在适用豁免时力度也不宜过大，需要坚持仅对程序性、形式性等非实质性事项适用豁免模式的处理方式。

二、适用法律协调模式时综合考量各项法律目标

选择合适的法律协调模式并以此引领跨境证券发行人监管法律规则的设计，归根结底是要解决我国问题，在促进我国资本市场制度型开放的同时保护市场的安全稳定。为此，必须综合考虑各项法律目标。

第一，适用各项法律协调模式必须与我国证券市场与证券法律的发展水平相契合，综合考虑解决法律冲突、平衡安全与效率、促进经济与证券市场发展等监管目标，并将这些监管目标的考量贯穿法律协调的始终。其中，解决法律冲突是进行法律协调的最基本效果，但在选择相应法律协调模式缓解法律冲突时，必须综合考虑其对整个市场的影响。即使某一时期的市场对于引入跨境证券发行人有着强烈需求，也不能为了吸引发行人而制定过低的标准。选择法律协调模式时还要保持相对长期和综合的眼光，在多种可能的法律协调模式中，选择最有利于法律完善和经济发展的模式，在法律协调的同时实现经济发展的综合目标。

第二，在适用各种法律协调模式时，必须综合分析采用该模式的成本与效益，以能否实现成本和收益的平衡、实现较高的社会收益作为确定该法律协调模式适用性的重要依据。不仅要关注立法、司法、执法主体面临的成本与收益，也要关注被监管主体即发行人、相关主体、投资者面临的成本与收益。不仅要关注单个主体因采用某一法律协调模式而获得的法律效益，更要关注社会法律效益是否因此获得提升。

第三，在适用法律协调模式时要有效结合我国证券法律发展及与国际法律互动的情况。在面临需要解决的法律冲突时，我国不宜不加分析地适用豁

免、等效或者一体化模式，而应当首先分析我国法律目前的发展情况，确定相关法律法规已经在多大程度上移植了其他国家（地区）的法律，或者已经将国际标准纳入规定中。这样在选取法律协调模式时可以有更明确的方向，也可以降低法律协调的难度，用较低的法律成本实现较高的法律效益。本研究在探讨每一种法律协调模式时都研究了该模式在我国适用的法律基础。

第四，我国应以进行法律协调为契机完善我国的法律规定。通过选择法律协调模式、进行法律协调，不仅可以完善我国的涉外法律规定，也可以倒逼适用于境内的法律规定的修改完善。例如，通过对市场准入适用国民待遇模式，可以完善我国多层次资本市场的准入标准；通过对公司治理适用等效模式，可以推进我国公司治理法律在合理范围内吸纳国际标准；通过对信息披露适用一体化模式，可以提升将国际组织标准纳入我国法律规定的速度和规模。

三、适用法律协调模式需要整体性与局部性、阶段性与长期性相结合

（一）法律协调模式适用的整体性与局部性相结合

对跨境证券发行人监管法律协调选择适用的模式，应主要以监管事项为纲，为每一大类的监管事项确定最为合适的法律协调模式，这是从整体上为模式选择提供指引的需要。从监管事项的特点上来看，市场准入制度关系到跨境证券发行人的质量和后续监管的效果，因此最适宜适用国民待遇模式。公司治理制度与证券发行人注册地的法律传统密切相关，又密切关系到发行上市地投资者的保护，因而适用国民待遇模式与豁免模式都不是合理的选择，等效模式最为合适。信息披露事项则最适用一体化模式。

但综合本书的研究分析可以发现，即使能够对跨境证券发行人监管法律协调模式适用的事项从总体上概括，各领域具体事项的不同特点也可能造成各具体、细化的事项中最适合的协调模式不同。因此，法律协调模式的总体确定并不排斥在部分具体事项上采取不同的法律协调模式。例如，在信息披露总体适用一体化模式的前提下，跨境证券发行人仍然有可能被豁免部分信息披露规定。

这种整体性与局部性相结合的做法将会带来各法律协调模式综合应用的最优效果。国民待遇模式、豁免模式、等效模式和一体化模式各有优势也各有局限。不同监管事项由于性质不同，最合适的法律协调模式也不同。若要解决跨境证券发行人监管的法律协调问题，必须在整个法律制度中综合运用各种法律协调模式，单纯靠某一种法律协调模式无法实现这一目标。例如，从各协调模式的优劣势来看，国民待遇模式有利于维护国家金融安全，但是容易降低市场对跨境证券发行人的吸引力；豁免模式有利于减轻跨境证券发行人的负担，但容易引发监管套利，损害上市地市场的安全稳定与投资者利益；等效模式有利于平衡各种监管目标，但是需要有效的等效判断标准与评估机制的配合，监管机构投入的成本较高；一体化模式能够最大程度地提升法律协调的程度，促进国际资本的自由流动，但是完全的一体化难以实现，导致该模式的效果无法保证。

因此，我国在确定对跨境证券发行人监管的法律协调模式时，需要慎重考虑，多方权衡。采用"一刀切"的做法，试图用一种模式处理所有的法律协调问题，是绝对不可取的。应综合考虑各个法律与监管目标，兼顾法律协调模式选择的整体性和局部性，根据监管事项的具体特点和需要确定法律协调模式。

（二）法律协调模式适用的阶段性与长期性相结合

本研究的主要目的是根据各监管事项的特点确定我国对其应当适用的法律协调模式，并且明确在我国实际情况下对法律协调模式的具体适用路径和努力方向。但也要注意到，虽然通过分析可以得知适用法律协调模式的应有方式与路径，但这样的法律协调不是一蹴而就的。因此，在当前的市场开放程度和法律基础与市场条件下，可以容许通过设立阶段性目标的方式对法律协调模式的适用进行一定过渡性安排。例如，在国民待遇模式的适用中，可以与一定程度的豁免相配合。在等效模式的适用中，可以先从与我国法律差异较小的国家（地区）开展认定，再逐步扩大认定的范围。在一体化模式的适用中，可以先制定适用于跨境证券发行人的标准，并逐步修改适用于境内证券发行人的标准，最终把国际标准也引入针对境内证券发行人的规定中，实现针对境内外证券发行人信息披露标准的真正一体化；可以先对国际标准已经比较成熟的信息披露领域适用一体化模式；也可以与国民待遇、豁免、等效模式相配合，逐步实现一体化。同时，我国在相关法律协调模式的采用和法律制定中要为其进一步修改留下余地，当我国市场的开放和发展进入新阶段时，也要及时调整法律协调的规定，优化法律协调模式的具体应用路径。

第二节　研究展望

一、各法律协调模式的发展趋势

通过本书的研究分析可以看出，各种法律协调模式在不同历史时期所呈现出的重要性不同，这样的变化可以体现出各种法律协调模式在未来的发展趋势，也能为我国法律协调模式的后续调整提供参考。

第一，国民待遇模式仍然具有重要性。不论证券市场的国际化达到何种程度，国家的金融主权和金融安全都必须得到尊重。在选择法律协调模式时，坚持适用国民待遇模式并不一定是对于全球化趋势的违背，很多时候是出于对国家经济金融安全的考量。即使证券市场不断国际化，各国（地区）之间的法律差异逐渐减少，监管目标不断趋同，只要国家（地区）的界限依然存在，在重要事项上适用国民待遇模式就依然有必要。

第二，豁免模式的适用范围虽然在缩减，但仍有存在的意义。即使豁免模式的重要性日益下降，在当各国（地区）法律差异巨大难以协调时，豁免模式仍可以成为一种选择。另外，当涉及的监管事项是形式性的或非实质问题时，适用豁免模式既不会危害发行上市地投资者的利益，又能够减轻跨境证券发行人的负担。

第三，等效模式与一体化模式有扩大适用的可能性。这两种法律协调模式目前在信息披露领域的适用最为广泛，由于能够很好地平衡各个监管目标，有效提升国际证券市场法律的协调程度，这两种模式在未来应得到更加广泛的适用。等效模式尤其适用于监管事项涉及跨境证券发行人根本结构以及注册地法律传统的事项，公司治理事项是其典型代表；一体化模式适用的扩大则需要国际组织出台高水平的国际标准，需要各国（地区）积极推动，以增加其在各事项中适用的可能性。

二、我国跨境证券发行人监管法律协调模式的适用展望

在未来，随着我国证券市场的发展和国际化水平的提高，除了对涉及国家金融安全稳定的事项应坚持适用国民待遇模式，其他事项上对跨境证券发行人监管适用的法律协调模式都可以根据具体现实来调整。

首先，随着我国证券发行市场的不断开放，未来应考虑逐步允许跨境证券发行人进入我国的多层次资本市场，对其设立不同层次的上市条件，并按照各层次市场的特点进行有重点的监管。这样既可以满足不同发行人的个性化需求，也可以保障我国市场的安全稳定。

其次，对于信息披露制度的法律协调，应一直坚持以一体化模式为总原则，推动我国法律制度与国际标准的趋同，最终实现对境内外证券发行人同时适用国际标准。但是，在适用一体化模式的实践中，也应利用好国际标准的弹性，对确实会对我国境内投资者及跨境证券发行人利益产生重大影响的事项实行一定的豁免或者施加额外的要求。

上述调整的主要目的是让法律规定与境内外证券发行人、投资者等主体的需求以及我国法律的发展情况相契合。随着法律规定与现实情况的变化，对跨境证券发行人监管的法律协调模式的研究也需要随着现实的发展持续进行。本研究所提出的考量因素、分析方法、分析路径应对未来的研究具有参考价值。另外，由于篇幅所限，本研究仅涉及市场准入、公司治理、信息披露三个监管事项，对于监管执法、法律责任等方面的法律协调模式问题没有进行关注，这些都是未来需要进一步研究的方向。

参考文献

［1］费伦．欧盟法律框架下的股本证券国际发行［J］．罗培新，译．证券法苑，2011，5（2）：269-309．

［2］曹明．中国国际板投资者利益保护机制分析［J］．厦门理工学院学报，2012，20（3）：94-98．

［3］陈楚钟．跨境上市监管的国际和合作与协调：监管冲突的全球治理［M］．北京：经济科学出版社，2013．

［4］陈楚钟．跨境上市监管的国际合作与协调［D］．广州：暨南大学，2009．

［5］陈岱松．证券上市监管法律制度国际比较研究［M］．北京：法律出版社，2009．

［6］陈岱松．证券市场国际监管评析［J］．法学杂志，2006（2）：150-152．

［7］陈鸿基．证券市场国际化的监管与立法［M］．北京：中国政法大学出版社，2012．

［8］陈杰．英国另类投资市场终身保荐人制度的借鉴［J］．新金融，2016（5）：40-43．

［9］陈露．日本国际板失败原因及对中国的启示［J］．中国金融，2010（13）：56-57．

［10］陈宁远．当下围绕国际板两大争议源自误解［N］．上海证券报，2011-06-21（F07）．

［11］崔丰慧，陈学胜．企业上市地选择与证券交易所境外上市资源竞争［J］．上海金融学院学报，2016（3）：64-78．

［12］崔孝和．跨境证券监管协作机制的中美比较［J］．上海金融，2019（1）：69-77．

［13］邓二勇，胡瑞丽．基于历史比较的国际板推出影响研究［J］．资本

市场，2011（8）：48-53.

［14］邓伟，邓勇．金融监管体系：国际的变革与我国的调整［J］．金融理论与实践，2003（1）：4-6.

［15］董登新．国际板推出的现实意义与时机选择：新市场、新机会为投资者提供多样化选择［J］．西部论丛，2010（8）：61-62.

［16］方拥军．透视国际趋同背景下的欧盟等效会计标准认可［J］．经济经纬，2008（1）：90-93.

［17］冯果，袁康．国际板背景下证券法制的困境与变革［J］．法学杂志，2013（4）：49-59.

［18］冯果．证券法［M］．武汉：武汉大学出版社，2014.

［19］冯建生．美国关于证券跨境发行与交易的法律监管研究［J］．国际商法论丛，2006，8：116-160.

［20］付彦，邓子欣．浅论深化我国新股发行体制改革的法制路径：以注册制与核准制之辨析为视角［J］．证券市场导报，2012（5）：4-9，16.

［21］傅艳．证券监管机构国际协作现状与趋势分析［J］．世界经济，2003，26（1）：37-41.

［22］甘培忠，张菊霞．IPO注册体制下证券监管机构的功能调整：从证监会和交易所分权视角观察［J］．法律适用，2015（7）：47-52.

［23］干云峰．我国跨境证券监管协作机制的改革和完善研究［J］．现代经济探讨，2016（7）：89-92.

［24］阿尔弗雷泽．跨境上市：国际资本市场的法律问题［M］．刘轶，译．北京：法律出版社，2010.

［25］郭玉军．经济全球化与法律协调化、统一化［J］．武汉大学学报（哲学社会科学版），2001（2）：155-161.

［26］韩龙．国际金融法前沿问题［M］．北京：清华大学出版社，2010.

［27］何德旭，郑联盛．从美国次贷危机看金融创新与金融安全［J］．国外社会科学，2008（6）：21-31.

［28］何海锋，李凌霜．上市公司治理的新起点：新《上市公司治理准则》解析［J］．银行家，2018（11）：130-132.

［29］何仲新，刘远志．跨境证券交易法律监管模式研究［J］．广西民族大学学报（哲学社会科学版），2017（5）：189-196．

［30］贺显南．从利益均衡的角度看股市国际板的推进［J］．国际经贸探索，2010（6）：71-75．

［31］贺小松．跨国证券信息披露规则的一体化及中国的对策［J］．理论月刊，2006（3）：138-140．

［32］贺小松．外国证券之信息披露监管的发展趋势：美国经验及其启发［J］．求索，2008（2）：29-31．

［33］侯娅玲．我国证券市场国际化的改革与出路［J］．甘肃社会科学，2016（2）：153-157．

［34］胡进．从安全与效率均衡视角看全球国际板市场的兴衰［J］．统计与决策，2012（13）：168-170．

［35］胡汝银．中国资本市场演进的基本逻辑与路径［M］．上海：格致出版社，2018．

［36］胡翔，杨炯．推出国际板的必要性和可行性［J］．中国证券期货，2012（7）：10-11．

［37］胡晓红．金融监管国际合作的法制现状及其完善［J］．法学，2009（5）：124-133．

［38］姜立文，杨克慧．中概股跨国监管的法律冲突与协调［J］．南方金融，2020（11）：38-45．

［39］蒋大兴．隐退中的"权力型"证监会：注册制改革与证券监管权之重整［J］．法学评论，2014（2）：39-53．

［40］蒋辉宇．境外企业境内股票发行与上市监管法律制度研究［D］．上海：华东政法大学，2010．

［41］蒋辉宇．跨国证券融资的法律冲突与监管问题研究：基于境外企业垅内证券市场融资的视角［C］.//2008全国博士生学术论坛（国际法）论文集——国际经济法、国际环境法分册：260-270．

［42］蒋辉宇．跨国证券融资法律监管目标的合理选择［J］．法学，2013（2）：81-89．

［43］蒋辉宇.论我国融资参与型存托凭证信息披露模式的合理选择与制度完善：兼评《存托凭证发行与交易管理办法（试行）》中的信息披露规则［J］.政治与法律，2019（1）：152-161.

［44］蒋辉宇.美国跨境股票融资信息披露监管法律制度及经验启示：兼谈我国证券融资市场对外开放时对境外企业信息披露监管的制度设计［J］.东北师大学报（哲学社会科学版），2018（5）：85-91.

［45］景怡然.与国际持续趋同：国际板选择会计准则的基础［J］.商业经济，2011（11）：99-100，123.

［46］戴维斯，杨懿.美国证交会与外国公司：平衡相互竞争的利益［J］.证券法苑，2010，2（1）：314-348.

［47］孔令辉，汤湘希.国际等效：会计准则协调的理念诉求［J］.上海立信会计学院学报，2011（1）：40-48.

［48］孔玉飞.跨国证券发行交易中的法律冲突与法律适用［J］.南京大学法律评论，2006（2）：97-105.

［49］索德奎斯特.美国证券法解读［M］.胡轩之，张云辉，译.北京：法律出版社，2004.

［50］蓝庆新，韩晶.公司治理模式演进的国际比较分析：基于制度系统论的视角［J］.经济社会体制比较，2010（5）：186-192.

［51］乐怡，徐冬根.复合标准应成为我国国际板拟上市公司国籍界定的基本准则［J］.新金融，2012（2）：60-63.

［52］黎四奇.国际经济一体化视野中的法律规则趋同化现象反思［J］.时代法学，2006（2）：89-97.

［53］李明辉.公司治理制度变迁与国际趋同：一个分析框架［J］.东北大学学报（社会科学版），2009（6）：496-502.

［54］李明辉.制度互补性与公司治理趋同［J］.经济评论，2007（1）：144-151，160.

［55］李仁真，杨凌.监管尊从：跨境证券监管合作新机制［J］.证券市场导报，2021（7）：2-11.

［56］李仁真.国际金融法［M］.3版.武汉：武汉大学出版社，2011.

［57］李双元，欧福永．国际私法［M］.4 版．北京：北京大学出版社，2015.

［58］李文华．中国证券市场国际化：市场基础与推进策略［J］.南方金融，2015（12）：31-41.

［59］李晓华，刘翠平．信息披露规则一体化进展及启示［J］.证券市场导报，2003（1）：24-27.

［60］李晓华．证券市场信息披露规则一体化探讨［J］.证券市场导报，2002（1）：46-49.

［61］李永森．国际板建设应考虑资本市场的协调发展［J］.中国青年政治学院学报，2012（3）：93-97.

［62］李长春．趋同还是多元：金融监管一体化模式的比较制度视角［J］.学术交流，2007（5）：92-95.

［63］李志君，于向花．证券市场跨境监管的法律分析：基于纽约泛欧交易所跨国合并引发的思考［J］.甘肃社会科学，2009（6）：170-173.

［64］李宗彦．会计准则等效：会计准则国际协调的新路径［J］.财会月刊，2009（30）：103-104.

［65］李宗彦．欧盟对第三国会计准则等效的认定：回顾与启示［J］.财会通讯，2010（4）：135-136.

［66］林琳．公司治理国际趋同观的中国现实分析［J］.山东财政学院学报，2010（3）：79-83.

［67］林泰，郑利红．国际证监会组织的作用与局限：基于国际证券监管合作的视角［J］.经济与管理，2011（1）：77-81.

［68］蔺捷．欧盟证券服务指令及其立法程序研究［J］.证券市场导报，2009（11）：19-25，33.

［69］刘春彦，贺锡霞．有关国际板推出的几个法律问题［J］.中国金融，2010（13）：58-59.

［70］刘凤元，邱铌．证券市场跨境监管研究：以 EMMoU 为视角［J］.金融监管研究，2019（12）：100-111.

［71］刘敢生．论国际证券监管的合作与协调［J］.法学评论，1997

（6）．

[72] 刘进军．IOSCO 跨境信息披露机制对我国国际板信息披露制度构建启示 [J]．证券法律评论，2015：390-400．

[73] 刘进军．新加坡证券市场外国板规则探析 [J]．中国律师，2013（2）：85-87．

[74] 刘文彦．我国证券市场国际板监管模式探析 [J]．中国外资，2013（5）：59．

[75] 刘洋．完善我国证券发行审核制度的思考：基于国际经验的借鉴与启示 [J]．华北金融，2012（5）：58-61．

[76] 刘玉廷．我国会计准则国际趋同走向纵深发展阶段：《中国企业会计准则与国际财务报告准则持续趋同路线图》解读 [J]．财务与会计，2010（6）：8-11．

[77] 卢静．论上市公司再融资承诺制度的完善 [J]．新金融，2014（10）：59-63．

[78] 鲁桐．国际公司治理发展趋势 [J]．中国金融，2014（6）：58-60．

[79] 鲁桐．金融危机后国际公司治理改革的动向及启示 [J]．国际经济评论，2012（4）：108-120．

[80] 陆岷峰，高攀．国际板市场发展的境内外经验借鉴及策略研究 [J]．天津商业大学学报，2011（6）：17-22．

[81] 路晓燕，魏明海．会计准则的国际趋同与等效：中国的角色和贡献 [J]．当代财经，2009（11）：110-117．

[82] 罗斯，赛里格曼．美国证券监管法基础 [M]．张路，译．北京：法律出版社，2008．

[83] 罗璐璐．国际板开设的利弊分析：基于投资者保护视角 [J]．时代金融，2014（6）：6-7．

[84] 罗炜琳，刘松涛．新时代背景下构建跨境证券监管协作机制研究 [J]．福建金融，2020（3）：21-26．

[85] 吕斌．国际板利弊之争 [J]．法人，2012（8）：28-29．

[86] 吕炳斌．证券市场国际化中的外国发行人待遇研究 [J]．现代经济

探讨，2009（7）：73-76+88.

［87］马其家，涂晟．论国际证券监管中的相互认可机制及我国国际板的借鉴［J］.厦门大学法律评论，2015（2）：84-104.

［88］马其家，范晓娟．外商投资私募股权投资基金退出路径探析：从国际板证券发行上市准入监管切入［J］.法学论坛 2013（5）：125-132.

［89］马其家，刘慧娟，王淼．我国国际板上市公司持续信息披露监管制度研究［J］.法律适用，2014（4）：50-53.

［90］马其家，涂晟，李敏．论巴西证券监管改革对我国监管转型的借鉴［J］.河北法学，2015（7）：43-52.

［91］马其家，涂晟．跨境上市首次信息披露国际准则的适用：兼论我国证券市场国际板相关制度的构建［J］.江西社会科学，2016（2）：136-142.

［92］马瑞清，MO，MA J.中国企业境外上市指引［M］.北京：中国金融出版社，2011.

［93］马思萍，龚怀林．论国际证券市场的监管及其合作［J］.南京社会科学，2002（9）：71-76.

［94］南芸．浅谈我国开启国际板的必要性及面临的现实问题［J］.中国证券期货，2011（12）：6.

［95］聂庆平，李广川，董辰珂．新时代中国资本市场：创新发展、治理与开放［M］.北京：中信出版集团，2021.

［96］彭锡坤．中国开设国际板收益风险的理论分析［J］.中国商贸，2014（5）：83-84.

［97］彭岳．跨境证券融资的法律规制：以境外公司在境内上市的监管为视角［M］.北京：法律出版社，2011.

［98］钱康宁，蒋健蓉．股票发行制度的国际比较及对我国的借鉴［J］.上海金融，2012（2）：55-63，117.

［99］钱康宁，蒋健蓉．国际板的国际"经"：海外国际板市场发展对我国的五点启示［J］.银行家，2011（12）：66-70.

［100］邱润根．论我国证券市场国际板法律制度之构建［J］.东方法学，2012（3）：68-77.

[101] 邱永红．竞争抑或合作？：晚近美国国际证券监管大辩论述评 [J]．2005，12 (4)：274-289.

[102] 邱永红．信息披露监管的国际合作与协调探析：以 IOSCO 为中心 [EB/OL]．(2008-09-23) [2023-06-14]，http://capitallaw. com. cn/article/default. asp？id=135.

[103] 邱永红．国际证券双边监管合作与协调研究 [J]．经济法论丛，2005 (2)：112-168.

[104] 邱永红．我国证券监管国际合作与协调的不足与完善对策 [J]．社会科学战线 [J]．2006 (4)：201-206.

[105] 曲冬梅．国际板上市标准的定位：以境外交易所上市标准为例 [J]．法学，2011 (6)：108-116.

[106] 深交所衍生品工作小组．存托凭证：中国资本市场迈向国际化的重要一步 [J]．深交所，2008 (3)：55-56.

[107] 沈朝晖．流行的误解："注册制"与"核准制"辨析 [J]．证券市场导报，2011 (9)：14-23.

[108] 施天涛，李旭．从"选择披露"到"公平披露"：对美国证券监管新规则的评介与思考 [J]．环球法律评论，2001 (4)：488-493.

[109] 宋澜．新《证券法》下境外发行人参照适用上市公司规则的原理及径路：兼论保障"股东权益相当"的难易 [J]．财经法学，2020 (3)：138-149.

[110] 苏小勇．国际板上市与退市标准问题：兼论国际板上市规则相关规定的完善 [J]．西南金融，2012 (3)：60-62.

[111] 孙南申，颜林．跨国证券投资的法律冲突问题研究 [J]．南京大学法律评论，2009 (2)：18-39.

[112] 孙南申，彭岳．证券融资市场开放与境内投资者法律保护 [J]．上海财经大学学报，2014，16 (5)：84-93.

[113] 孙南申．跨国证券投资中的法律适用问题 [J]．政法论坛，2010，28 (2)：42-56.

[114] 汤欣，魏俊．股票公开发行注册审核模式：比较与借鉴 [J]．证

券市场导报，2016（1）：4-16.

［115］唐波，黄骜．域外金融监管的困局与"替代合规"制度的尝试：评美国商品期货交易委员会对域外监管规则的可比性认定［J］．上海金融，2016（10）：63-67.

［116］唐应茂．"向中国标准看齐"？：后金融危机时代的国际证券监管竞争［J］．交大法学，2014（2）：85-95.

［117］唐应茂．国际板建设的理论、制度和操作层面障碍［J］．上海金融，2010（6）：61-64.

［118］唐应茂．国际金融法：跨境融资和法律规制［M］．2版．北京：北京大学出版社，2020：63-66.

［119］唐应茂．国际金融法：跨境融资和法律规制［M］．北京：北京大学出版社，2015.

［120］万建华．证券法学［M］．2版．北京：北京大学出版社，2013.

［121］王楚．注册制下发行审核权与上市审核权分配建议办法［J］．河北法学，2016（7）：163-168.

［122］王淳．跨境上市治理结构和功能趋同效应研究进展述评［J］．现代管理科学，2008（9）：47-49.

［123］王俊杰．欧洲会计准则等效机制与我国的应对［J］．石家庄经济学院学报，2012，35（1）：80-85.

［124］王克玉．跨境证券交易的冲突法逻辑与法律适用规则的完善［J］．证券法律评论，2017，563-572.

［125］王淼．我国跨境上市公司监管的法律协调模式研究：以公司治理为视角［J］．金融监管研究，2021（9）：83-99.

［126］王睿．解读存托凭证制度与中国存托凭证问题探究［J］．市场论坛，2013（2）：66-67，90.

［127］王文兵，张春强，干胜道．新时代上市公司治理：中国情境与国际接轨：兼评《上市公司治理准则（修订版）》［J］．经济体制改革，2019（2）：114-120.

［128］王小丽．论国际板市场投资者保护法律机制的构建［J］．现代经

济探讨, 2010 (7): 67-71.

[129] 王亚楠. 国际板市场中完善投资者保护制度之构建 [J]. 武汉商业服务学院学报, 2012, 26 (4): 37-40.

[130] 吴婧. 我国国际板框架下境外企业境内上市模式的法律分析 [J]. 海南金融, 2015 (4): 51-55.

[131] 肖奎, 程宝库. 纽约证券交易所与泛欧证券交易所合并背景下美国跨境监管的路径选择 [J]. 南方金融, 2015 (8): 57-64.

[132] 谢百三, 刘美欧. 谨慎看待我国 A 股市场开设 "国际板" 问题: 当前我国 A 股市场开设 "国际板" 面临的一些难题 [J]. 价格理论与实践, 2010 (1): 66-68.

[133] 邢萌. 资本市场高水平双向开放有序推进年内北向资金累计净流入 428 亿元 [N]. 证券日报, 2022-01-24 (A2).

[134] 徐丽碧. 我国证券市场国际板与 CDR 制度建设 [J]. 国际经济法学刊, 2014, 21 (3): 267-288.

[135] 徐林. 国际资本市场对境外发行人会计准则适用及信息披露的监管经验与借鉴 [J]. 财政监督, 2010 (22): 20-21.

[136] 徐明, 蒋辉宇. 外国公司在我国证券发行与上市的法律问题 [J]. 东方法学, 2009 (2): 79-83.

[137] 杨成元, 刘博. 中国股市国际板推出面临的难题及应对措施 [J]. 甘肃理论学刊, 2012 (2): 157-160.

[138] 杨峰. 我国实行股票发行注册制的困境与路径分析 [J]. 政法论丛, 2016 (3): 74-81.

[139] 杨郊红. 美国上市公司信息披露制度的变迁及启示 [J]. 证券市场导报, 2005 (4): 48-51.

[140] 杨冉. "一带一路" 战略中跨国法律协调机制前瞻 [J]. 东方法学, 2016 (1): 117-126.

[141] 杨文云. 金融监管法律国际协调机制研究 [M]. 上海: 上海财经大学出版社, 2011.

[142] 杨文云. 金融监管法律国际协调实践评介 [J]. 外国经济与管理,

2006 (6)：56-65.

[143] 叶林. 关于股票发行注册制的思考：依循"证券法修订草案"路线图展开 [J]. 法律适用，2015 (8)：11-16.

[144] 余兆纬. 香港股票发行与上市监管制度及借鉴 [J]. 清华金融评论，2016 (2)：88-90.

[145] 苑德军. 国际板监管的具体目标及监管原则 [J]. 银行家，2011 (8)：84-86.

[146] 曾冠. 试论欧盟证券市场的法律规制 [J]. 中国石油大学学报 (社会科学版)，2007 (4)：53-58.

[147] 张柏森. "一带一路"下区域金融监管法律协调模式的选择：基于对欧盟模式和东盟模式的比较分析 [J]. 福建金融，2017 (3)：29-34.

[148] 张锐. A股国际板的创建路径与政策安排 [J]. 金融与经济，2011 (7)：69-71.

[149] 张炜. 国际板条件成熟仍存争议 [N]. 中国经济时报，2011-03-15 (7).

[150] 张长健. 未雨绸缪抑或亡羊补牢：证券市场国际板投资者权益保护法律机制研究 [J]. 兰州商学院学报，2012 (3)：120-126.

[151] 郑志刚，孙娟娟. 我国上市公司治理发展历史与现状评估 [J]. 金融研究，2009 (10)：118-132.

[152] 中国证监会，申银万国证券. 借鉴国外证券发行制度 [J]. 资本市场，2015 (2)：62-78.

[153] 周友苏. 上市公司法律规制论 [M]. 北京：商务印书馆，2006.

[154] 朱慈蕴，林凯. 公司制度趋同理论检视下的中国公司治理评析 [J]. 法学研究，2013 (5)：24-41.

[155] BARBARA B. Twenty-third annual corporate law symposium：the globalization of securities regulation：competition or coordination?：Introduction [J]. University of cincinnati law review，2010，79 (2)：461-470.

[156] Better Markets, lnc. Comments on cross-border security-based swap activities and re-proposal of regulation SBSR and certain rule and forms relating to

the registration of security – based swap dealers and major security – based swap participants [EB/OL]. (2013−08−21) [2023−06−14]. https://www. sec. gov/comments/s7−02−13/s70213−42. pdf.

[157] BREEDEN R. Foreign companies and U. S. securities markets in a time of Economic transformation [J]. Fordham international law journal, 1993, 17 (5): S87.

[158] BROWN L. United States accounting standards: do the SEC requirements regarding U. S. GAAP violate GATS? [J]. Carolina law scholarship repository, 2003, 28 (4): 1007−1022.

[159] CHANG K. Reforming U. S. disclosure rules in global securities markets [J]. Annual review of banking & financial law, 2003, 22: 237−264.

[160] COFFEE J. Extraterritorial financial regulation: why E. T. can't come home [J]. Cornell law review, 2015, 99 (6): 1259−1302.

[161] COFFEE J. Future as history: the prospects for global convergence in corporate governance and its implications [J]. Northwestern University law review, 1999, 93 (3): 641−708.

[162] COFFEE J. Racing towards the top? The impact of cross−listings and stock market competition on international corporate governance [J]. Columbia law review, 2002, 102 (7): 1757−1831.

[163] COX J, HILLMAN R, LANGEVOORT D. Securities regulation cases and materials [M]. 5th ed. New York: Wolters Kluwer, 2006: 154−156.

[164] CUSHING P. Barriers to the international flow of capital: the facilitation of multinational securities offerings [J]. Vanderbilt journal of transnational law, 1987, 20 (1): 81−122.

[165] DAVIDOFF S. Regulating listings in a global market [J]. North carolina law review, 2007, 86 (1): 89−162.

[166] DAVIDOFF S. Rhetoric and reality: a historical perspective on the regulation of foreign private issuers [J]. University of cincinnati law review, 2010, 79 (2): 619−650.

[167] DELAMATER R. Recent trends in SEC regulation of foreign issuers: how the U. S. regulatory regime is affecting the United States' historic position as the world's principal capital market [J]. Cornell international law journal, 2006, 39 (1): 109-120.

[168] FANTO J, KARMEL R. A report on the attitudes of foreign companies regarding a U. S. listing [J]. Stanford journal of law, business & finance, 1997, 3 (1): 51-83.

[169] FANTO J. The absence of cross - cultural communication: SEC mandatory disclosure and foreign corporate governance [J]. Northwestern journal of international law and business, 1996, 17 (1): 119-206.

[170] FOX M. Retaining mandatory securities disclosure: why issuer choice is not investor empowerment [J]. Virginia law review, 1999, 85 (7): 1335-1420.

[171] FROST C, LANG M. Foreign companies and U. S. securities markets: financial reporting policy issues and suggestions for research [J]. Accounting horizons, 1996, 10 (1): 95-109.

[172] GEIGER U. Harmonization of securities disclosure rules in the global market: a proposal [J]. Fordham law review, 1998, 66 (5): 1785-1836.

[173] GEIGER U. The case for the harmonization of securities disclosure rules in the global market [J]. Columbia business law review, 1997, 2: 241-318.

[174] GREENE E, BRAVERMAN D, SPERBER S. Hegemony or deference: U. S. disclosure requirements in the international capital markets [J]. Business lawyer, 1995, 50 (2): 413-445.

[175] GREENE E, RAM E. Securities law developments affecting foreign private issuers [J]. International financial law review, 1983, 2: 4-14.

[176] GREENE E. Beyond borders: time to tear down the barriers to global investing [J]. Harvard international law journal, 2007, 48 (1): 85-98.

[177] GRIFFITH S. Substituted compliance and systemic risk: how to make a global market in derivatives regulation [J]. Minnesota law review, 2014, 98 (4): 1291-1373.

［178］ HANSEN J. London Calling?: a comparison of London and U. S. stock exchange listing requirements for foreign equity securities ［J］. Duke journal of comparative & international law, 1995, 6 (1): 197-228.

［179］ HARVEY B. Exchange consolidation and models of international securities regulation ［J］. Duke journal of comparative & international law, 2007, 18: 151-179.

［180］ HICKS W. Harmonization of disclosure standards for cross-border share offerings: approaching an international passport to capital markets ［J］. Indiana journal of global legal studies, 2002, 9 (2): 361-380.

［181］ HOWSON N, VIKRAMADITYA S. Reverse cross-listings: the coming race to list in emerging markets and an enhanced understanding of classical bonding ［J］. Cornell international law journal, 2014, 47 (3): 607-630.

［182］ IOSCO. IOSCO task force on cross-border regulation ［EB/OL］. (2015-09-17) ［2023-06-14］. https://www. iosco. org/library/pubdocs/pdf/IOSCOPD507. pdf.

［183］ JENSEN F. The attractions of the U. S. securities markets to foreign issuers and the alternative methods of accessing the U. S. markets: from a legal perspective ［J］. Fordham international law journal, 1994, 17 (5): S10-S24.

［184］ KARMEL R. Barriers to foreign issuer entry into U. S. markets ［J］. Law & policy in international business, 1993, 24 (4): 1207-1236.

［185］ KARMEL R. Will convergence of financial disclosure standards change SEC regulation of foreign issuers? ［J］. Brooklyn journal of international law, 2000, 26 (2): 485-526.

［186］ KARMEL R. The once and future New York stock exchange: the regulation of global exchanges ［J］. Brooklyn journal of corporate, financial & commercial law, 2007, 1 (2): 355-394.

［187］ KUNG F. The rationalization of regulatory internationalization ［J］. Law and policy in international business, 2002, 33 (3): 443-480.

［188］ LEHMAN K. Recent development: executive compensation following the Sarbanes-Oxley Act of 2002 ［J］. North Carolina law review, 2003, 81 (5):

2115-2135.

[189] LINDENFELD J. The CFTC's substituted compliance approach: an attempt to bring about global harmony and stability in the derivatives market [J]. Journal of international business and law, 2015, 14 (1): 125-150.

[190] LONGSTRETH B. A look at the SEC's adaptation to global market pressures [J]. Columbia journal of transnational law, 1995, 33 (2): 319-336.

[191] LU B. International harmonization of disclosure rules for cross-border securities offerings: a Chinese perspective [J]. Corporate governance law review, 2005, 1: 245-303.

[192] MCLEAN W. The Sarbanes - Oxley Act: a detriment to market globalization & international securities regulation [J]. Syracuse journal of international law and commerce, 2005, 33 (1): 319-346.

[193] OBI E. Foreign issuer access to U.S. capital markets: an illustration of the regulatory dilemma and an examination of the securities and exchange commission's response [J]. Law and business review of the americas, 2006, 12 (3): 399-412.

[194] PERINO M. American corporate reform abroad: Sarbanes-Oxley and the foreign private issuer [J]. European business organization law review, 2003, 4 (2): 213-244.

[195] PINE K. Lowering the cost of rent: how IFRS and the convergence of corporate governance standards can help foreign issuers raise capital in the United States and abroad [J]. Northwestern journal of international law & business, 2010, 30 (2): 483-504.

[196] RADER M. Accounting issues in cross-border securities offerings [J]. Fordham international law journal, 1994, 17 (5): S129-S139.

[197] ROMANO R. Empowering investors: a market approach to securities regulation [J]. The yale law journal, 1998, 107 (8): 2359-2430.

[198] SANTUCCI T. Extending fair disclosure to foreignissuers: corporate governance and finance implications for German companies [J]. Columbia business

law review，2002，2：499-540.

［199］SEC. Accessing the U. S. capital markets：a brief overview for foreign private issuers ［EB/OL］. （2013-02-13）［2023-06-14］. https：//www. sec. gov/divisions/corpfin/internatl/foreign-private-issuers-overview. shtml.

［200］SHERBET E. Bridging the GAAP：accounting standards for foreign SEC registrants ［J］. The international lawyer，1995，29（4）：875-896.

［201］SHIN S. The effect of the Sarbanes-Oxley Act of 2002 on foreign issuers listed on the U. S. capital markets ［J］. New York University journal of law & business，2007，3（2）：701-748.

［202］SHIRINYAN I. The perspective of U. S. securities disclosure and the process of globalization ［J］. Depaul business & commercial law journal，2004，2（3）：515-558.

［203］TAFARA E，PETERSON R. A blueprint for cross-border access to U. S. Investors：a new international framework ［J］. Harvard international law journal，2007，48（1）：31-68.

［204］TANEDA K. Sarbanes-Oxley，foreign issuers and United States securities regulation ［J］. Columbia business law review，2003，2：715-760.

［205］TRACHTMAN J. Recent initiatives in international financial regulation and goals of competitiveness，effectiveness，consistency and cooperation ［J］. Northwestern journal of international law & business，1991，12（2）：241-316.

［206］TRACHTMAN J. Trade in financial services under GATS，NAFTA and the EC：a regulatory jurisdiction analysis ［J］. Columbia journal of transnational law，1995，34（1）：37-122.

［207］Transformation ［J］. Fordham international law journal，1993，17（5）：S77-S96.

［208］VO L. Substituted compliance：an alternative to national treatment for cross-border transactions and international financial entities ［J］. Georgetown journal of law & public policy，2015，13（1）：85-128.

［209］WEI T. The equivalence approach to securities regulation ［J］.

Northwestern journal of international law & business, 2007, 27 (2): 255-300.

[210] WOLFF S. Implementation of international disclosure standards [J]. University of pennsylvania journal of international law, 2001, 22 (1): 91-106.

[211] WOLFF S. Recent developments in international securities regulation [J]. Denver journal of international law and policy, 1995, 23 (2): 347-418.

[212] WOO C. United States securities regulation and foreign private issuers: lessons from the Sarbanes-Oxley Act [J]. American business law journal, 2011, 48 (1): 119-176.

[213] ZARING D. Finding legal principle in global financial regulation [J]. Virginia journal of international law, 2012, 52 (3): 683-722.